本书受成都市社会科学院学术专著科研配套项目"政府研发资助对区域创新效率的影响研究——基于异质性创新主体和地区双约束视角（项目编号：PT20211214001）"、2021年院级青年项目"绿色技术创新驱动成都制造业转型升级机理与路径研究（项目编号：YJ20211028002）"资助

Zhengfu Yanfa Zizhu dui Quyu Chuangxin Xiaolü de Yingxiang Yanjiu
—— Jiyu Yizhixing Chuangxin Zhuti he Diqu Shuangyueshu Shijiao

政府研发资助对区域创新效率的影响研究

—— 基于异质性创新主体和地区双约束视角

任跃文　著

西南财经大学出版社
Southwestern University of Finance & Economics Press

中国·成都

图书在版编目(CIP)数据

政府研发资助对区域创新效率的影响研究:基于异质性创新主体和地区双约束视角/任跃文著.—成都:西南财经大学出版社,2022.6
ISBN 978-7-5504-5318-0

Ⅰ.①政… Ⅱ.①任… Ⅲ.①政治补贴—影响—区域经济—国家创新系统—研究—中国 Ⅳ.①F127

中国版本图书馆 CIP 数据核字(2022)第 061243 号

政府研发资助对区域创新效率的影响研究——基于异质性创新主体和地区双约束视角
任跃文 著

策划编辑:王琳
责任编辑:刘佳庆
责任校对:植苗
封面设计:张姗姗
责任印制:朱曼丽

出版发行	西南财经大学出版社(四川省成都市光华村街55号)
网 址	http://cbs.swufe.edu.cn
电子邮件	bookcj@ swufe.edu.cn
邮政编码	610074
电 话	028-87353785
照 排	四川胜翔数码印务设计有限公司
印 刷	郫县犀浦印刷厂
成品尺寸	170mm×240mm
印 张	12.75
字 数	279 千字
版 次	2022 年 6 月第 1 版
印 次	2022 年 6 月第 1 次印刷
书 号	ISBN 978-7-5504-5318-0
定 价	78.00 元

前言

　　区域创新效率的提高是我国加快实施创新驱动发展战略和早日跻身世界创新强国的重要保证。而科技创新自身的外部性、公共品属性和不确定性特征易造成市场失灵，需要政府给予研发资助予以矫正。如何有效发挥政府作用以改善我国区域创新效率，是我国争取全球科技竞争主动权的重要议题。企业研发投入是科技创新投入的另一重要来源，同时企业研发投入在政府研发资助对区域创新效率影响中的作用机制和影响效果研究也具有重要意义。因为，加大企业研发投入不仅是政府提供研发资助的主要目的之一，也涉及政府研发资助对区域创新效率影响效果的评判，且可为政府研发资助政策和实施力度进行及时有效的调整提供决策参考。由于承担职能的不同，异质性科技创新主体所获政府研发资助对区域创新效率的影响可能会存在一定差异，而我国又是处于经济转型期的幅员辽阔的发展中大国，不同地区工业化水平、科技创新状况并不一致。那么，在科技创新主体和地区约束机制下，政府研发资助自身及通过企业研发投入对区域创新效率的影响也有待深入考察，这也正是党的十八大以来政府为创新主体提供研发资助以改善区域科技创新现状、提升区域创新效率进而最终实现国家整体创新竞争实力增强的题中之义。

　　基于此，本书采取"研究基础—事实特征、理论及影响机理—实证研究—对策建议"的思路，就创新主体和地区异质性视角展开政府研发资助对区域创新效率的影响的研究背景、意义与框架、理论基础、文献述评，政府研发资助与创新的变化特征，区域创新效率理论，政府研发资助对区域创新效率的影响机理，差异化约束视角及企业研发投入作用机制下政府研发资助对区域创新效率影响效果、路径优化等问题的研究。

第一，理论前提。理论分析为学理和实证研究提供前提支撑。本书首先从政府研发资助对区域创新效率的研究背景、研究现状、研究意义、研究思路与内容、研究方法、创新点与不足之处展开分析，进而就政府研发资助对区域创新效率的理论基础与文献综述进行辨析。理论基础部分主要从马克思主义创新理论及其后续研究、政府与市场的关系以及科技创新的外部性、公共品属性和不确定性三大特征相关理论等方面进行阐述和分析。文献综述部分就政府研发资助对区域创新效率影响的理论研究和基于研究层面、视角和方法等差异化的实证研究归纳总结及述评。

第二，现状特征及影响机理。我国整体及不同区域政府研发资助、创新现状的变化特征必然存在"时"与"地"的差异，且影响机理的阐明也是开展实证研究的基础。本书主要就全国层面和分地区层面的异质性科技创新主体所获政府研发资助以及科技创新的投入和产出在样本期内的变化特征进行描述，探究了其中存在的相关问题，并对问题产生的可能原因进行了探析。进而，从理论视角阐述政府研发资助对区域创新效率的直接影响并通过差异化创新主体和区域的异质性视角展开深入辨析，同时针对企业研发投入这一关键变量在政府研发资助对区域创新效率影响中的作用机理进行讨论。

第三，实证研究。本书主要选取我国 1998—2016 年省级面板数据，通过随机前沿模型和面板门槛模型等较为前沿的相关模型展开政府研发资助对区域创新效率的实证分析。首先，在确定随机前沿模型相应生产函数的基础上，从科技创新主体异质性视角考察了政府研发资助对区域创新效率的相关影响。研究发现：在全国层面，科研机构所获政府研发资助对区域创新效率影响为显著的抑制效应，而企业所获政府研发资助则对区域创新效率形成显著的激励效应。在分地区层面，科研机构所获政府研发资助对区域创新效率的影响在高工业化水平和低工业化水平地区呈现激励效应，在中短期尤为明显，对中工业化水平地区存在显著的抑制效应；企业所获政府研发资助则对三大地区区域创新效率整体均呈现促进作用，在中短期尤为明显。科研机构和企业所获政府研发资助与区域创新效率的线性或非线性关系在全国和不同地区间差异相对较大。企业研发投入与企业所获政府研发资助对区域创新效率的影响在工业化初期和中期地区存在明显的挤入效应；而全国整体和高工业化水平地区反之，企业研发投入与科研机构所获研发资助之间则均呈现较为明显的挤出效应。其次，展开异质性科技创新主体所获政府研发资助对区域创新效率影响的相关门槛效应分析。研究发现：科研机构所获政府研发资助对区域创新效率的影响在全国和分地区层面均不存在门槛效应。企业所获政府研发资助对全国层面和中工业化水平地区区域创新效率存在门槛效应，企业研发投入对全国层面、中低工业化水平地区科研机构所获政府研发资助效果以及全国层面、低工业化水平地区企业所获政府研发资助效果均存在门槛效应。门槛效应整体表现为对全国层面较为有利，而分地区层面则存在一定差异。

第四，对策建议与研究展望。本部分在对本书结论总结基础上，主要提出如下对策建议：①因地制宜地提高政府研发资助力度，全面深化科技创新体制机制改革；②因主体制宜地优化政府研发资助结构，兼顾不同科技创新主体利益；③积极提高企业研发投入强度，因时制宜地调整政府研发资助政策；④大力推进科技创新主体间交流与合作，充分发挥政产学研协同创新效应。最后，本书对未来进一步研究从数据层面、研究视角和研究方法、其他重要影响机制等方面提出展望，为后续研究提供相关指引。

任跃文

2021 年 10 月

目录

1 导论

1.1 研究背景

改革开放以来，我国经济水平和综合国力实现了跨越式提升，2010 年起跃居为经济总量仅次于美国的世界第二大经济体。但由于边际报酬递减规律的作用，以往依靠劳动力、资本等要素大规模投入所形成的红利大幅降低，传统的要素驱动的粗放型经济增长模式面临瓶颈制约。要素规模化难以继续有效地促进经济发展，迫切需要转向创新驱动的集约型经济增长模式，即以科技创新作为推动我国经济高质量发展的新引擎。

党和政府历来重视科技创新对我国经济发展的重要作用，并将科技创新提升至国家战略的高度和国家发展核心的位置。2006 年 2 月，中共中央、国务院制定《国家中长期科学和技术发展规划纲要（2006—2020 年）》（2006 年第 9 号国务院公报），并明确指出，"目前，我国虽然是一个经济大国，但还不是一个经济强国，一个根本原因就在于创新能力薄弱。我们必须把提高自主创新能力作为调整经济结构、转变经济增长方式、提高国家竞争力的中心环节，把建设创新型国家作为面向未来的重大战略"。

2012 年 11 月，党的十八大做出了"实施创新驱动发展战略"的重大部署，并强调"科技创新是提高社会生产力和综合国力的战略支撑，必须摆在国家发展全局的核心位置。要坚持走中国特色自主创新道路"。2016 年 5 月，中共中央、国务院发布《国家创新驱动发展战略纲要》（2016 年第 15 号国务院公报），提出我国创新发展"三步走"的战略目标："到 2020 年进入创新型国家行列，基本建成中国特色国家创新体系；到 2030 年跻身创新型国家前列，发展驱动力实现根本转换；到 2050 年建成世界科技创新强国，成为世界主要科学中心和创新高地"。2017 年 10 月，习近平总书记在党的十九大报告中明确指出，"创新是引领发展的第一动力，是建设现代化经济体系的战略支撑，要加快建设创新型国家"。2018年5月，习近平总书记在中国科学院第十九次院士大会、中国工程院第十四次院士大会开幕会发表的重要讲话中明确指出，"进入21世纪以来，全球科技创新进入空前密集活跃的时期，新一轮科技革命和产业变革正在重构全球创新版图、重塑全球经济结构。科学技术从来没有像今天这样深刻影响着国家前途命运，从来没有像今天这样深刻影响着人民生活福祉"。

在党和政府对科技创新大力支持和引导的同时，我国的科技创新能力也不断增强。根据《中国科技统计年鉴》数据，近年来，我国科技创新投入规模不断增加，研发经费内部支出和研发人员全时当量从1998年的488.87亿元和66.69万人/年增长到2016年的15 676.75亿元和387.81万人/年，年均增长速度分别高达21.25%和10.27%。科技创新产出也日益增多，发明专利授权量从1998年的1.37万件持续增加到2016年的30.21万件，年均增长率高达18.75%。而科技创新产出不仅取决于研发资源的投入规模，更取决于区域创新效率（许福志 等，2019）。特别是当前我国研发资源较为稀缺的情况下，区域创新效率问题更应得到重视（刘和东，2011；李政 等，2018）。

科技创新的公共品属性与外部性等固有特性也决定了政府研发资助的重要性和必要性（许多奇，2018）。根据《中国科技统计年鉴》统计数据，1998—2016年，我国科技创新投入中来自政府的资金由332.65亿元增长到3 140.81亿元，年均增幅达13.28%。已有研究普遍认为政府研发资助有利于科技创新投入水平的提高（叶祥松 等，2018），而政府研发资助是否也有利于区域创新效率的提升？政府对不同科技创新主体的研发资助对区域创新效率又会产生怎样的影响？在不同地区影响是否一致？政府研发资助的初衷是激励和引导企业加大研发投入力度，为科技创新活动提供资金乃至技术支持，进而推动区域创新效率的不断提升，这一目的是否实现？上述问题成为处于转型期并力求跻身创新型国家行列的中国亟须予以厘清并回答的问题。

1.2 研究现状

目前关于政府研发资助对区域创新效率影响的相关分析中，国内外研究均开展了政府研发资助对区域创新效率的理论研究和基于不同样本层面即宏观、中观和微观的实证研究。当然，国内外研究都是以探讨政府研发资助对区域创新效率的作用是否有效的问题为前提的，这是因为，多数国家意识到了科技创新对于经济发展的重要作用，而科技创新的特性决定了政府研发资助对科技创新投入的重要性，但政府研发资助对区域创新效率的影响究竟如何还未得到一致结论。除了这一基本问题之外，国内外相关研究还有不同的侧重点。

其中，国外研究主要集中于以下两个方面：一是对科技创新水平乃至效率提升具有决定性意义的是知识创新或者说基础研究，政府研发资助是否有效及政策如何制定与实施问题；二是企业在加强与高校、研究机构之间的衔接中，政府应如何提供适宜的制度、环境及必要的研发资助等进行有效匹配与引导问题。国内研究则主要集中于以下几个方面：一是，在中国特色社会主义国家创新体系丰富和完善的过程中，政府及政府研发资助如何充分发挥作用的问题；二是，如何有效改善企业在区域创新效率提升过程中科技创新主体地位和作用的问题。

国内外研究的侧重不同不代表其研究的问题在其他国家或地区不存在或不重要，这样区分的主要原因在于：一方面，我国科技创新的相关研究起步相对较晚，国外研究多数是以发达的后工业化国家为样本，其国家创新体系相对成熟，而国内的中国特色社会主义国家创新体系不同于国外，体制的特殊性以及处于经济转型期的特殊阶段也决定了我国应在借鉴国外研究的基础上不断丰富和完善适合我国国情的创新体系；另一方面，发达的后工业化国家的企业科技创新主体地位也已形成，而我国目前企业创新主体地位仍有待提高（孙玉涛等，2016）。

针对国内外已有研究，本书研究的出发点主要基于以下几个方面：第一，政府研发资助对区域创新效率的影响究竟如何，其影响机制和作用效果都有待考察；第二，我国不仅是处于经济转型期的发展中国家，还是一个地域辽阔且不同地区工业化水平、科技创新状况等存在差异的大国，对不同地区政府研发资助对区域创新效率的影响的分析有其必要性；第三，不同的科技创新主体所承担的职能和科技创新活动的具体内容存在差异，因此，就不同科技创新主体所获政府研发资助对区域创新效率的影响进行考察是不容忽视的；第四，企业作为科技创新主体主要是指企业应成为新技术的投资主体、研发主体和采用主体（洪银兴，2012），可知，企业研发投入是企业科技创新主体的重要表征甚至是先决条件，而企业研发投入的提高也正是政府提供研发资助的一个重要目的。由此，考察企业研发投入在政府研发资助对区域创新效率的影响研究中的作用机制和影响效果问题，也就成为我国政府研发资助对区域创新效率考察的一个不可或缺的视角。而目前国内外相关研究中，对本书上述提到的四个方面的考察并不全面甚至匮乏，因此，基于这一研究现状，本书开展政府研发资助对区域创新效率的相关考察。

1.3 研究意义

在理论价值方面，本书对现有政府研发资助对科技创新的相关研究进行拓展。多数研究发现，政府研发资助能够激励科技创新主体加大研发投入，但是否有利于提升区域创新效率的问题仍未得到一致结论。因为区域创新效率不仅涉及科技创新要素的投入问题，还会受到科技创新产出的影响。本书借助相关模型和方法，基于我国省级层面数据，分析政府对异质性科技创新主体所获得的研发资助对区域创新效率是否会带来差异化的影响，或者说政府研发资助对区域创新效率的影响效果主要来自政府对哪种科技创新主体的研发资助。

更进一步地，考察差异化创新主体获得的政府研发资助是否对区域创新效率影响存在门槛效应，能够更深入地分析在异质性科技创新主体和不同工业化水平的地区双重约束下的差异化影响，且本书就政府研发资助对区域创新效率的影响存在线性或非线性关系问题进行了分析。此外，本书从企业研发投入的视角考察了其在形成和提升过程中政府研发资助对区域创新效率影响的变化问题。

总体来说，本书研究可以就政府研发资助对区域创新效率影响在视角和思路上丰富现有的研究成果，也为进一步完善中国特色社会主义国家创新体系和区域创新体系提供经验证据。

在实际应用方面，基于政府研发资助视角考察其对区域创新效率的影响，可以为我国国家层面政府研发资助政策的制定提供一定参考；而不同工业化水平的地区即高工业化水平、中工业化水平和低工业化水平三大地区政府研发资助力度和区域创新效率并不一致，分地区考察政府研发资助对区域创新效率的影响，能够为不同工业化水平地区政府根据自身实际情况更有效地采取针对性措施提供借鉴。

政府对异质性科技创新主体的研发资助力度也存在一定差异。同时，不同工业化水平地区之间的异质性科技创新主体的区域创新效率也并不同步，考察双重约束下的政府研发资助对区域创新效率的影响，有助于政府对不同地区的异质性科技创新主体的研发资助实施效果的科学评估和判断，有利于提升政府研发资助相应政策的精准性和针对性。

门槛效应的分析可以为政府有效掌握政府研发资助对区域创新效率影响变

化趋势，完善我国政府研发资助政策实施提供依据，助推实现我国政府对全国层面和各工业化水平分地区层面的整体及异质性科技创新主体的研发资助对区域创新效率的作用最大化，进而推动区域创新效率的有效提升。此外，本书就企业研发投入对政府研发资助效果的影响机制和效果进行分析，能够为政府在制定研发资助政策时，根据企业研发投入力度变化及时调整提供参考。

1.4 核心指标概念的界定与相关标准划分

1.4.1 核心指标概念的界定

1.4.1.1 区域创新效率相关概念的界定

对于科技创新效率来说，本书首先从效率角度展开分析。西方早期古典经济学已经开始注重效率的运用，如提出的劳动生产率和资本生产率等；新古典经济学认为效率主要是解决资源或要素如何合理配置和安排的问题。一般来说，效率主要是指两个方面：一方面，是在给定的要素或资源条件下，如何实现产出最大化；另一方面，是如何将生产要素或资源合理地配置到合适的使用方面和使用方向上。因此，前者常被称为生产效率，后者则常被称为帕累托效率或者说经济效率。

库普曼斯（Koopmans，1951）认为，技术有效是指一组投入产出向量在既定投入下的产出最大化，或既定产出下的投入最小化，即对产出导向型和投入导向型两种不同模式下的技术有效性的定性。法雷尔（Farrel，1957）则对效率理论进行了系统性研究，并提出生产单位如企业或部门的效率主要包括技术效率和配置效率两大部分。技术效率是指企业或部门在投入要素给定的情况下，能够获得最大产出的能力；配置效率是指在价格和生产技术一定的条件下，企业或部门使用最优投入比例的能力。而技术效率与配置效率的总和则反映了企业或部门总的经济效率。换句话说，法雷尔（Farrel）对效率的分析是对库普曼斯（Koopmans）投入导向型效率概念的深化。而莱本斯坦（Leibenstein，1966）是对产出导向型效率概念做出进一步解释，其认为效率是指在市场价格、投入规模及其要素比例均保持不变的情形下能够实现的实际产出与所可能达到的最大产出之间的百分比。

国内学者柳卸林（1997）在国内较早从微观企业层面的创新效率进行分析，其认为科技创新效率应利用在企业创新活动中的相对产出（新产品利润比总利润）与相对收入（创新支出比总投资支出）的比例大小来解释。池仁勇和唐根年（2004）认为，不论是微观企业层面还是宏观区域层面的科技创新效率最佳的充分必要条件均应该包括以下两个方面：①除非增加新（大于或等于一种）的创新要素投入，或减少其他相关种类的创新产出，否则不能再增加任何创新产出；②要减少某种创新要素投入，必然会减少产出或增加另一些创新要素投入才能保证创新产出不变。虞晓芬等（2005）则提出，宏观区域层面的科技创新效率是指在创新活动过程中区域创新投入与区域创新产出之间的转化效率。

在前人研究基础上，本书认为区域创新效率是指科技创新主体将科技创新资源或要素投入科技创新活动过程中，最终转化为科技创新产出的不同地区的效率。若科技创新投入增长速度大于产出规模增速，则科技创新效率降低；若科技创新产出规模增速大于投入增速，则科技创新效率提升。

1.4.1.2 政府研发资助相关概念的界定

政府研发资助，是指政府对助推科技创新主体开展科技创新活动采用资金的形式予以支持。不同层面的政府研发资助具有不同的形式，在宏观的国家或地区层面，主要是直接以政府资金形式存在。

在中观行业或产业层面特别是微观企业层面，主要包括直接和间接政府研发资助两种形式。直接政府研发资助是指政府直接指明了资金用途、有明确项目的政府研发资助，其特点是专款专用，以企业专项应付款的会计科目形式反映；而间接政府研发资助则与直接政府研发资助相反，即政府并未明确指出相应项目而开展的研发资助，比如政府的税收优惠等，这在企业会计科目中以补贴收入的形式反映（唐清泉 等，2008）。

综上，本书异质性创新主体和地区视角下的政府研发资助即是指依据创新主体目的和承担任务的差异划分的知识型创新主体（高等学校和科研机构）与技术创新型主体（企业）两大主体所获得的政府研发资助，以及根据我国不同地区工业化水平高低差异划分的高工业化水平地区、中工业化水平地区和低工业化水平地区三大地区政府研发资助额度。

此外，出于数据的可得性和研究视角的考虑，本书选用的是省级层面的政府研发资助数据，不考虑来自中央等其他级别政府的研发资助数据，因为在《中国科技统计年鉴》的数据统计中，各省（自治区、直辖市）的科技创新投入来源中也并未出现来自中央资金等的说法（中央政府研发资助有其相应名目，本书并未考虑）。因此，本书省级政府研发资助的数据来源即为各省（自治区、直辖市）科技创新投入中的政府资金额。且需要说明的是，国家或地区层面政府研发资助同样也有政府的税收优惠政策等，但由于该层面这一数据在相关年鉴中并未载录，因此，本书从数据载录角度将宏观与中观、微观层面政府研发资助加以区分。

1.4.2 工业化水平视角的选择依据与划分标准

本小节主要从工业化视角阐述科技创新及其效率的相关理论，分析本书选取工业化水平视角下考察政府研发资助对科技创新效率的影响的适用性，进而对工业化水平的划分方法、标准和结论进行比较分析，从而核定本书对于我国各省份工业化水平的测度以及不同工业化水平地区的划分。

1.4.2.1 工业化水平视角的选择依据

工业化是一系列基要生产函数（或者生产要素组合方式）由低级向高级的突破性变化或变革过程，这实质是一个科技不断实现创新和进步的过程（黄群慧，2018）。一方面，科技进步是工业的灵魂，工业是科技进步的躯体，绝大多数科技创新都表现为工业发展或工业化水平提升（金碚，2014）。另一方面，工业是科技创新最活跃的部门，占据了科技创新投入和研发产出的绝大部分，不仅是科技创新的主要来源，也是科技创新成果非常重要的使用者和传播者（黄群慧，2014）。此外，工业化水平的不断推进会促使一个国家或地区研发模式和科技创新主体发生转变，而政府研发资助是形成这一规律的关键因素（廖信林 等，2013；付敏杰 等，2017）。工业化不仅是现代化的核心，也是现代化的根本动力（黄群慧，2019）。并且，我国正处于经济转型期，不同地区的工业化水平、科技创新水平和效率以及政府研发资助的力度等也必然存在一定差异。

此外，从研究样本视角来看，以往研究结论中存在较大差异的一个重要原因也可能是不同的国家或地区所处工业化阶段的不同。这是因为，不同的科技创新主体在不同的工业化阶段对政府研发资金的利用能力和效率也存在差距，进而造成政府研发资助对科技创新效率的影响效果可能并不一致。尤其是对于疆域广、具有典型二元经济特征和正处于转型期的中国来说，历史、自然等要素禀赋以及改革开放等因素造成各地区工业化发展水平和工业化水平差距较为明显（陈佳贵 等，2003；黄群慧，2018）。

因此，依据我国各省份工业化水平的差异，将我国整体划分为不同的工业化水平地区，从而深入考察政府研发资助对科技创新效率的影响是有明确依据的。

1.4.2.2 工业化水平的划分标准

国内外学者对于工业化水平的划分标准和方法进行了较为深入的研究。国外研究主要有以下几种划分标准：

（1）工业结构指标法。约翰·科迪等（John Cody et al.，1990）根据工业主体即制造业增加值在总商品生产部门增加值的比重来进行相应划分。这是在联合国工业发展组织和世界银行联合主持的一项研究中，学者约翰·科迪的划分方法与标准。

（2）经济发展水平法。钱纳里等（Chenery et al.，1986）根据人均GDP来划分各国所处工业化阶段。若以1970年美元计算，人均GDP在280~560美元时为工业化第一个阶段，到560~1 120美元时为工业化结束阶段。

（3）产业结构变动法。库兹涅茨（Kuznets，1973）根据三大产业产值比重变化为依据进行划分。

（4）人口比重法。钱纳里和塞尔奎因（Chenery & Syrquin，1977）根据人口城市化率进行了相应的工业化水平划分。

国外学者关于工业化水平具体划分依据和结论如表1.1所示。

表1.1　国外学者对工业化阶段的划分

学者	划分依据	结论
约翰·科迪等（John Cody et al.，1990）	制造业增加值在总商品生产部门增加值的比重	在比重小于20%时，处于非工业化水平；在比重介于20%~40%时，处于正在工业化水平；在比重介于40%~60%时，处于半工业化水平；在比重大于60%时，处于工业化水平
钱纳里等（Chenery et al.，1986）	人均GDP	以1970年美元计算，人均GDP在280~560美元时为工业化第一个阶段，到560~1 120美元时为工业化第二个阶段，到1 120~2 100美元时为工业化第三个阶段；到2 100~3 600美元时为工业化结束阶段
库兹涅茨（Kuznets，1973）	三大产业产值比重	在工业化初期阶段，第一产业比重远高于第二产业，但对于市场经济国家，在工业化起始阶段，第三产业就已经相对较高。当第一产业产值比重不断下降直至低于20%，同时第二产业产值比重高于第三产业且位于三大产业之首时，为中工业化水平阶段。当第一产业产值比重低于10%，第二产业产值比重达到最高水平时，工业化阶段结束
钱纳里和塞尔奎因（Chenery & Syrquin，1977）	城市化率	当城市化率在10%~30%时，为工业化初级阶段；当城市化率在30%~70%时，为工业化中级阶段；当城市化率在70%~80%时，为工业化高级阶段；当城市化率在80%以上时，为后工业化阶段

国外关于工业化水平的划分研究相对较早，多数基于工业化的某一相关指标进行分析，划分方法的不同导致结论仍存在相对较大的差异，国外理论和方法研究的不断深入也为我国关于工业化水平的划分提供了借鉴。

然而，由于不同时期汇率波动及其他相关因素的影响，而对于涉及不同国家、不同历史阶段的人均 GDP 或收入水平等的国外研究方法，依此来判断国内工业化水平可能会造成结果的失真。国外研究的经验值结论可以作为参考用于不同国家之间的对比分析，但不能作为绝对标准直接套用到中国（尹虹潘，2019）。因此，本书主要依据国内研究的相关方法进行我国工业化水平的划分和佐证。

国内工业化水平划分方法主要有：

（1）郭克莎（2000）依据国外研究中的经济发展水平法和产业结构变动法换算为中国相关经济指标进行了相关分析，主要对我国整体工业化水平进行了分析，但未进行各地区工业化水平的划分。

（2）袁志刚和范剑勇（2003）以农业剩余劳动力向非农产业的转移速度为依据对我国不同地区的工业化水平进行了划分。

（3）吕政等（2003）依据经济发展水平、就业结构、工业产出比重和工业结构水平为依据对我国整体工业化进程及所处阶段进行了分析。

（4）陈佳贵等（2006）则通过经济发展水平、产业结构、工业结构、就业结构和空间结构等综合视角相对全面地对我国各省份工业化水平进行了综合分析，并对各省份进行了明确划分。陈佳贵等（2006）将我国 31 个省（自治区、直辖市）划分为共计五个工业化阶段，其中，西藏属于前工业化阶段；内蒙古、宁夏、湖北、重庆、陕西、青海、新疆、云南、湖南、河南、甘肃、江西、安徽、四川、海南、广西和贵州划分为工业化前期阶段；山东、辽宁、福建、山西、吉林、黑龙江和河北划分为工业化中期阶段；天津、广东、浙江、江苏划分为高工业化水平阶段；后工业化阶段主要包括上海和北京两个直辖市。

（5）刘伟等（2008）认为产业结构高度实质上是劳动生产率的有效度量，从产业结构高级化视角进行了不同地区工业化水平的划分。刘伟等（2008）进一步提出，上海、北京、天津处于产业机构高度或者说工业化水平中的第一阶梯，广东、江苏、浙江、山东、辽宁等东部沿海地区处于第二阶梯，河北、河南、湖北、陕西、四川、贵州等中西部地区处于第三阶梯。

（6）廖信林等（2013）基于陈佳贵（2006）的结论并基于其相关模型的要求做出一定调整。相对而言，更为简化和易于开展实证研究。廖信林等

（2013）将我国各省份工业化阶段主要划分为 3 个，其中，上海、北京、天津、广东、浙江、江苏和山东为高度工业化阶段；陕西、青海、新疆、云南、甘肃、广西和宁夏为低度工业化阶段；辽宁、福建、山西、吉林、黑龙江、河北、内蒙古、湖北、重庆、湖南、河南、江西、安徽、四川、贵州和海南为中度工业化阶段。廖信林等（2013）只是依据陈佳贵等（2006）的划分结果进行部分省份的微调，结果差异不大，表中不再赘述。

（7）黄群慧（2018）与陈佳贵等（2006）测度方法一致，也对我国不同的地区的工业化水平进行了大致划分。

（8）尹虹潘（2019）通过模拟工业化推进过程中的三次产业占比演进特征，设定新的工业化率的单一指标法进行工业化水平的测度和分析。

（9）魏后凯和王颂吉（2019）在 NBER 工业论文中明确提出，工业化是一个螺旋式转型升级的长期过程。当前中国并未完全实现工业化，各地区工业化水平发展差异仍较为明显。

国内学者关于工业化水平具体划分依据和结论如表 1.2 所示。

表 1.2　国内学者对我国工业化阶段的划分

学者	划分依据	结论
郭克莎（2000）	以人均收入水平为主要依据，以产业结构水平和工业结构高度为辅助依据	2000 年左右，我国处于中工业化水平阶段的上半期；在四个阶段的划分中，处于工业化的第二个阶段。我国工业化比重的提升与人均收入水平和第三产业的发展并不协调甚至相背离
袁志刚和范剑勇（2003）	农业剩余劳动力向非农产业的转移速度	2003 年左右，我国直辖市已进入高工业化水平阶段，东部沿海地区和东北三省位于中工业化水平阶段，其余内陆地区还处于工业化中前期阶段
吕政、郭克莎和张其仔（2003）	以人均 GDP 或 GNP 水平、三大产业就业结构为主要依据，以工业产出水平（以及第二产业比重）和工业结构水平为辅助依据	2003 年左右，我国仍处于中工业化水平的第一个阶段。但是在工业比重增加的同时，人均 GDP、就业结构以及工业内部结构都处于较低水平，抑制了我国工业化水平的快速推进
陈佳贵、黄群慧和钟宏武（2006）	人均 GDP、三次产业产值结构、制造业增加值占总商品增加值比重、人口城市化率、第一产业就业人员占比	2004 年中国工业化水平的地区结构是一个典型的金字塔型，有向橄榄型结构演变的趋势；1995—2004 年的 10 年中，绝大部分地区处于加速工业化阶段，但先进地区与落后地区之间的工业化差距在不断拉大

表1.2(续)

学者	划分依据	结论
刘伟、张辉和黄泽华(2008)	产业结构高度,包含三大产业比例关系和劳动生产率指标	从产业结构高度的视角来看,2005年中国的工业化水平大约走完了1/3。各省区的产业结构高度呈现明显的层次性,沿海地区的产业结构高度显著地大于中西部地区
黄群慧(2018)	与陈佳贵、黄群慧和钟宏武(2006)一致	北京、上海、天津处于后工业化阶段,其他大部分东部省处于高工业化水平,大部分中西部省基于处于中工业化水平
尹虹潘(2019)	通过对三次产业占比的演进历程进行模拟,借助一些关键特征来识别工业化演进中所处的阶段	中国目前大致应该是刚迈进后期的门槛,处于中期与后期之间的转换过渡时期。但中国大国经济条件下的地区差异很大,分不同省区市来看可能有的省已经处于高工业化水平的较高水平,有的还远落后于全国整体所处的工业化阶段
魏后凯和王颂吉(2019)	工业化是一个螺旋式转型升级的长期过程,从广义上讲,工业化可以分为两个阶段,即浅层工业化和深度工业化	第一阶段是以提高工业比例为目标的扩张性工业化过程,第二阶段是以提高工业质量和竞争力为中心的收缩性工业化过程,浅层工业化正在转型升级。事实上,工业化阶段是根据传统理论而划分的。前期、中期、后期,只是为了实现浅层工业化的目标,而不是最终完成工业经济的发展任务。浅层工业化向深度工业化转型升级是国家提高工业经济发展质量和工业经济竞争力的重要阶段

　　一个国家或地区的工业化水平不仅仅是从产业结构单维考虑,而应是从涉及产业、经济乃至空间等多维视角分析的结果(陈佳贵 等,2003)。且我国工业化区域格局在短期内变化不大(廖信林 等,2013),换句话说,各省份工业化发展水平整体变化趋势和幅度相对稳定。因此,相比之下,本书认为,陈佳贵等(2006)的五大方面指标的综合判断更为全面,且运用层次分析法确定各个指标相应权重,其结论更具客观性和适用性,也为多数文献所直接引用。因此,遵循以往文献的做法(廖信林 等,2013;陈佳慧,2018),将我国30个省(自治区、直辖市)(不含西藏与港澳台)划分为三大工业化水平地区。即按不同地区工业化水平的高低依次划分为高工业化水平、中工业化水平和低工业化水平三大地区。其中,将上海、北京、天津、广东、浙江、江苏、山东、福建、辽宁和河北共计10个省(直辖市)划分为高工业化水平地区;将

山西、吉林、黑龙江、内蒙古、湖北、重庆、湖南、河南、江西、安徽、四川和海南共计 12 个省（自治区、直辖市）划分为中工业化水平地区；将陕西、青海、新疆、云南、甘肃、广西、贵州和宁夏共计 8 个省（自治区）划分为低工业化水平地区。

本书的划分结果主要基于以下几点考虑：第一，我国各省份工业化水平应与经济发展的现实状况整体保持一致，因为一个国家或地区的工业化水平所描述的正是其经济发展和经济现代化水平（黄群慧，2018）。从本书划分的结果看，不同工业化阶段的各省份工业化水平与其经济发展水平保持较高的一致性。第二，正如学界所一致认可的那样，我国整体工业化水平虽然进步相对较快，但是由于我国的梯度发展战略和不同省份资源禀赋、经济基础等差异较大，工业化水平在不同地区发展相当不平衡，大致表现为东部沿海地区工业化水平较高于中西部地区，且这种工业化水平差距呈现不断拉大的趋势。

尽管各省份工业化水平虽处于不断提高的状态，但是中、西部地区尤其是西部地区多数省份工业化水平起点低、进展缓慢，东部沿海工业化水平差距不断拉大的形势日趋明显，其 2016 年工业化阶段甚至还未达到东部沿海省份 1998 年的工业化水平。换句话说，我国各省份工业化发展程度虽然在不断提高，但全国工业化发展的区域格局变化并不大（廖信林 等，2013）。

1.5　研究思路与研究内容

1.5.1　研究思路与框架结构

本书旨在考察基于异质性创新主体和地区双约束视角下的政府研发资助对区域创新效率的相关影响，进而提出相应的对策建议，以期为我国政府研发资助政策制定和区域创新效率改善路径选择提供决策参考。结合本书研究目的，具体研究思路与框架结构主要安排如图 1.1 所示。

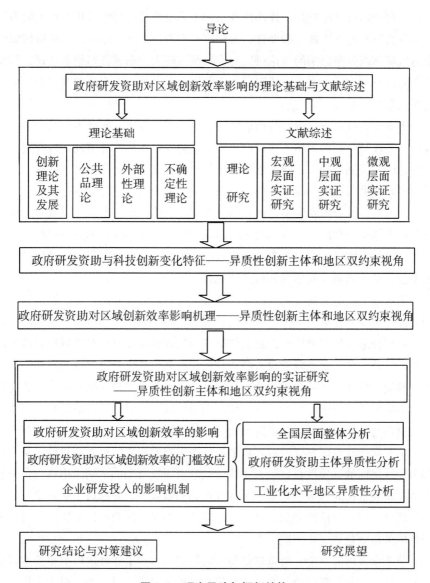

图 1.1 研究思路与框架结构

第 1 章，导论。本章主要通过对研究背景的介绍引出本书研究内容。根据本书研究内容，阐述本书研究的理论价值和现实意义、研究的思路与框架以及所采用的研究方法、创新点与不足之处。

第 2 章，理论基础与文献综述。在理论基础方面，本章首先分析了马克思、熊彼特及其后世继承者的创新理论的发展，其次，基于科技创新特性主要从科技创新的公共品理论、外部性理论和不确定性理论视角分析了政府研发资助对科技创新的重要性与必要性，即构筑本书理论基础。最后，在政府研发资助对区域创新效率影响的理论研究与实证研究两大方面进行归纳和述评，特别是在实证研究方面，本章将研究层面视角划分为宏观、中观和微观三个层面展开深入分析。

第3章，政府研发资助与科技创新变化的主要特征。本章主要对全国及分地区异质性科技创新主体所获政府研发资助的变化历程展开描述，以及对全国和分地区科技创新投入和科技创新产出的相关变化特征进行回顾。此外，还对政府研发资助与科技创新存在的一定问题及可能的原因进行了阐述。

第4章，政府研发资助对区域创新效率的影响机理。本章主要对异质性科技创新主体所获政府研发资助对区域创新效率的直接影响机理进行辨析，并从科技创新投入的另一重要来源企业研发投入视角，探析政府研发资助通过企业研发投入对区域创新效率的间接影响机理。

第5章，政府研发资助对区域创新效率影响的实证分析。在全国整体样本中实证分析异质性创新主体所获得的政府研发资助对区域创新效率影响的基础上，考察分地区样本异质性创新主体所获得的政府研发资助对区域创新效率的影响。此外，鉴于企业研发投入的重要性，本书也从企业研发投入视角，通过构建异质性创新主体所获得的政府研发资助与企业研发投入交互项的方法考察了其对区域创新效率的影响，或者说，在对区域创新效率的影响过程中，政府研发资助与企业研发投入二者究竟是挤入效应还是挤出效应进行了实证判别。

第6章，政府研发资助对区域创新效率影响的相关门槛效应检验。从全国和分地区层面的异质性科技创新主体所获政府研发资助的不同约束视角，分析了政府研发资助对区域创新效率可能存在的门槛效应。并探讨了企业研发投入为门槛变量下的异质性创新主体和地区双约束视角下的政府研发资助对区域创新效率的影响趋势变化问题。

第7章，研究结论、对策建议与研究展望。本章主要概述以上相关实证研究所得结论，并依据结论与我国现状提出相应的对策建议，最后对未来进一步的研究提出展望。

1.5.2 主要研究内容

政府研发资助对科技创新活动具有重要作用，而政府研发资助对区域创新效率的影响仍有待考察。不同科技创新主体由于所承担职责等存在差异，政府对不同创新主体的研发资助力度和效果也会不同。不同地区政府研发资助力度和科技创新状况也并不一致，则异质性创新主体和地区双约束视角下的政府研发资助对区域创新效率的影响研究便具有必要性。另外，除异质性创新主体和地区双约束视角下的政府研发资助除对区域创新效率产生直接影响外，还有一个重要作用就是引导企业增加研发投入，从而提高科技创新成果产出速度，推动区域创新效率的改善。但企业研发投入的增长对异质性创新主体和地区双约束视角下的政府研发资助效果的影响问题鲜有文献研究。

综上所述，本书主要从以下几个方面展开研究：①探究异质性科技创新主体所获政府研发资助在全国层面和分地区层面对区域创新效率的影响，以分析政府对不同创新主体的研发资助效果是否实现。②本书还针对异质性创新主体视角下的政府研发资助与区域创新效率之间究竟是存在线性还是非线性关系进行了实证检验，并通过面板门槛模型进行了深入分析。③考虑企业研发投入在政府研发资助对区域创新效率的影响机制，通过构建异质性创新主体和地区双约束视角下的政府研发资助与企业研发投入交互项及以企业研发投入为门槛变量，以政府研发资助为核心解释变量的面板门槛模型，实证检验企业研发投入在异质性创新主体和地区双约束视角下的政府研发资助对区域创新效率的影响中的作用。通过以上相关内容的研究，以期为我国整体乃至各地区政府研发资助效果评判和政策抉择提供参考，进而有效提升我国区域创新效率和助推创新型国家建设。

1.6 研究方法

本书研究方法主要是规范研究方法和实证研究方法两大类，其中规范研究方法主要是归纳演绎法，实证研究方法主要包括随机前沿模型分析法和面板门槛模型分析法。此外，为保证本书结论的可靠性和稳健性，本书通过变换区域创新效率的测度方法，采用数据包络分析方法，而政府研发资助对区域创新效率的相关影响的稳健性检验，则采用静态和动态视角相结合的实证方法，主要是面板固定效应模型和随机效应下的 Tobit 模型、两步系统 GMM 模型。具体来说，主要有以下几种：

（1）归纳演绎法。本书首先对科技创新相关理论进行梳理和总结，并针对以往政府研发资助对区域创新效率影响的相关理论研究和实证研究进行归纳分析，之后就异质性创新主体和地区双约束视角下的政府研发资助对区域创新效率的直接和间接影响机理进行辨析，最后基于我国省级面板数据进行实证以验证本书相关推理，从而得出本书研究结论。

（2）随机前沿分析方法（stochastic frontier approach，SFA）。本书采用随机前沿分析方法，将政府研发资助等效率影响因素作为非技术效率项考察异质性创新主体和地区双约束视角下的政府研发资助对区域创新效率的相关影响。此外，随机前沿模型下的分析方法主要有柯布-道格拉斯生产函数法和超越对数生产函数分析法，本书还对这两种方法基于相关标准进行判断和择优使用。

（3）数据包络分析方法（data envelopment analysis，DEA）、静态视角下的面板固定效应模型和随机效应 Tobit 模型以及动态视角下的两步系统 GMM 模型。尽管数据包络分析方法存在一定不足，但也在区域创新效率测度等相关实证研究中得到较多应用（傅晓霞 等，2007）。因此，本书对区域创新效率的测度采用数据包络分析方法进行稳健性检验。

之后，关于政府研发资助对区域创新效率相关影响的稳健性检验，则在区域创新效率测度基础上，利用静态视角下的面板固定效应模型和随机效应 Tobit 模型进行分析。一方面，考虑到采用固定效应模型可以在一定程度上缓解不同个体不可观测或被遗漏变量的异质性，以及变量的内生性问题；另一方面，由于区域创新效率数值范围为 0~1，截断特征较为明显，采用面板随机效应 Tobit 模型分析能够相对有效弥补其他实证方法的估计有偏问题。此外，为更有效地解决模型的内生性问题，同时为了可以从动态视角验证政府研发资助对区域创新效率的相关影响，本书还利用两步系统 GMM 的动态面板模型进行了稳健性检验。

（4）门槛效应模型分析方法。异质性创新主体和地区双约束视角下的政府研发资助对区域创新效率的影响可能并非单纯的线性关系，或者说当政府研发资助低于或高于某个取值时，对区域创新效率的影响力甚至方向上可能会产生不同的变化，而基于交互项分析并不能有效捕捉这一变化过程。因此，本书基于面板门槛模型就异质性创新主体和地区双约束视角下的政府研发资助对区域创新效率的影响进行考察，以便探究异质性创新主体和地区双约束视角下的政府研发资助对区域创新效率的影响趋势，以及不同资助强度、不同企业研发投入力度下的政府研发资助对区域创新效率影响的动态变化状况，以检验异质性创新主体和地区双约束视角下的政府研发资助和企业研发投入可能存在的门槛值和相关门槛特征。

1.7 创新点与不足之处

本书基于上述规范研究方法和实证研究方法的综合运用，通过考察政府研发资助对区域创新效率的相关影响，以期在我国政府研发资助政策制定参考方面增加边际贡献。本书研究的可能创新之处主要体现在以下几个方面：

研究视角的创新。研究视角上本书主要在样本选择方面、研究主体方面和影响机制方面进行了相互结合的综合考察。其中，在样本选择方面，本书选取了全国和分地区的不同样本层面相结合的视角予以分析。一方面，基于1998—2016 年我国 30 个省（自治区、直辖市）的面板数据，在全国层面考察了政府研发资助对区域创新效率的影响。另一方面，借鉴以往研究的划分方法（陈佳贵 等，2006；廖信林 等，2013），根据我国各省（自治区、直辖市）的工业化水平差异将我国划分为高工业化水平地区、中工业化水平地区和低工业化水平地区三大地区，展开分地区层面的政府研发资助对区域创新效率的影响研究。

在研究主体的选取视角，根据科技创新主体所承担的职能划分为知识创新型主体和技术创新型主体，再依据政府对异质性创新主体的不同的研发资助，分析异质性科技创新主体所获政府研发资助对区域创新效率的影响。在地区和主体双重约束视角，即在科技创新主体和地区异质性双重约束下，考察不同地区、不同科技创新主体视角下的政府研发资助对区域创新效率的相关影响。

在影响机制视角，企业研发投入不仅是我国科技创新投入的另一重要来源，同时也是政府实施研发资助的一个重要目的，即通过发挥政府研发资助的杠杆和信号作用，引导企业加大研发投入力度，从而助推我国科技创新能力和效率的不断改善。因此，本书在探讨分科技创新主体所获政府研发资助在全国层面和分地区层面对区域创新效率影响的基础上，进一步考察了企业研发投入对政府研发资助效果的影响机制问题，这也是本书研究主旨的一个深入或者说侧面视角的再分析。

本书研究不足主要表现在以下几个方面：

第一，在研究视角方面，政府研发资助在实施过程中可能还会受到科技创新主体尤其是企业寻租、市场分割以及地区保护主义等因素的影响。由于本书选用省级面板数据，上述指标相关数据并未有效统计或指标测度方法争议相对较大，这也是本书未做其他视角分析的原因之一。

第二，在数据选取方面，仅选用省级层面的面板数据，而并未使用企业微观层面数据，相对缺乏微观视角下政府研发资助对区域创新效率影响的考察。而其也有数据局限性原因，即科研机构所包括的高等学校和研究机构所获得政府研发资助等缺乏微观层面的相关统计数据。

2 理论基础与文献综述

科技创新作为我国经济高质量发展的重要抓手，是实现中华民族伟大复兴的重要保障。创新驱动是当前我国经济发展的核心战略之一，这一理念是习近平新时代中国特色社会主义思想的重要内容，也是将马克思主义政治经济学原理与中国具体现实相结合的产物。对科技创新理论的把握应以马克思主义为基础，扬弃地借鉴、吸收西方经济学理论，从而不断丰富和完善中国特色社会主义科技创新理论体系。

创新不仅包括科技创新，还包括制度创新和商业模式的创新，而科技创新是事关发展全局的核心所在（洪银兴，2013），这也正是本书展开科技创新领域研究的重要原因。创新理论的发展过程也正是科技创新理论的不断丰富和完善的过程，或者说，科技创新理论源于创新理论，并作为创新理论的分支得以不断发展。科技创新存在明显的不可分性（公共品属性）、非完全占有性（外部性）以及不确定性等特征，易造成科技创新主体获得私人收益低于社会整体收益（Arrow，1962），私人科技创新投入会低于社会最优水平，研发积极性也有待提高。因此，需要政府提供研发资助以矫正科技创新市场失灵问题，缓解科技创新活动的高风险，进而实现科技创新稳步发展和效率不断提高的目的。

在展开相关描述性分析和实证分析之前，对相关理论基础及以往理论与实证研究的归纳总结是不可或缺的。在理论基础方面，本书主要从创新理论的建立及其发展历程、科技创新特性的相关理论等角度展开分析。在文献综述方面，本书重点从已有理论研究和实证研究的结论、方法等差异化视角进行梳理、归纳和述评。

2.1 理论基础

2.1.1 科技创新理论及其发展

2.1.1.1 马克思主义创新理论

马克思虽然没有明确定义"创新""科技创新"等，但是他采用"机器改良""发明""技术变革""新的生产方式"等表达方式进行相关论述。马克思强调创新在经济发展中具有举足轻重的推动作用，他在《共产党宣言》中就明确指出，"资产阶级在它不到一百年的阶级统治中所创造的生产力，比过去一切世纪创造的全部生产力还要多，还要大。自然力的征服，机器的采用，化学在工业和农业中的应用，轮船的行驶，铁路的通行，电报的使用，整个大陆的开垦，河川的通航，仿佛用法术从地下呼唤出来的大量人口，——过去哪一个世纪料想到在社会劳动里蕴藏有这样的生产力呢？"①

在马克思看来，创新主要包括科学、技术和制度三方面相互促进、相辅相成的基本创新形式。这主要表现为两大方面。一方面，科学技术创新是制度创新的重要驱动力。马克思指出，"科学技术创新把科学技术成果转化为生产力，引发生产工具和生产方式的变革，从而推动制度创新乃至生产关系的变革"②。另一方面，科技创新在促进制度创新的同时，制度创新也会促进科技创新的不断发展——"使生产过程的物质条件及其社会结合成熟的同时，也使生产过程的资本主义形式的矛盾和对抗成熟起来，因此同时使新社会的形成要素和旧社会的变革要素成熟起来"③。

科学技术是生产力，是马克思主义的基本原理。马克思不仅肯定了科技的重要性，还强调生产力水平得以提高和生产关系发生变革的决定性因素正是科技创新。马克思明确指出，"劳动生产力是随着科学和技术的不断进步而不断发展的"④。劳动生产力"既包括科学的力量，又包括生产过程中社会力量的结合，最后还包括从直接劳动转移到机器即死的生产力上的技巧"⑤。"现代工

---

① 马克思，恩格斯. 马克思恩格斯选集：第 1 卷［M］. 北京：人民出版社，1995：277.
② 马克思，恩格斯. 马克思恩格斯选集：第 1 卷［M］. 北京：人民出版社，1995：142.
③ 马克思，恩格斯. 马克思恩格斯全集：第 23 卷［M］. 北京：人民出版社，1972：550.
④ 马克思，恩格斯. 马克思恩格斯全集：第 23 卷［M］. 北京：人民出版社，1972：664.
⑤ 马克思，恩格斯. 马克思恩格斯文集：第 8 卷［M］. 北京：人民出版社，2009：206.

业通过机器、化学过程和其他方法，使工人的职能和劳动过程的社会结合不断地随着生产的技术基础发生变革。"① "现实财富的创造较少地取决于劳动时间和已耗费的劳动量，较多地取决于在劳动时间内所运用的动因的力量，而这种动因自身——它们的巨大效率——又和生产它们所花费的直接劳动时间不成比例，相反地却取决于一般的科学水平和技术进步，或者说取决于科学在生产上的应用。"②

在科学创新方面，马克思明确指出，"由于协作、工场内部的分工、机器的运用，以及为了一定的目的而把生产过程转化为自然科学、力学、化学等等的自觉的运用，转化为工艺学等等的自觉的运用，正像与这一切相适应的大规模劳动等等一样（只有这种社会化劳动能够把人类发展的一般成果例如数学等，运用到直接生产过程中去，另一方面，这些科学又以物质生产过程的一定水平为前提），与在不同程度上孤立的个人劳动等相对立的社会化劳动生产力的这种发展，以及随之而来的科学这个社会发展的一般成果在直接生产过程中的运用，——所有这一切都表现为资本的生产力"③。这其中，"自然科学、力学、化学等等的自觉的运用""工艺学等等的自觉的运用"即是科学创新的具体表现，同时也可以看出，科学创新的主要形式包括了自然科学和社会科学等方面的创新。

在科学创新的成果转化和利用方面，马克思强调，科学创新成果若不能有效转化为生产技术创新，即积极运用到生产过程中去，生产力的发展是无从谈起的。他明确指出，"自然因素的应用——在一定程度上自然因素被列入资本的组成部分——是同科学作为生产过程的独立因素的发展相一致的。生产过程成了科学的应用，而科学反过来成了生产过程的因素即所谓职能。每一项发现都成了新的发明或生产方法的新的改进的基础。只有资本主义生产方式才第一次使自然科学为直接的生产过程服务，同时，生产的发展反过来又为从理论上征服自然提供了手段。科学获得的使命是：成为生产财富的手段，成为致富的手段"④。

在技术创新方面，马克思明确指出，"现代工业通过机器、化学过程和其他方法，使工人的职能和劳动过程的社会结合不断地随着生产的技术基础发生

---

① 马克思，恩格斯. 马克思恩格斯选集：第2卷［M］. 北京：人民出版社，1995：213.
② 马克思，恩格斯. 马克思恩格斯全集：第46卷（下）［M］. 北京：人民出版社，1980：217.
③ 马克思，恩格斯. 马克思恩格斯全集：第49卷［M］. 北京：人民出版社，1995：83-84.
④ 马克思，恩格斯. 马克思恩格斯全集：第47卷［M］. 北京：人民出版社，1979：570.

变革"①"变革劳动过程的技术条件和社会条件，从而变革生产方式本身，以提高劳动生产力"②。

马克思的技术创新理论研究方面，后世学者主要从两种视角进行剖析。一种视角以罗伊乔杜里（Roychowdhury，1979）提出的将创新划分为技术进步与技术转移说为代表，前者主要强调能够有效提高劳动生产率的技术进步，主要包括"创新扩散""干中学"等，后者主要强调不同的技术间的扩散和相互转移或转化等，这一含义在马克思的思想和文献中主要以"生产方式的革命""新的发明""改良机器"等体现出来。另外一种视角则是以布劳格（Blaug）为代表，其认为劳动节约型创新与资本节约型创新是马克思创新理论的核心所在。布劳格（Blaug，1998）提出，无产阶级与资产阶级之间形成的阶级对立，以及工人劳动与工资之间的劳资冲突，迫使资本家为降低商品生产过程中的成本选择由机器来代替活劳动，在资本节约型创新方面，主要是借助机器的改良、废弃物的循环利用、增强资本品生命力、减少资本损耗等形式进行。在不变资本节约型创新思想的相关阐述中，马克思就明确指出，"由于发明而产生的节约……。这是力学和化学上的各种发明得以应用而又不会使商品价格变得昂贵的唯一条件，并且这总是不可缺少的条件"③，便是通过新的发明形式的创新带来资本节约的一种重要途径。

在制度创新方面，马克思强调变革生产组织形式和制度对于创新、经济的发展具有不可替代的重要作用。例如，马克思在谈到股份制时强调，"这些制度——它们对国民经济的迅速增长的影响恐怕估价再高也不为过。……它们是发展现代社会生产力的强大杠杆"④"主体的一定的存在作为生产条件的共同体本身为前提的所有一切形式（它们或多或少是自然形成的，但同时也都是历史过程的结果），必然地只和有限的而且是原则上有限的生产力的发展相适应。生产力的发展使这些形式解体，而他们的解体本身又是人类生产力的某种发展"⑤。

从微观层面来看，例如，在工厂立法和工厂制度方面，马克思明确指出，"作为工人阶级的身体和精神的保护手段的工厂立法的普遍化已经不可避免，

---

① 马克思，恩格斯.马克思恩格斯全集：第23卷［M］.北京：人民出版社，1972：533-534.这里的"通过机器、化学过程和其他方法"，也就是通过机器的改良或采用新技术的方法在实现技术创新的同时，进一步变革生产条件和生产方式，进而推动生产力水平的不断提高。

② 马克思，恩格斯.马克思恩格斯全集：第44卷［M］.北京：人民出版社，2001：366.

③ 马克思，恩格斯.马克思恩格斯全集：第25卷［M］.北京：人民出版社，1974：119-120.

④ 马克思，恩格斯.马克思恩格斯全集：第12卷［M］.北京：人民出版社，1962：609-610.

⑤ 马克思，恩格斯.马克思恩格斯全集：第46卷（上）［M］.北京：人民出版社，1980：497.

那末，另一方面，正如前面讲到的，这种普遍化使小规模的分散的劳动过程向大的社会规模的结合的劳动过程的过渡也普遍化和加速起来"① "一旦工厂制度达到一定的广度和一定的成熟程度，特别是一旦它自己的技术基础即机器本身也用机器来生产，一旦煤和铁的采掘、金属加工以及交通运输业都发生革命，总之，一旦与大工业相适应的一般生产条件形成起来，这种生产方式就获得一种弹力，一种突然跳跃式地扩展的能力"②。

马克思还对创新的主体和动力等方面做了全面的分析与阐述。在创新主体方面，他指出，资本家或企业家、工人和专门从事科研创新的人员都应被视为创新的主体。马克思重视科学研究及其应用的重要意义，在科学研究人员方面，马克思强调，"由于自然科学被资本用作致富手段，从而科学本身也成为那些发展科学的人的致富手段，所以，搞科学的人为了探索科学的实际应用而互相竞争。另一方面，发明成了一种特殊的职业。因此，随着资本主义生产的扩展，科学因素第一次被有意识地和广泛地加以发展，应用，并体现在生活，其规模是以往的时代根本想象不到的"③。

创新的动力主要来源于资本家追求更多的剩余价值的内在动力以及参与激烈的市场竞争、满足不断变化的市场需求的外在压力（任力，2007）。在考察剩余价值问题时，马克思指出，"提高劳动生产力来使商品便宜，并通过商品便宜来使工人本身便宜，是资本的内在的冲动和经常的趋势"④ "当新的生产方式被普遍采用，因而比较便宜地生产出来的商品的个别价值和它的社会价值之间的差额消失的时候，这个超额剩余价值也就消失。价值由劳动时间决定的规律，既会使采用新方法的资本家感觉到，它必须低于商品的社会价值来出售自己的商品，又会作为竞争的强制规律，迫使它的竞争者也会采用新的生产方式"⑤。资本家为攫取商品更多的剩余价值，就必须使他的商品更能够符合市场的需求，由此造成资本家在主观上追逐占有更多剩余价值的动机与他通过创新所生产的商品在客观上总能更好地满足市场需求的效果之间的统一（关士续，2002）。

马克思在时间上最早，在内容构架上极为全面而深刻地阐述了创新理论，是当之无愧的科技创新思想先驱。弗里曼（Freeman，1996）在《新帕尔格雷

① 马克思，恩格斯.马克思恩格斯全集：第23卷 [M].北京：人民出版社，1972：549-550.
② 马克思，恩格斯.马克思恩格斯全集：第23卷 [M].北京：人民出版社，1972：493-494.
③ 马克思.机器、自然力和科学的应用 [M].北京：人民出版社，1978：208.
④ 马克思，恩格斯.马克思恩格斯全集：第23卷 [M].北京：人民出版社，1972：355.
⑤ 马克思，恩格斯.马克思恩格斯全集：第23卷 [M].北京：人民出版社，1972：354-355.

夫经济学大辞典》中对马克思做出极高评价，"马克思（1848 年）恐怕领先于其他任何一位经济学家把技术创新看作为经济发展与竞争的推动力……然而到了 20 世纪上半叶，著名经济学家中差不多只有熊彼特自己一个人还在继续和发扬这一古典传统"。著名经济学家保罗·斯威齐（Paul Sweezy，1942）也认为，"熊彼特的创新理论在于用生产技术和生产方法的变革来解释资本主义的基本特征和经济发展过程，熊彼特的理论与马克思的理论具有某些惊人的相似之处"。熊彼特更是在其著作《经济发展理论》一书中明确承认自己只是继承和发扬了马克思的部分创新理论。"从这种看来无足轻重的源泉，产生了——正如我们将要看到的——经济过程的一个新概念，它会克服一系列的根本困难，从而证明我们在正文中对这一问题的陈述是正确的。这个问题的新陈述同马克思的陈述更加接近。因为根据马克思，有一种内部的经济发展，而不只是经济生活要与变化着的情况相适应。但是我的结构只包括他的研究领域的一小部分"（熊彼特，1991）。

2.1.1.2 熊彼特创新理论

1912 年，熊彼特（Schumpeter）在其著作《经济发展理论》一书中最早阐明创新概念，即建立一种新的生产函数，把一种从来没有的生产要素和生产条件的"新组合"引入生产体系，并认为创新主要包括引进新产品、引用新技术或新的生产方法、开辟新的市场、掌控新的原材料供应源和实现企业的新组织五种形式（熊彼特，1991）。具体来说，也就是：①采用一种新产品，也就是消费者还不熟悉的产品，或一种产品的一种新的特性。②采用一种新的生产方法，也就是在有关的制造部门中尚未通过经验检定的方法，这种新的方法不需要建立在科学上新的发现的基础之上；并且，也可以存在于商业上处理一种产品新的方式之中。③开辟一个新的市场，也就是有关国家的某一制造部门以前不曾进入的市场，不管这个市场以前是否存在过。④掠取或控制原材料或半制成品的一种新的供应来源，也不问这种来源是已经存在的，还是第一次创造出来的。⑤实现任何一种工业的新的组织，比如造成一种垄断地位（例如通过"托拉斯化"），或打破一种垄断地位。

熊彼特（1991）强调经济发展的过程实质上是新组合不断更迭的过程，即正是源于形式广泛的创新存在，引起劳动力和土地等生产资料和银行信贷等的需求不断扩大，进而推动了经济的不断增长。

同时，熊彼特也提出了创新的创造性毁灭过程，以及创新的毁灭性过程对资本主义与资本主义企业的重要作用。他强调，"不断地从内部使这个经济结构革命化，不断毁灭老的，又不断创造新的结构。这个创造性毁灭的过程，就是关于资本主义本质性的事实。这正是资本主义意义所在，也是每个资本主义企业赖以生存的东西"（熊彼特，1979）。他认为，创新所带来的企业间的竞争颠覆了人们对原有的生产方法和产业组织等方面的竞争的认识，"……新商品、新技术、新供给来源、新组织类型（例如大规模的控制单位）的竞争，……，所打击的不是现存企业的利润和产量，而是在打击这些企业的基础，危及它们的生命。这种竞争和其他竞争在效率上的差别，犹如炮击和徒手攻门间的差别……"（熊彼特，1991）。

熊彼特强调由于科技创新存在高投入、高风险等特性，规模较大的企业能够承担这样的风险和投入，而规模相对较小的企业由于资金和创新资源的相对匮乏，开展创新难度较大。因此，政府应该采取相应的政策措施来平衡各种规模的创新企业之间的利益，进而实现经济的稳步发展（熊彼特，1991）。

熊彼特利用动态的、发展的眼光分析经济增长问题，同时强调经济制度内在因素在经济增长中的作用以及企业家精神在科技创新中的重要地位（熊彼特，1991）。这与以往经济理论（特别是传统庸俗经济学仅将经济增长归结于人口、资本、利润、工资和地租等数量增加）相比是有着明显进步的。

熊彼特之后，创新理论的研究主要形成两大学派，一是以门斯（Mensch）等为代表，主要探讨创新与技术模仿、技术扩散和技术转移的关系。门斯将创新划分为基础创新、改进创新和虚假创新三大类，并认为经济衰落的原因主要是基础型创新的停滞不前，只有通过提高基础创新水平，并推动创新技术的不断改进、扩散和转移，形成新兴产业和新市场，才能推动经济实现有效增长（Mensch，1979）。二是以诺斯（North）等为代表，着重分析制度变迁、制度创新与创新之间的关系。诺斯等人认为由于创新的预期净收益会大于成本，但是现存的制度安排无法有效获取这些净收益，因此需要合作、政府安排或个人主动去改良现存制度或进行制度创新才能实现（Lance et al.，1971）。

2.1.1.3　内生增长理论

经济增长理论的新古典增长学派和内生增长学派关于创新在经济增长中是外生还是内生问题进行了建模分析。其中，新古典增长学派以索罗（Solow）为代表，其构建了包含技术、资本和劳动的新增长古典模型，用于确定各要素对经济增长的贡献。他的核算公式被后续经济学家广泛应用于经济增长构成因素的分析（霍尔 等，2008）。索罗公式简化数学表达式为

$$\frac{\Delta Y}{Y} = \frac{\Delta A}{A} + \frac{0.7\Delta N}{N} + \frac{0.3\Delta K}{K} \tag{2-1}$$

这一公式并不依赖于生产函数的具体形式，仅要求技术以中性的方式提高

资本与劳动的生产率，权数 0.7 代表劳动在国民收入中的相对份额，0.3 代表资本在国民收入中的相对份额（罗伯特·E. 霍尔 等，2008）。索罗基于美国 1909—1949 年的数据，通过该模型分析发现，美国经济增长在该时间段内翻了一番，且 87.5% 的经济增长来源于技术变化，而剩余 12.5% 来源于资本增加（Solow，1957）。此研究发现首次肯定了创新在经济增长中的重要作用。然而，该模型未考虑技术为什么会进步，其决定因素是什么，换句话说，技术外生性的模型假定使其忽略了经济增长的重要因素。

内生增长学派则以阿罗（Arrow）和罗默（Romer）等人为代表，他们意识到技术进步外生性的缺陷，构建了将技术内生化的经济增长模型，并强调技术进步是经济增长的内生源泉所在。阿罗（Arrow，1962）最早利用内生技术变化来解释经济增长，他提出投资会产生溢出效应，厂商可以通过经验积累提高生产率，而其他厂商也能够通过学习具有技术进步的厂商经验来推动自身生产率的提高。

罗默（Romer）借鉴斯密提出的劳动分工促进经济增长的思想并沿着阿罗的思路，进一步探讨技术内生化的经济增长模型，建立了两个内生增长模型。在第一个内生增长模型中，他将生产商品的知识或技术、物质资本、劳动、整个社会的知识水平纳入生产函数，运用柯布-道格拉斯函数和效用函数等分析认为，知识积累是有助于经济增长率的提高的，但作为一种生产要素，同样需要投资，并且投资与知识积累或者说技术进步能够为经济的不断增长带来良性循环（Romer，1986）。

但这一模型是在完全竞争的假设前提下进行分析，后来罗默发现分工的不断细化会使厂商掌控一定规模的市场，因此分工与完全竞争是不能在同一理论模型或框架下相容的。因此，这也正是罗默第二个技术内生化经济增长模型产生的重要原因，是对以往在完全竞争市场条件下进行经济增长分析的重大突破，也是他的第二个模型的最大的贡献（张建华 等，2004）。

在第二个技术内生化经济增长模型中，罗默（Romer，1990）将资本 K、劳动（非熟练劳动力）L、人力资本（熟练劳动力）H 和技术 A 四要素，以及研究开发部门、中间产品部门和最终产品部门三大部门均囊括在内构建了动态垄断竞争模型。提出的假定主要有以下几点：①知识由具有竞争性的人力资本和非竞争性的技术两大部分组成，且人口是固定不变的，因此，人力资本 H 由两部分组成，一部分用于最终品生产，记为 H_1，另一部分通过研究开发用于新知识或技术的生产，记为 H_2，则有 $H = H_1 + H_2$。因此，通过研究开发使得创新水平不断提高，具体表现形式为：$\dot{A} = \delta \cdot H_2 \cdot A$。②技术具有内生性。

③技术具有非竞争性和部分排他性。

其最终模型如下所示：

$$Y(H_1, L, x) = H_1^{\alpha} L^{\beta} \int_0^{\infty} x(i)^{1-\alpha-\beta} d_i \qquad (2-2)$$

通过对模型进行求解可以得到均衡状态下经济增长率 g 和用于研究开发的人力资本 H_2，其表达式分别如下所示：

$$g = \frac{\delta H - \Lambda \rho}{\sigma \Lambda + 1} \qquad (2-3)$$

式（2-3）中，

$$\Lambda = \frac{\alpha}{(1-\alpha-\beta) \cdot (\alpha+\beta)} \qquad (2-4)$$

$$H_2 = \frac{H - \rho^{\Lambda/\delta}}{\Lambda \sigma + 1} \qquad (2-5)$$

从以上表达式中可以明显看出，人力资本规模的增加能够明显有助于经济增长，并且对于经济增长具有至关重要的作用，但经济增长与劳动规模并不存在关联。此外，由于知识存在溢出效应以及专利存在垄断性质，政府有必要介入创新过程。政府可以通过向技术开发的人力资本即研究人员、中间产品的购买者以及最终产品的生产商进行研发资助，进而推动经济增长和社会福利水平的提高（朱勇 等，1999；张建华 等，2004）。

2.1.1.4 国家创新体系理论与区域创新体系理论

（1）国家创新体系理论

国家创新体系理论是弗里曼（Freeman，1987）在《论日本政策与经济维数》一书中通过研究日本经济增长与技术追赶过程时首先提出的，并将国家创新体系定义为公共部门机构和私有部门机构之间的网络（王海燕 等，2000）。他认为，在日本经济和技术都相对落后的阶段，通过企业创新，同时配合政府的组织、制度和政策安排以及教育培训机构推动形成的知识积累，共同构成国家创新体系，是日本实现经济奇迹和技术赶超的根本所在。此外，弗里曼（Freeman）在强调了政府、企业、教育和产业结构等是国家创新体系重要组成部分，并应加强各要素之间的相互作用和协作关系，同时提出区域创新体系理论的研究也必将成为未来研究热点。弗里曼基于国家宏观层面的研究揭开了国家创新体系理论研究的序幕，并成为该理论宏观学派的代表人物。

波特（Porter，1990）综合了国家创新体系的微观作用和宏观运行机制，形成了独有的国际学派的国家创新体系理论。在其所著的《国家竞争优势》一书中，提出国家经济增长的四个阶段，分别是生产要素导向阶段、投资导向阶段、创新导向阶段和富裕导向阶段。前三个阶段是一个国家经济增长的进步与繁荣阶段，而最后一个阶段是衰退和没落阶段，但四个阶段的出现并不存在先后顺序，可以是跳跃性的，也可以是几个阶段同时共存的。

特别是在创新导向阶段，企业不仅具有优化和改善国外技术和生产方式的能力，也具有较强的原始创新实力。企业更关注创新和生产的效率而不是相关成本，进而致使其所带来的竞争优势会推动产业链中上下游的共同发展，扩充产业集群规模，进而促使更多企业参与到全球化竞争中（波特，2002）。此时，在政府作为方面，处于此阶段的政府，不可能再掌握或控制既有和新发展产业的动向和趋势，如果执行资本调度、保护职能或者设计、强化产业进入门槛，以及出口补贴干预，只会打压和遏制以竞争为基础的效率，应致力于改善国内需求、刺激更多更高级的创新要素的出现。

安德森和伦德瓦尔（Andersen et al.，1997）、萨维奥蒂（Saviotti，1997）与库玛雷斯和宫崎骏（Kumaresan et al.，1999）基于熊彼特创新理论，从用户（消费者）、生产商、政府和金融机构等微观主体相互关系和相互作用的视角展开国家创新体系理论研究。他们强调创新、技术扩散和如何有效运用具有经济价值的知识是一个国家架构创新体系的关键要素所在，而有经济价值知识的学习和搜索以及各创新主体之间的相互影响是国家创新体系形成和产生作用的核心所在。

（2）区域创新体系理论

区域创新体系概念最早由库克（Cooke）等人提出，即企业、研究机构及高等学校等在具有根植性特征的制度环境系统中的交互学习（Cooke et al.，1998）。在该定义中，根植性特征是区域创新体系区别于国家创新体系的重要部分（Asheim et al.，2002），其主要强调企业通过一定的交互形式来学习和创造知识和技术的过程（Maskell et al.，1999）。阿斯海姆和伊萨克森（Asheim et al.，2002）则认为区域创新体系是由企业、研究机构及高等学校等所形成的区域集群，并应加强各主体之间的创新合作与基础结构的建设。

国内学者则以柳卸林（2003）等为代表，也提出了基于不同研究视角的区域创新体系概念，内容虽有一定差异但仍存在明显的共性，主要包括以下几个方面：①区域创新体系的主体主要包括政府、企业、高等学校和研究机构等；②区域创新体系中存在较多的投入与产出，投入主要包括技术、资金、人才和政策等，产出主要为产品和技术的创新；③区域创新体系形成的目的主要为推动创新主体之间的合作，进而促进创新的发展和技术进步，推进产业结构升级和经济发展。

王松等（2013）则认为区域创新体系是国家创新体系的重要组成部分，是国家创新体系的延伸和区域化的体现，不断完善区域创新体系对优化国家创新体系、实现国家创新战略具有重要意义。特别是要积极发挥政府、企业、高等学校和研究机构等主体的作用，加强各主体之间的联结关系和疏通各主体间的堵塞是发展区域和国家创新体系的重要路径。

可以看出，国内外学者对于区域创新体系理论虽然在相关特征即根植性方面存在一定差异，但就其本质来说是一致的。本书认为尽管国外部分学者认为区域创新体系理论区别于国家创新体系的理论的最主要特征是根植性，但事实上，区域创新体系内的创新主体的研发创新行为嵌于社会关系，而这些创新主体同时在国家层面来看，同样也隶属于国家创新体系之内。基于此，本书较为支持国内学者王松等（2013）的观点。

不论是马克思、熊彼特的创新理论、新古典增长学派和内生增长学派的增长理论，还是宏观、微观和国际学派的国家创新体系理论及其区域化的区域创新体系理论，都强调了科技创新对经济增长的重要影响，以及解释了如何有效实现科技创新和推动技术进步的方式。部分理论研究的学者还基于创新的一些特性，提出了关于政府在创新对经济增长的影响中的地位和如何有效发挥作用的思路。本书接下来就科技创新活动中政府研发资助的必要性和重要性问题结合相关理论做进一步归纳阐述。

2.1.1.5 政府与市场关系相关理论

1776 年，亚当·斯密（Adam Smith）在其著作《国民财富的性质和原因的研究》中明确提出市场这只"看不见的手"能够有效协调个人私利与社会整体利益，即在有秩序的自由市场经济中，个人在追求自身利益的同时也能够增加社会整体财富。

亚当·斯密对市场这只"看不见的手"做出如下描述：每人都在力图应用他的资本，来使其生产品能得到最大的价值。一般地说：他并不企图增进公共福利，也不知道他所增进的公共福利为多少。他所追求的仅仅是他个人的安乐，仅仅是他个人的利益。在这样做时，有一只"看不见的手"引导他去促进一种目标，而这种目标绝不是他所追求的东西。

由于追逐他自己的利益，他经常促进了社会利益，其效果要比他真正想促进社会利益时所得到的效果更好。而政府只需履行"守夜人"的职能，主要集中在以下三个方面："①保护社会，使其不受其他独立社会的侵犯；②尽可能保护社会上的每个人，使其不受社会上其他人的侵害和压迫，即建立良好、稳定的社会秩序，公正的司法和公平的交易规则；③建立并维护某些公共事业及某些公共设施（其建设与维持绝不是为着任何人或任何少数人的利益），这种事业与设施，在由大社会经营时，其利润常能补偿所费而有余，但若由少数人或个人经营，就决不能补偿所费"。

由此，亚当·斯密揭开了政府与市场关系研究的序幕，并认为市场这只"看不见的手"能够有效解决经济中出现的各种问题，反对政府干预。这种经济自由的思想在其后一个多世纪中都在经济学研究中占据主流地位。

直到1929—1933年资本主义世界经济危机的爆发，经济自由放任的理论开始受到普遍质疑，即该理论并不能有效解释和解决经济危机及其所带来的一系列问题。1936年，凯恩斯（Keynes）在《就业、利息和货币通论》一书中颠覆了传统经济学中的固有理论，认为放任自由的市场并不能实现充分的就业、均衡和持续的经济增长，市场机制存在固有矛盾，即"市场失灵"现象的确存在，因此其主张国家应实行积极的干预经济的政策（尤其是政府的财政政策），以弥补市场缺陷和纠正市场失灵问题。凯恩斯提出，投资的变动会使收入和产出的变动产生乘数效应，因而他更主张政府投资，以促进国民收入和国家经济的大幅增长。西方资本主义国家随之开始以凯恩斯经济理论为指导，不同程度地加强了政府对经济的干预，为资本主义国家带来了二战后近30年的经济持续繁荣。这正如其著作的译者所提到的，凯恩斯理论在现代西方经济学体系中始终占据着统治地位，特别是当经济运行出现较大波动时，各国政府总是按照凯恩斯的基本主张大力实施积极的干预措施。

凯恩斯承认危机和失业，但并不认为这是资本主义制度固有矛盾的不断深化所带来的必然结果。随着国家积极干预政策的不断发展，资本主义国家在20世纪70年代出现了经济低增长、高通货膨胀率，同时存在的"滞胀"现象，使其理论同样受到质疑。因此，强调政府失灵问题，而同时认为市场失灵问题可以由市场机制内部解决的新自由主义经济学诞生。新自由主义经济学推崇小政府、大市场，即主张大幅度减小甚至否定政府干预市场的范围，大幅引入市场机制来解决市场自身失灵问题。然而，新自由主义经济学说基于政府存在及发挥作用并不依赖于市场的理论立足点和后期亚洲"四小龙"通过政府干预实现的经济崛起以及1997年东南亚金融危机、2008年资本主义国家的金融危机的事实，都说明新自由主义经济学存在着理论和实践双重悖论（杨静，2015），其忽视政府干预的重要作用的理论观点是难以立足的。

在认识到创新在经济增长中的重要作用的基础上，考察政府对于纠正市场失灵问题的必要性，同时根据上文中提到的市场失灵在公共品问题和外部性问题在创新中的存在，以及创新的不确定性问题的特征，本部分基于已有理论研究，对市场失灵和创新的不确定性等相关理论进行阐述，以明晰政府研发资助对于创新的必要性和相关作用机制。

《新帕尔格雷夫经济学大辞典》中并没有直接给出市场失灵的具体定义，而是在亚当·斯密对市场成功定义①的基础上，总结出来市场成功所必须满足的三大条件："（1）拥有足够的市场；（2）所有的消费者和生产者都按竞争规则行事；（3）存在均衡状态，那么在此均衡状态下的资源配置就达到了帕累托最优状态。当市场中出现不满足以上三条任一状况时，即认定为存在市场失灵"②。就目前相关研究来看，市场失灵理论的具体表现主要为公共品、外部性和不确定性等方面，因此本书主要从这些方面予以分析。

2.1.2　科技创新公共品理论

把政府存在并履行其职能作为提供公共品缘由的经济学解释，最早可以追溯到大卫·休谟（David Hume）。休谟在《人性论》中谈政府的起源时，提出某些任务的完成对于具体到个人来讲可能并无明显利益，但对于整个社会来说却是有很大利益的，诸如军队、警察等国防、治安建设，道路、桥梁等公共工程，都需要政府来实现。正如休谟所说，"这样，桥梁就建筑了，海港就开辟了……所有这些都是由于政府的关怀，这个政府虽然也是由人类所有的缺点所支配的一些人组成的，可是它却借着最精微的、最巧妙的一种发明，成为某种程度上免去了所有这些缺点的一个组织"。上文提到的斯密在《国民财富的性质和原因的研究》中论政府的职能时与休谟的观点保持了高度一致。但他们并没有给出公共品的系统性的定义和私人不能提供公共品的理由。

萨缪尔森（Samuelson，1954）在其论文《公共支出的纯理论》中首次依据非竞争性原则明确提出公共品的概念及公共品最优配置标准。他假定社会上存在两种消费品，一种为纯私人品（X_1, …, X_n），其消费总量是每个人消费量的总和，即：

$$X_j = \sum_{j=1}^{n} X_j^i \qquad (2-6)$$

其意义就是，私人品存在明显的排他性质；另一种是集体消费物品

---

① 其定义为"聚集理想化的竞争市场使资源均衡配置达到帕累托最优状态的能力"，引自本页注2处。

② 伊特韦尔，米尔盖特，纽曼. 新帕尔格雷夫经济学大辞典（第3卷）[M]. 北京：经济科学出版社，1996：351. "市场失灵"条目由约翰·O. 莱迪亚德著，黄雯霏译。

(X_{n+1}, …, X_{n+m})，其消费总量等于每个人的消费量，即：

$$X_{n+j} = X_{n+j}^i \qquad (2-7)$$

也就是说，每个人对公共品的消费都不会改变其他人对该公共品的消费量。他认为当达到帕累托最优时，公共品即实现了最优配置。然而，萨缪尔森将物品严格按照二分法区分为私人品和公共品的方式过于极端，大多数物品可能介于私人品和公共品之间，也同时导致政府多数职能并不能有效运用于他所界定的公共品当中。随后，他对1954年论文数学表达式进行了图表释义，并将集体消费物品改称公共消费物品，同时将论文名称中的"纯理论"修改为"理论"（Samuelson，1955）。萨缪尔森（Samuelson，1958）在总结公共支出理论时，使用"公共品"一词，并提出由于公共品的边际成本为零，即使被限制消费也不可能让它成为私人物品。

继萨缪尔森之后，马斯格雷夫（Musgrave，1959）将非排他性原则引入公共品定义，于此可以说，公共品的界定标准被最终确立，即非竞争性和非排他性。同时，马斯格雷夫认为公共品的非竞争性相对更为重要，因为消费人数的增加并不改变公共品边际成本，以致排他性并无必要。二者之间关于公共品的研究视角存在差异，萨缪尔森强调公共品的消费偏好问题，而马斯格雷夫着重分析公共品的供给机制问题。公共品作为市场失灵的一种重要表现，被主流理论广泛用于政府干预市场合理性的辩护（马珺，2005）。

自萨缪尔森和马斯格雷夫界定公共品之后，后世主要就公共品的范围和特征等方面展开研究，代表人物主要有布坎南、奥斯特罗姆等。布坎南（Buchanan，1965）在萨缪尔森的消费者集体性消费行为特性研究的基础上，考察了消费者集体是如何形成的及其边界问题，并将其称为集团规模的问题。他认为，随着集团规模的变化，物品和服务的不可分性范围和程度的边界就会随之而改变。他将互动集团或者说不可分性范围的不同规模下物品和服务的不可分性程度置放于同一盒式示意图进行分析（见图2.1）。

图2.1中，区域（1）~（5）分别表示五种不同类型的物品与服务，横轴代表互动集团的规模或者说物品与服务的不可分性范围，纵轴代表不可分性程度，原点 O 和最高点 O' 分别代表完全可分和完全不可分；第（1）类表示纯私人性或者说完全可分的物品与服务，第（2）类与第（3）类均表示部分可分的物品与服务，但第（2）类物品与服务的不可分性或"公共性"只覆盖有限规模的人群或消费者，第（3）类物品与服务的公共性则覆盖大规模人群，第（4）类表示完全或者接近完全不可分的物品与服务，但这种不可分性只覆盖

小规模人群，第（5）类则表示完全不可分的纯公共品①。可以发现，图 2.1 右下角并未分类，是因为布坎南认为未发现有物品和服务属于既完全可分又可以覆盖所有人（布坎南，2009）。

图 2.1　物品与服务不可分性盒式示意图②

布坎南通过图 2.1 主要强调以下几点：第一，现实中的物品并非只有二分法下的纯公共品和纯私人品，且大多数是介于两者之间的。第二，就第（5）类纯公共品来说，若由集体或政府供给，则与其他分配方式相比都不会无效率，但是会产生融资和配置无效率，因为供给量和融资方式因素必然会造成超额负担非效率问题。因此，他的建议是将纯公共品转化为可以向使用者或者消费者收费的物品，这样融资无效率和配置无效率都会减轻。第三，他强调自己所谈到的集体化，均是指分配集体化而不是生产组织的集体化。集体供给与其他可选组织供给相比，优势主要来自物品与服务在不同个体需求者之间的不可分性（布坎南，2009）。

继布坎南之后，多数学者遵循了其思路，但关注的焦点或由此形成的结论存在一定差别，一部分学者认为萨缪尔森的分类方法并不应该放弃，而是应该通过非纯粹公共品的方式予以扩展（Adams et al.，1993）；另一部分学者认为集团或者说俱乐部的设置并未有效区分竞争性和非竞争性消费行为，而是应该在俱乐部设定形式基础上，将消费行为再具体按照能够通过市场交易和不能够通过市场交易的方法再次细分，才能将竞争性消费行为和非竞争性消费行为进行清晰划分（Pickhardt，2001、2002）。

<hr />

① 布坎南.公共物品的需求与供给［M］.马珺，译.上海：上海人民出版社，2009：164.
② 图片来源：布坎南.公共物品的需求与供给［M］.马珺，译.上海：上海人民出版社，2009：160.

奥斯特罗姆通过对实际现象的相关制度考察，从稀缺的可再生公共资源以及公共资源使用者之间会存在利益损害的角度，提出了"公共池塘资源"理论。其中，公共池塘资源是指一个自然的或人造的资源系统，这个资源系统足够大以至于排斥其他资源受益者或潜在受益者的成本非常高，诸如渔场、地下水、灌溉渠道、江河湖海等水体都属于公共池塘资源。基于多个案例的实证研究，其认为对于公共池塘资源来说，市场竞争不会有益而是严重不利于受益者的利益安排或分配，应从集体行动或集体组织视角去解决公共池塘资源问题。

此外，也有其他诸多学者对于公共品定义、范围和供给机制问题进行分析。汤普森（Thompson，1968）将生产上的完全可分性与单个消费者或者个体消费的完全不可分性结合起来，认为集体化对于这样的物品和服务是不合适的，因为这样会造成物品的生产商和服务的提供者不断向消费者推销自己的物品与服务，使得物品与服务的竞价问题不断严重化，反而造成过度供给而不是供给缺乏。此时选用集体组织或者说政府进行提供，特别是对于那些关于研究开发和知识教育相关的特定公共品，反而会达到更好的效果，甚至可能实现向帕累托最优状态不断趋近。维尔弗里德（Wilfried，2002）通过对亚当·斯密和马斯格雷夫等学者关于公共品经济理论文献的研读和归纳，认为公共品主要存在以下两大特征：一是多人使用的物品存在获利机会或者说能够潜在受益，二是受益机会的实现又无法提出有效的解决方案。这也正是上文提到的公共品的两大特征，即公共品的非竞争性和非排他性。

从以上关于公共品的定义、范围和特征的相关理论分析可以发现，公共品存在非竞争性和非排他性两大明显特征，易造成市场失灵问题，因此政府应对市场进行干预。就科技创新来说，其相关技术和信息以及技术创新成果在超过专利和相关知识产权保护期后，同样会被同类技术产品生产商或者进一步技术更新的研究开发者乃至任一单位或群体利用，意味着科技创新的收益并不能由技术创新主体完全占有，这正体现了科技创新具有明显的公共品属性，需要政府通过研发资助等方式加以干预。

2.1.3　科技创新外部性理论

对外部性理论的研究可以说最早起始于穆勒。穆勒（Moorer，1848）在著作《政治经济学原理及其在社会哲学上的若干应用》中谈"政府的影响"时，通过灯塔、浮标等物品的举例说明利他的同时对自身利益也存在一定损害。特别是对于科技研究工作，他提出，"有许多科学研究工作对国家和人类具有重大价值，但却需要人们付出大量的时间和艰苦的劳动，常常还需要花很多的钱……如果政府不能对所花的钱给予补偿，对所付出的时间和劳动给予报酬，那就只有极少数人能从事这种研究工作……发展理论知识，虽然是最为有用的一项工作，但却是一项有益于整个社会而不是有益于个人的工作，所以显而易见，应由整个社会来为这种工作支付报酬"①。可以看出，穆勒虽未明确提出外部性原理，但是较早地发现了经济活动中外部性问题的存在，并且对创新外部性问题中需要政府给予研发资助的重要性等相关问题有了较为明确的认识。

西奇威克（Sidgwick，1883）在其所著的《政治经济学原理》一书中提出私人的成本、收益与社会成本、收益之间存在一定差异的状况，并利用灯塔问题进行说明：假设某个人为私人利益建了灯塔，灯塔为其私人服务的同时，也会为其他人带来利益，但是其他人并未就灯塔的服务付费。甚至是在某些情境中，人们需要承担因他人行为造成的额外负担或者说成本，但这些负担或成本并不能得到有效补偿。西奇威克的"灯塔"理论说明其已经意识到经济外部性问题的存在，并且提倡政府应予以介入并积极解决经济外部性问题。

马歇尔（Marshall）于1890年则提出内外部经济理论，并认为"生产规模扩大后会出现内部经济和外部经济，外部经济取决于工业的一般发展，内部经济取决于工业内部经营管理的效率与资源，并具有被动、附属和依赖的局限性"②。内部经济相对来说更容易取得发展，比如技术的进步会推动新机器和设备的改良，借贷信用规模也可以不断扩大，二者助推相关经济部门的发展、经济规模的扩张和竞争的加剧，最终使公众从中受益并促进整体经济的不断增长。

庇古（Pigou）沿着西奇威克和马歇尔的思路，于1920年提出了边际私人成本、边际私人净产品、边际私人净产值和边际社会成本、边际社会净产品、边际社会净产值等一系列概念，对经济外部性问题展开了系统研究，并初步建构了外部性理论框架。与西奇威克较为一致地认为，私人边际成本和边际收益在现实经济活动中相背离，社会资源的帕累托最优配置应需政府的干预，而非完全依靠市场竞争。对能够产生边际社会收益的行为实行政府研发资助的政策进行激励，而对于造成边际社会成本增加的行为征收赋税，这就是著名的"庇古税"（张运生，2012）。鲍莫尔（Baumol）于1950年在其著作《福利经济及国家理论》一书中对早期关于外部性经济和福利经济等相关理论进行了综合论述，并将理论模型化，同时深化了经济外部性理论，认为政府对市场经

① 穆勒. 政治经济学原理及其在社会哲学上的若干应用（下卷）[M]. 胡企林，朱泱，译. 北京：商务印书馆，1991：568.

② 马歇尔. 经济学原理 [M]. 彭逸林，等译. 北京：人民日报出版社，2009：200.

济尤其是外部性经济的干预不可或缺，但不能对政府调节形成过度依赖。

戴维斯和温斯顿（Davis et al., 1962）将外部性划分为可分外部性和不可分外部性两种形态①，并基于完全竞争市场中的两厂商模型，分析认为当外部性为可分外部性时，对政府研发资助等政策的影响因素不仅包括外部性问题，而且包括厂商生产水平、消费者的消费水平和厂商生产成本等。当外部性为不可分外部性时，由于厂商生产等相关信息的缺乏，政府研发资助等政策不能有效解决外部性问题。但是当可分外部性存在，同时市场结构并未形成有效竞争时，是政府考虑实施研发资助的政策的最佳时机。其模型假定主要有以下四个方面：首先，企业自身有通过并购等行为来消除生产外部性的动机；其次，外部性能够按照可分外部性和不可分外部性方式进行划分；再次，如果兼并或并购并未消除生产的外部性问题，政府研发资助等政策只能在可分外部性状态中有效；最后，如果是在不可分外部性状态时，政府研发资助等政策不能起到消除外部性的作用，因为不确定性和不均衡性同时出现。

斯蒂格利茨（Stiglitz, 2005）提出"只要一个人和一个企业的行动影响了另外一个人或另外一个企业，而后者没有为此付费或收费，外部性问题就会出现"②"且当存在负（或正）外部性问题时，会造成产品的过度生产（或供给不足）。并提出通过所谓的界定产权的方法（譬如合作协议等）将市场外部性内部化处理的方式并不能真正有效解决市场外部性问题，因为市场处理外部性问题还容易出现以下方面的问题：公共物品（搭便车）问题；混杂着不完全信息问题，比如个人因外部性而获得多少补偿；不说真话的激励；交易成本问题；额外的诉讼问题；结果的不确定性；（法律诉讼等方式）使用差别的问题"③。

事实上，综合公共品理论和外部性理论可以得知，二者是有明显理论交叉的，正如公共品的非排他性。而外部性同样在一定程度上具有明显的非排他性质，也可以说，公共品均具有明显的外部性特征。同样，二者也是存在明显区别的，比如，公共品更强调物品与服务的自身和消费属性，而外部性更强调行为主体的行为影响属性。通过外部性理论能够明显看出，科技创新活动也具有明显的外部性问题，且更多的是体现对其他创新主体乃至整个社会的正外部性

---

① 可分外部性，是指厂商成本函数只受到自身产量多少的影响，而不受其他厂商生产的影响；不可分外部性，是指厂商的边际收益同时受到厂商自身生产的影响，也受到其他厂商生产的影响（Davis et al., 1962）。

② 斯蒂格利茨. 公共部门经济学 [M]. 郭庆旺，等译. 北京：中国人民大学出版社，2005：183.

③ 斯蒂格利茨. 公共部门经济学 [M]. 郭庆旺，等译. 北京：中国人民大学出版社，2005：188.

问题，而对其自身而言，则是存在负外部性问题。

2.1.4　科技创新不确定性理论

阿罗（Arrow，1962）最早将不确定性理论引入科技创新中进行分析，并提出由于科技创新的边际收益低于社会边际收益，因此需要政府给予研发资助以激励企业开展创新活动。其后的学者对技术创新的不确定性理论进行不断完善和丰富，并强调不确定性在创新活动的各个环节中都可能会出现，以及不确定性是技术创新的核心特征之一。帕平涅米（Papinniemi，1999）和任（Ren，2009）认为技术创新的不确定性主要包括技术来源中自主研发和合作研发过程中的不确定性，技术匹配中的技术与市场匹配、技术与创新主体发展战略匹配的不确定性以及产品价值实现中的技术产品生产实现和产品销售实现的不确定性等方面。

市场居于主导地位的经济体系下，技术创新市场中存在着信息不完全（或者说不对称）问题，特别是企业与相关投资者之间的信息不完全问题（Besharov et al.，2014）。信息不完全性主要是因为外部环境存在较多的不确定性和复杂性，市场中的主体所掌握的信息远不是预期中的信息具有无成本和完全等特征。因此，企业在开展技术创新活动的过程中，需要与外部组织或者中介组织进行合作或者说基于其引导和支持来减少信息不完全问题，进而降低技术创新的不确定性。而政府此时恰可以作为技术创新企业的中介组织，通过给予政府研发资助的方式可以较为有效地达到这种目的（Brealey et al.，1977；Howells，2006）。一方面，政府实施研发资助可以从外部宏观政策层面传达对企业乃至行业技术创新的肯定与支持信号（杨洋 等，2015），为企业获取外部投资者资金创造便利条件；另一方面，政府研发资助自身也可以直接有效地降低企业技术创新的内部不确定性，如研发失败风险所带来的高昂成本等。这也正是莫维利和纳尔逊（Mowery et al.，1997）、弗里曼（Freeman，2002）所强调的政府应积极提供制度、资金、政策等相关保障，以弥补不确定性问题等带来的创新主体利益的损失，在科技创新活动和创新体系的建设中不可或缺。

科技创新理论相关研究的不断丰富和发展为不论是理论层面还是现实中的政府研发资助的重要性提供依据。本部分从政府研发资助对区域创新效率的影响的相关理论角度出发，主要就创新理论中的马克思创新理论、熊彼特创新理论、内生增长理论、国家和区域创新体系理论，以及政府与市场关系理论、科技创新的公共品理论、外部性理论和不确定性理论进行归纳总结，从而说明科技创新对推动经济增长的重要作用，以及政府和其所提供的研发资助对科技创新乃至区域创新效率不容忽视的重要性与必要性。本部分主要是在理论层面形成有效综合，以便相对全面地从理论视角分析政府研发资助在科技创新活动中的重要作用，从而为下文政府研发资助对区域创新效率影响的相关实证研究提供理论基础。

2.2 政府研发资助对区域创新效率影响的实证研究

基于政府研发资助对区域创新效率的理论，国内外学者基于不同的研究视角、样本、时间节点和方法等方面的差异，进行了一系列关于政府研发资助对区域创新效率的实证研究。整体上来说，主要从宏观国家（或地区层面）、中观行业（或产业层面）、微观企业层面共三大层面展开。

2.2.1 宏观层面研究

2.2.1.1 国外宏观层面研究

多数宏观层面实证研究发现，政府研发资助对区域创新效率具有明显的促进作用。利维和特莱茨基（Levy et al.，1983）基于美国 1949—1981 年的宏观层面数据，利用广义最小二乘法实证考察了政府研发资助对私人部门研发投入和创新过程中的生产效率的影响，发现以合同形式的政府部门对私人部门的研发资助能够显著激励其增加研发投入和提高创新活动的生产效率，相对应的弹性系数分别为 0.27 和 0.065。李（Li，2006）认为从研发投入到研发产出要经历 3~4 年，因此，借助中国 30 个省份（不包括西藏和港、澳、台地区，下同）的面板数据，对研发投入分别滞后 3 年和 4 年，构建随机前沿模型分析发现，政府研发资助对区域创新效率具有显著的正向促进作用，且影响相对较大。格里菲斯等（Griffith et al.，2006）选取欧洲英国、法国、德国和西班牙四个国家 1998—2000 年的面板数据，通过概念数据模型（CDM）实证分析了政府研发资助对区域创新效率的影响，发现四个国家的数据都表明政府研发资助对区域创新效率具有明显的正向促进作用。

布罗克尔（Broekel，2013）假定研发工作与专利申请之间存在 2 年滞后期，借助德国 1999—2003 年 270 个劳动市场区域研发投入要素与 2001—2005年专利产出面板数据，实证分析了政府研发资助对区域创新效率的影响。其研究发现，政府研发资助对区域创新效率的影响一定程度上取决于受政府研发资助项目的数量。同时，对私营项目的政府研发资助或者说政府对私营性质的研发资助对区域创新效率存在显著的负向影响，尤其是对于创新能力较低地区影响更为明显；而政府对合作性质的项目研发资助对区域创新效率具有显著的促进作用，且能够有效地助推公共研究机构的知识溢出或转移到私营部门。斯皮卡和马切克（Spicka et al.，2015）基于欧盟 100 个地区 2007—2011 年专业化奶牛农场数据，在利用 DEA-Malmquist 指数法测度区域创新效率的基础上，通过对区域创新效率较高组和较低组分别实证检验发现，政府研发资助对专业化奶牛农场区域创新效率的影响并不因为其原始区域创新效率的高低而产生差异，且政府研发资助能够明显扭转那些区域创新效率较低甚至持续下降地区的不良状况。

也有部分研究认为，政府研发资助虽然有利于区域创新效率的提升，但应对政府研发资助规模有所控制。许和薛（Hsu et al.，2009）基于中国台湾省内不同地区 1997—2005 年共计 110 个政府支持项目，在利用三阶段数据包络分析法（DEA）测度区域创新效率的基础上，考察了政府研发资助对区域创新效率的影响，发现政府研发资助对区域创新效率的影响具有显著的正向作用，但政府研发资助额应当有明确上限，即过多的政府研发资助反而会造成创新的低效率。帕克（Park，2014）利用韩国不同地区 2010—2012 年 6 990 个政府支持项目，在利用规模报酬不变和规模报酬可变两种条件下的 DEA-Malmquist 指数法测度区域创新效率的基础上，就政府研发资助对不同的创新主体（包括高校、国家级实验室、创业企业和大型企业）的区域创新效率差异进行比较分析，发现区域创新效率在不断提高，但提高幅度在不断减小，政府研发资助对区域创新效率的提升具有一定成效，但需要对政府研发资助额度有所控制。

少数研究认为，政府研发资助对区域创新效率形成明显的抑制作用。白和李（Bai et al.，2011）利用中国 1998—2008 年 30 个省份的面板数据，利用随机前沿模型超越对数生产函数考察了政府研发资助对区域创新效率的影响，发现政府研发资助明显抑制了区域创新效率的提升，其认为区域创新体系的网络化建设和区域创新环境等因素的不完善和滞后性是产生该问题的主要原因。

国外宏观层面关于政府研发资助对区域创新效率的影响虽是基于不同的国别或地区的实证研究，但其研究结论呈现较为一致的"促进论"，即政府研发资助有利于区域创新效率的不断提升。而我国正处于转型时期，且在创新基础、体制机制等方面与创新能力较高的国家或地区存在一定差距，国内相关研究所得结论并不一致。目前，国内研究在国家或地区层面主要采用了随机前沿分析、数据包络分析及其相关改进等方法进行了实证检验。在本部分国内实证文献归纳过程中，主要以实证结论为主线、以研究方法为辅线进行梳理，并对相应文献所得研究结论的原因进行概述。

2.2.1.2 国内宏观层面研究

（1）政府研发资助对国家或区域创新效率的"促进论"

部分研究直接采用随机前沿分析方法展开实证。李习保（2007）假定研发产出即职务发明专利申请与授权之间的滞后期为3年，并通过职务发明专利申请存在无滞后期和滞后1年，相应的职务发明专利授权滞后3年和滞后4年，共计两个时段四个回归方程，采用我国1998—2005年30个地区的面板数据，实证发现政府研发资助对区域创新效率的影响系数显著为正。李习保（2007）利用1998—2006年省级面板数据，并假定专利申请与授权之间滞后期分别为3年和4年，研发产出发明专利授权总量和职务发明授权量选定时间段分别为2001—2006年和2001—2005年，研发投入和其他区域创新效率影响因素选定时间段为1998—2004年，通过随机前沿模型道格拉斯生产函数分析发现，政府研发资助对区域创新效率同样存在明显的正向促进作用。他认为政府对科技创新活动的资金支持会有效引导创新资源配置，对提高区域创新效率有着重要意义和深远影响，应加大政府研发资助力度。

部分研究则通过改进的随机前沿法进行分析。曹霞和于娟（2015）运用投影寻踪模型对随机前沿模型进行降维和修正，并借助我国2003—2011年30个省份的面板数据，实证发现政府研发资助对区域创新效率存在显著的正向影响，并认为政府研发资助对区域创新效率的提升具有不可替代的重要作用。白俊红和蒋伏心（2015）选取我国1998—2012年省级面板数据，在利用最佳实践前沿构造法测算区域创新效率的基础上，通过空间计量模型考察了政府研发资助对区域创新效率的影响，发现政府研发资助当期和滞后一期对区域创新效率提升均存在明显的正向助推作用，且在滞后一期更为显著，并认为这是由于政府研发资助推动了地区间产学研共同研究和协作创新带来的利好影响。

也有部分研究采用数据包络法进行分析。韩先锋等（2012）采用我国2006—2015年30个省份的面板数据，在利用SBM模型分析区域创新效率的基础上，考察政府研发资助对区域创新效率的影响，发现政府研发资助能够明显促进区域创新效率的提升，且其实施效果在较强的环境规制下相对更有效。刘满凤和李圣宏（2016）选取我国2012年53个高新区的截面数据，利用三阶段DEA模型实证分析发现，政府研发资助对区域创新效率存在明显的促进作用，其认为这是由于政府研发资助能够有效盘活和调动冗余的科研资源，推动创新主体的创新活力所带来的结果。李政和杨思莹（2018）选取我国2007—2015年30个省份的面板数据，在利用DEA测度区域创新效率的基础上，实证发现政府研发资助对区域创新效率存在显著的促进作用，并认为这是区域创新体系中产学研协作推动了知识与技术的溢出与流动产生的效果，是与以企业作为微观样本的割裂式研究有着明显差异的。李政和杨思莹（2018）基于我国2003—2015年省级面板数据，在利用BCC模型（规模报酬可变模型）测度区域创新效率的基础上，采用动态面板模型、空间面板模型和门槛面板模型三种方式考察了政府研发资助对区域创新效率的影响，结论均一致表明政府研发资助对区域创新效率具有明显的提升作用，在考虑了核心解释变量即政府研发资助的内生性问题和科技创新的空间溢出效应后，结论仍成立。

少数文献采用其他方法综合分析。赵增耀等（2015）从创新价值链视角出发，基于我国2000—2012年29个省份（不包括西藏、海南和港、澳、台地区）的面板数据，利用LINGO9.0软件对两阶段网络方向距离函数的线性规划测度区域创新效率，进而通过空间面板模型实证发现，政府研发资助不论是对知识创新效率还是对整体区域创新效率都具有显著的正向推动作用。

（2）政府研发资助对国家或区域创新效率的"抑制论"

部分文献采用随机前沿方法展开实证研究。白俊红（2009）利用我国1998—2007年30个省份的面板数据，借助随机前沿模型超越对数生产函数考察了政府研发资助对区域创新效率的影响，并进行了不同滞后期的进一步分析，发现政府研发资助对区域创新效率在短期和中期呈现显著的抑制作用，在长期抑制作用不显著，并认为政府研发资助结构不合理、监管机制不完善等因素是造成其对区域创新效率整体上呈现抑制作用的主要原因。潘雄锋和刘凤朝（2010）选取我国1996—2006年28个省份（未包括西藏、海南和港、澳、台地区数据，重庆市数据并入四川省）的工业企业面板数据，利用随机前沿模型道格拉斯生产函数分析认为，政府研发资助对区域创新效率存在显著的负向影响，并认为是由政府研发资助的目的性和计划性较强、资金结构安排不合理和对创新资源需求的加大导致的。

宋来胜和苏楠（2017）采用我国2000—2014年省级面板数据，利用随机前沿模型超越对数生产函数研究发现，政府研发资助对区域创新效率存在明显的抑制作用，且不论是整体样本还是依据政府研发资助规模大小等指标运用系统聚类分析方法划分的分样本中，都非常显著，其认为这是由于政府越位干预科技创新市场、政府资源配置效率低和研发资助偏好扶强等造成的。

部分文献结合随机前沿方法和其他相关方法如动态面板模型和门槛模型方法等，较为深入地分析了政府研发资助对区域创新效率的影响。杨振兵（2016）基于我国2003—2012年30个省份的工业企业的省级面板数据，在利用随机前沿模型超越对数生产函数方法测度区域创新效率的基础上，利用动态面板模型回归发现，政府研发资助对各地区工业企业区域创新效率存在明显的抑制效应，其认为原因主要是工业企业整体上来说并没有把创新的研发成本纳入盈亏核算而导致的创新动力不足，进而抑制了区域创新效率的提升。李平和刘利利（2017）借助我国 2003—2012 年省级面板数据，运用随机前沿模型超越对数生产函数和面板门槛模型分析发现，政府研发资助对区域创新效率存在显著的抑制作用，且在跨过相应门槛后，抑制作用仍显著存在，但略有缓解。叶祥松和刘敬（2018）基于我国 1998—2015 年 30 个省份的面板数据，在利用随机前沿模型超越对数生产函数测度区域创新效率的基础上，通过基础面板模型和面板门槛模型回归发现，政府研发资助对区域创新效率的提升存在显著的阻碍作用，并认为这是技术市场发展滞后导致的。

部分文献采用数据包络分析方法进行实证分析。白俊红和蒋伏心（2011）基于我国 2008 年 30 个省份的截面数据，采用三阶段 DEA 模型在测度区域创新效率的基础上，分析发现政府研发资助对研发经费和研发人员松弛均有显著的正向影响，即政府研发资助并未形成研发和创新资源的有效配置，造成了明显的资源浪费，进而抑制了区域创新效率的提升。刘和东（2011）借助我国 1998—2008 年 30 个省份的面板数据，同样借助随机前沿模型超越对数生产函数实证发现，政府研发资助对区域创新效率在短期和中期呈现不显著的抑制作用，在长期抑制作用反而变得显著，并认为政府研发资助挤出了创新主体应有研发投入和监管力度缺乏是导致上述现象产生的重要原因。范硕和何彬（2018）采用我国 2011—2015 年 89 个高新区的面板数据，利用 Bootstrap DEA-Meatafrontier 方法测度了区域创新效率，同时考察了政府研发资助对其影响，发现政府研发资助对区域创新效率存在明显的不利作用，并认为这是财政支持体制的落后导致政府研发资助在体制中的内耗较多、无偿资助比重过高和仅注重事前审批而忽略事后监管引致的。许福志和徐蔼婷（2019）选取我国 2001—2016 年 30 个省份的面板数据，利用随机前沿模型道格拉斯生产函数分析发现，政府研发资助对区域创新效率存在明显的抑制作用，并认为这是由于目前我国政府研发资助比例过高挤出了创新主体研发投入造成的。

黄贤凤等（2013）认为我国工业企业创新投入创新产出时间滞后期为 1 年，因此，选择我国八大经济区域 2001—2011 年为创新产出时间，2000—2010 年为创新投入时间，在利用 SE-DEA（DEA 视窗分析）方法测度各经济区域工业企业区域创新效率的基础上，采用混合面板回归方法分析发现，政府研发资助对工业企业区域创新效率存在显著的抑制作用，并认为原因主要是我国政府在提供研发资助时具有明显的偏好性，即偏向于国有企业，但是国有企业在获得政府资助后产生依赖现象，造成创新动力缺乏，形成获得较多政府研发资助的国有企业反而区域创新效率低下的问题，进而导致政府研发资助对工业企业区域创新效率的抑制作用。

部分文献将随机前沿方法和数据包络分析法结合起来进行比较研究。李永等（2015）基于我国2000—2010年省级面板数据，通过随机前沿模型和DEA-Malmquist方法分析了政府研发资助对区域创新效率的影响，发现政府研发资助对区域创新效率存在明显的不利影响，并提出这是由制度约束通过挤出企业研发投入造成的。

（3）政府研发资助对区域创新效率影响不明显

部分文献借助随机前沿模型进行实证分析。李婧等（2009）选取我国1998—2005年30个省份的面板数据，在利用随机前沿模型道格拉斯生产函数测度各地区区域创新效率的基础上，探讨了政府研发资助对区域创新效率的影响，发现影响并不明显。张玉等（2017）基于我国2009—2014年省级大中型企业的面板数据，在采用随机前沿模型超越对数生产函数测度企业区域创新效率的基础上，加入政府研发资助及其平方项作为技术非效率因素纳入模型，实证发现政府研发资助无论是加入一次项还是加入二次项均对我国大中型企业区域创新效率影响并不显著，其认为原因主要是政府在选择研发资助主体时具有明显的产权、规模和行业等的偏好，尤其是研发强度和活跃度最低的国有企业，从而造成政府研发资助挤出了企业应有研发投入。同时，他们认为政府和企业之间的信息不对称问题较为严重，企业常采取虚报自身相关信息以骗取政府研发资助从而导致了政府研发资助对企业区域创新效率的应有促进作用无法得到有效实现。

也有小部分文献采用数据包络分析法展开研究。冯宗先等（2011）基于我国2001—2007年30个省份的大中型工业企业面板数据，在利用两阶段半参数DEA模型测度各省份技术效率和规模效率的基础上，考察了政府研发资助对区域创新效率的影响，发现政府研发资助对技术效率存在不显著的影响，而对规模效率存在显著的影响，整体来说，对区域创新效率存在不显著的影响，其认为一方面是政府对创新的方向判断、信息掌握和项目选择方面存在较强的滞后性和片面性，另一方面是寻租活动和政府的越位干预，这两方面可能成为政府研发资助对区域创新效率提升的促进作用不显著的重要原因。

2.2.2　中观层面研究

2.2.2.1　国外中观层面研究

目前，国外文献在中观层面关于政府研发资助对区域创新效率影响的相关实证研究相对较少，而结论也不甚一致。

相对多数研究认为政府研发资助对区域创新效率存在抑制作用。康诺利和福克斯（Connolly et al.，2006）利用澳大利亚 1965—2002 年 11 个行业的面板数据，基于柯布-道格拉斯生产函数和索罗模型测度了区域创新效率，并对政府研发资助对各行业区域创新效率的影响进行分析，发现政府研发资助仅对较少部分行业比如制造业等存在显著的正向影响，其认为原因可能是政府研发资助的政策偏向性导致资金并未有效分配。关和陈（Guan et al.，2010）选取中国 2002—2003 年高技术产业面板数据，在利用网络 DEA 模型测度区域创新效率的基础上，研究发现政府研发资助对区域创新效率存在显著的抑制作用，不论是对研发效率还是对技术成果转化效率均产生不利影响，其认为是由于我国政府研发资助并没有有效发挥推动创新形成以技术成果市场转化为核心或根本目的的政策导向，造成技术市场成果缺乏商业价值和消费市场，从而抑制了区域创新效率的提升。李等（Li et al.，2018）通过 RAGA-PP-SFA 模型修正了随机前沿模型多投入、单产出的缺陷，对中国 2010—2015 年高端制造业绿色区域创新效率进行了测度，并考察了政府研发资助对绿色区域创新效率的影响，发现政府研发资助对绿色区域创新效率存在显著的抑制作用。

也有部分研究认为政府研发资助对区域创新效率具有促进作用。洪等（Hong et al.，2015）利用中国 1995—2008 年高技术产业面板数据，在利用随机前沿模型道格拉斯生产函数测度区域创新效率的基础上，对政府研发资助对区域创新效率的影响进行进一步的实证分析，发现政府研发资助能够有效激励研发支出，并推动区域创新效率的不断提升。

2.2.2.2　国内中观层面实证研究

国内基于产业或行业层面的实证研究相对较为丰富，且主要是基于高技术产业或工业行业的面板数据展开，但结论差异较大，主要有政府研发资助对区域创新效率的影响为促进、抑制和不显著三种结论。

在中观层面实证研究中，较多采用数据包络分析及其相关改进的方法进行分析。余泳泽（2009）选取我国 1995—2007 年高技术产业面板数据，在利用松弛变量 DEA 模型测度区域创新效率的基础上，实证发现政府研发资助对区域创新效率存在显著的正向影响，并提出政府应加强研发资助力度和政策导向能力。成力为等（2010）选用我国2002—2008年高技术产业面板数据，在利用 Cost-Malmquist DEA 模型测度高技术产业区域创新效率的基础上，构建动态面板模型，实证发现政府研发资助对高技术产业区域创新效率在短期内存在明显的正向促进作用。成力为等（2011）利用我国1996—2008年高技术产业面板数据，在采用三阶段 DEA-Windows 方法测度区域创新效率的基础上，考察了政府研发资助对高技术产业区域创新效率的影响，发现政府研发资助整体上对高技术产业区域创新效率存在正向促进作用，但这以损失高技术产业规模效率为代价，因此，其认为政府在对高技术产业提供研发资助时应注重政府自身在创新活动中的功能、定位和提供研发资助的依据、重点。

部分研究通过数据包络分析和其他面板模型分析相结合的方法进行。唐清泉和卢博科（2009）认为研发投入与研发产出之间存在两年滞后期，并采用我国1999—2006年33个工业行业的面板数据，在第一阶段利用 DEA 模型测度工业行业区域创新效率的基础上，第二阶段采用 Tobit 模型回归分析发现，政府研发资助对工业行业区域创新效率具有显著的正向促进作用，并认为其原因主要在于政府研发资助属于公共性质的投入，能够更有效地推动知识溢出和扩散，进而助推工业行业区域创新效率的不断提高。于明超和申俊喜（2010）基于我国1998—2007年工业行业面板数据，利用固定效应模型、随机效应模型、混合模型、Pitt-Lee 的时间不变的随机效应模型、Battese-Coelli 的时间衰变随机效应模型和 BC^2 两步法共计6种模型针对我国各地区工业行业区域创新效率的影响因素进行分析，通过上述6种模型均实证发现政府研发资助对工业行业区域创新效率产生显著的正向促进作用，并提议应大力支持政府对创新主体尤其是从事核心领域和关键技术研究的创新主体的研发资助，同时积极发挥政府采购对创新主体的激励作用，形成市场需求对创新的有效引导，进而不断提高工业行业区域创新效率。

也有部分采用随机前沿分析方法进行实证检验。郑琼洁（2014）利用我国1999—2011年37个工业行业的面板数据，在采用随机前沿模型测度区域创新效率的基础上，构建动态面板模型分析发现，政府研发资助对高技术制造业区域创新效率影响显著为正，其认为原因主要是政府研发资助对高技术制造业力度大和资助规划更为统一。卢方元和李彦龙（2016）利用我国2003—2014年高技术产业面板数据，采用随机前沿模型道格拉斯生产函数分析发现，政府研发资助对我国高技术产业区域创新效率的提升存在明显的促进作用，并认为加大政府对高技术产业的研发资助力度能够更有效地推动其区域创新效率的稳步提高。

从国内中观层面实证研究文献数量对比来看，结论认为政府研发资助对区域创新效率有抑制作用的要较多于促进作用的。部分文献采用随机前沿模型方法进行分析，但聚焦视角存在一定差异。

其中，一些文献基于我国整体工业行业下的细分行业的面板数据进行分析。闫冰和冯根福（2005）基于我国1998—2002年工业细分的37个行业所组成的面板数据，利用随机前沿模型道格拉斯生产函数分析发现，我国政府研发资助对工业行业区域创新效率存在显著的负向影响，其认为原因主要是政府与工业行业创新主体之间存在着严重的信息不对称和代理问题，因此提出政府应将对工业行业的研发资助更多地倾向于对工业行业区域创新效率有促进作用的科研机构，而不是用于直接促进企业的创新投入。肖文和林高榜（2014）利用我国2000—2010年工业行业的36个细分行业的面板数据，在采用随机前沿模型超越对数生产函数方法测度工业行业区域创新效率的基础上，实证发现不论是政府直接还是间接研发资助对工业行业区域创新效率均存在不利影响，其认为原因主要是政府研发资助主要偏好于长期创新领域，而非即期能够带来利益的创新领域，且政府研发资助过程中缺乏有效的监督与管理也是一个重要原因。

另外一些文献聚焦于我国高技术产业视角进行分析。刘云和杨湘浩（2012）选取我国1998—2008年高技术产业面板数据，采用随机前沿模型道格拉斯生产函数分析认为政府研发资助对区域创新效率提升存在显著的抑制作用，可能的原因是政府研发资助力度不足。杨青峰（2013）借助我国1995—2009年高技术产业面板数据，利用随机前沿模型道格拉斯生产函数分析发现，政府研发资助对区域创新效率影响显著为负，并认为是政府研发资助挤出创新主体研发投入和造成研发资源竞争加强，抬高研发成本所致。李彦龙（2018）利用我国2003—2015年高技术产业面板数据，采用随机前沿模型柯布-道格拉斯生产函数测度我国高技术产业区域创新效率的同时，分析发现政府研发资助对我国高技术产业研发效率不显著为正，对我国高技术产业市场转化效率随着时间的推移呈现显著的负向影响。总体来说，对我国高技术产业区域创新效率呈现不利影响，且与税收优惠政策相比，政府研发资助对我国高技术产业区域创新效率的影响表现相对较差。

部分文献借助基础的数据包络分析法进行实证研究。肖仁桥等（2012）基于我国2005—2009年高技术产业面板数据，在采用规模报酬可变情形下的两阶段链式DEA模型测度区域创新效率的基础上，构建面板Tobit模型分析发现，政府研发资助对高技术产业区域创新效率存在显著的负向影响，并认为政府研发资助过多地给予大型科技企业即政府研发资助结构不合理导致抑制了高技术产业区域创新效率。范云奇和徐玉生（2014）借助我国 2000—2009 年高技术产业面板数据，在利用 DEA-Malmquist 指数法测度区域创新效率的基础上，构建动态面板模型分析认为，政府研发资助对高技术产业区域创新效率存在显著的抑制作用，其认为可能是政府研发资助监管制度和资金配置欠合理所致。

也有部分文献通过改进或与其他实证方法相结合展开研究。谢伟等（2008）利用我国 1999—2005 年高新技术产业面板数据，在采用基于产出导向的 DEA 模型 C^2SG^2 方法测度区域创新效率的基础上，构建面板模型分析发现，政府研发资助对高新技术产业区域创新效率影响显著为负，并认为其原因主要是政府研发资助在创新主体研发投入中的比重下降以及创新活动的时滞性造成政府研发资助并未带来创新主体对自主研发和技术吸收的效率提高。方福前和张平（2009）采用我国 1999—2006 年高技术产业 14 个细分行业的面板数据，运用 DEA-Solver-LV 程序对高技术产业区域创新效率进行分析，发现政府研发资助对高技术产业区域创新效率存在显著的抑制作用，并认为这是我国高技术产业创新主体和创新资金来源过于单一所致。

还有部分文献采用其他分析方法相结合的方式进行分析。范德成和杜明月（2018）基于我国 2011—2014 年高端装备制造业面板数据，从价值链视角出发，将创新过程划分为技术研发和技术转化两个阶段，并在构建两阶段 stoNED 模型测度创新整体效率以及技术研发效率和技术转化效率的基础上，再度构建 Tobit 模型，考察了政府研发资助对区域创新效率的影响，实证发现政府研发资助不仅对我国高端装备制造业整体区域创新效率存在显著的负向影响，即分阶段的技术研发阶段和技术转化阶段均呈现显著的负向影响，还提出政府应重视企业的研发投入和市场的作用，并将研发资助投向基础性和公共性较强的创新领域。

少数文献通过随机前沿模型分析法进行研究。陈修德和梁彤缨（2010）采用我国 2000—2007 年高技术产业面板数据，借助随机前沿模型道格拉斯生产函数分析认为，政府研发资助对区域创新效率影响并不显著，即便是区分为创新的中间产出和创新的最终产出两阶段模型分析，仍均不显著。

部分文献通过 DEA-Malmquist 指数法测度行业或产业区域创新效率后，结合其他面板模型展开分析。成力为和孙玮（2012）利用我国 2001—2007 年共计 17 个细分制造业的高技术行业面板数据，在利用成本视角的三阶段 DEA 模型下的 Malmquist 指数法测度我国高技术产业区域创新效率的基础上，构建动态面板模型分析发现，政府研发资助对高技术行业区域创新效率的影响并不显著。张长征等（2012）基于我国1999—2008年高技术产业面板数据，又在DEA-Malmquist指数法测度我国高技术产业区域创新效率的基础上，构建面板模型分析认为，政府研发资助对高技术产业区域创新效率影响并不显著，且在依据地理区位和中心城市发达程度划分的经济发达和经济欠发达地区的影响仍为不显著。桂黄宝（2014）假定研发投入到研发产出之间存在两年滞后期，因此，选择1997—2009年研发投入数据，1999—2011年研发产出数据，在利用DEA-Malmquist指数法测度我国高技术产业区域创新效率的基础上，构建空间计量面板模型分析发现，政府研发资助对高技术产业区域创新效率影响并不显著，并认为可能是政府对我国高技术产业研发资助力度不足所致。

也有部分文献通过数据包络分析和其他分析相结合的方式展开研究。宇文晶等（2015）基于我国2004—2011年高技术产业面板数据，先运用两阶段串联DEA测度区域创新效率，其中，第一阶段投入采用滞后2期，第二阶段投入采用滞后1期。之后，在测度区域创新效率的基础上，构建面板Tobit模型分析发现，政府研发资助不论是对第一阶段还是第二阶段区域创新效率均存在不显著的影响，其认为可能是政府研发资助结构不合理所导致。

2.2.3 微观层面研究

2.2.3.1 国外微观层面研究

国外文献基于微观企业层面的实证研究结论也存在一定差异，但大多数倾向于政府研发资助对企业区域创新效率存在显著的负向影响，少数研究认为影响并不显著。

部分文献借助截面数据进行分析认为政府研发资助对微观企业层面区域创新效率存在显著抑制作用。胡（Hu，2001）利用中国北京市海淀区1995年813家高科技公司的截面数据，采用柯布-道格拉斯生产函数等构建三阶段最小二乘法，在测度企业区域创新效率的基础上，实证检验了政府研发资助对企业研发投入和企业区域创新效率的影响，发现政府研发资助虽然对增加企业研发投入有利，但对企业区域创新效率的影响并不显著，且政府研发资助对国有企业的过度偏向并不利于整体企业区域创新效率的改善，因为国有企业在研发成果转化为生产率方面与非国有企业相比效率要低得多，因此其提出要强调政府应将研发资助主要用于刺激企业研发投入，而不是直接对企业进行无偿资助，且政府应积极推进企业创新活动面向市场需求，才能更有效地提高企业区域创新效率。帕克（Park，2014）选取韩国2012年139家中小型企业作为样本，在利用 DEA 测度其区域创新效率的基础上，采用非参数方差分析方法以及 Kruskal-Wallis 检验发现，政府研发资助对韩国中小型企业区域创新效率存在显著的抑制作用。

部分文献采用面板数据展开研究，也得出较为一致的结论。卡托佐拉和维瓦雷利（Catozzella et al.，2011）利用意大利 1998—2000 年企业层面数据，借助 Heckman 两步法、Probit 模型和双变量转换模型，通过最终选定 389 家既受政府研发资助又进行创新的企业与 357 家只进行创新而不受政府研发资助企业的对比分析，发现政府研发资助对企业区域创新效率存在显著的负向影响，即获得政府研发资助的企业并没有比未获得政府研发资助的企业区域创新效率更明显地提高，反而是因为其过多地增加了研发投入而没有相应的研发产出，造成了其区域创新效率的下降。

而其他相关研究则借助截面或面板数据实证发现政府研发资助对企业层面区域创新效率影响并不显著。葛雷柯等（Greco et al.，2017）利用 2008 年欧盟 43 230 家企业的截面数据，运用 Tobit 模型考察了政府研发资助对企业开放型区域创新效率的影响，发现政府研发资助仅实现了加强企业与其他科研组织之间的关系，并没有在实质上实现政府研发资助对企业区域创新效率的提高的最终目标。同时，政府对过多企业进行研发资助，造成资金的过度分散，即"撒胡椒面"形式的政府研发资助并未实现其应有的针对性和有效性，也可能是政府研发资助对企业区域创新效率影响并不显著的一个重要因素。豪威尔（Howell，2017）基于 2001—2017 年中国工业企业数据库数据，在利用半参数方法测度企业区域创新效率的基础上，实证发现政府研发资助对高技术产业企业自主创新有正向促进作用，但明显抑制了低技术产业和高技术产业企业区域创新效率的提升。也就是说，中国政府研发资助政策制定者通过提供政府研发资助来改善企业区域创新效率的目的并未达到。部分研究认为政府研发资助对企业区域创新效率影响并不显著。

2.2.3.2 国内微观层面研究

国内实证文献关于政府研发资助对企业区域创新效率影响的相关结论同样存在较为明显的差异。

部分文献采用随机前沿模型分析法开展研究。肖丁丁和朱桂龙（2013）以我国广东地区参与产学研合作的 260 家企业为研究样本，采用问卷调查的方式，借助随机前沿模型超越对数生产函数法分析了 260 家企业区域创新效率的同时，考察发现政府研发资助对参与产学研合作的企业的区域创新效率具有显著的正向促进作用，且存在明显的长期性。其认为省部级产学研合作的本质即是在政府主导下完成的，能够更有效地根据企业的不同状况实现创新资源的最优配置，因此，政府研发资助对参与产学研合作的企业区域创新效率存在明显的助推效应。李婧（2013）利用我国 1998—2010 年大中型工业企业面板数据，在采用随机前沿模型柯布-道格拉斯生产函数测度区域创新效率的同时，通过分析发现政府研发资助对我国大中型工业企业区域创新效率存在显著的正向促进作用，并用随机前沿模型超越对数函数做稳健性检验后仍支持上述结论成立。

部分文献采用数据包络分析方法展开研究。董晓庆等（2014）基于我国 2000—2011 年高技术产业的国有企业和民营企业数据，其中以民营企业为参照系，运用 DEA-Malmquist 指数法对国有企业和民营企业的区域创新效率进行测度，进而发现国有企业的区域创新效率要远低于民营企业。究其原因，其认为国有企业的企业家过多地关注寻租或者国家创新的号召，以获得更多的政府研发资助，而并未真正去注重国有企业自身的创新产出，同时缺乏对市场中创新产品需求的及时有效把握，造成企业创新带来的利润下降，进而遏制了国有企业区域创新效率的提升。闫俊周和杨祎（2019）基于我国 2013—2015 年 296 家战略性新兴产业上市企业的面板数据，综合利用 BCC 模型和超效率模型、最小二乘法等方法，实证发现政府研发资助对上市企业专利授权量和会计业绩等呈现显著的正相关关系，进而对企业区域创新效率提升具有明显的促进作用。并提出应加大政府研发资助力度和政策的完善力度，强化企业研发投入，从而实现企业区域创新效率的稳步提升。

部分文献通过随机前沿分析法展开研究。李左峰和张明慎（2012）选取我国 2007—2010 年国家创新型企业数据库 95 家创新型企业的面板数据，在利用随机前沿模型和改进的知识生产函数法在测度企业区域创新效率的基础上，实证发现政府科技项目投入对企业区域创新效率提升存在明显的抑制作用，尤其是对技术研发活动能力较强的企业区域创新效率的抑制效应更大，其认为原因主要是政府科技项目立项具有明显的全局性、战略性和基础性等特征，其特殊性造成企业的技术商业化非常困难且研发资金更容易被耗散，从而造成政府科技项目投入反而明显抑制了企业区域创新效率的提升。庞瑞芝等（2012）认为研发投入到研发产出具有一定的滞后期，因此创新产出选择了 1 年滞后期。选取我国 2006—2010 年创新型试点企业的非平衡面板数据，利用随机前沿模型超越对数生产函数法，实证发现政府研发资助对企业区域创新效率提升存在显著的阻碍作用，其认为主要是政府部门在实施研发资助时，容易受到寻租活动和行政隶属关系的不利影响以及政府对科技项目等的成果评价体制存在一定缺陷，尤其是缺乏相应的市场导向，因而造成政府研发资助对企业区域创新效率存在明显的抑制作用。

部分文献在采用随机前沿模型测度企业区域创新效率的基础上，结合面板模型分析方法展开实证研究。任跃文（2019）选取我国沪、深 A 股上市企业数据，在考察总样本政府研发资助对企业创新效率影响的基础上，依据企业产权、所属产业和所在地区异质性进行了分组检验，发现政府研发资助对企业创新效率均存在抑制作用，其认为政府在为企业创新提供研发资助的同时，会要求企业完成一系列考核指标，企业创新目的转变为完成考核指标而非依据市场需求开展实质性创新，且政府会对企业决策尤其是资金安排和资金配置上过度干预，扭曲了创新资源配置，从而导致抑制效应形成。

2.2.3.3 政府研发资助对企业区域创新效率的影响不显著

多数文献通过数据包络分析方法展开实证研究。池仁勇（2003）根据浙江省 230 家企业的调查问卷，在采用 DEA 模型测度企业区域创新效率的基础上，构建面板模型回归发现，政府研发资助对企业区域创新效率影响并不明显，其认为原因主要是政府研发资助并不是企业创新的真正动力，并提出政府对于企业创新活动来说，主要应加强改善宏观市场环境和整顿市场秩序的力度等。

陈庆江和李启航（2017）基于我国 2011—2014 年沪、深 A 股上市企业数据，利用 DEA-Tobit 两阶段模型，在测度企业区域创新效率的基础上，实证发现政府研发资助对企业区域创新效率影响并不显著，即便是按照企业产权属性划分为国有企业和非国有企业的分样本检验，结论仍保持一致，其认为可能是我国市场化体制、科技管理体制的相对滞后和相关法律法规不完善造成了上述现象。陈庆江（2017）利用我国 2011—2014 年 964 家沪、深 A 股制造业上市企业，再度利用 DEA-Tobit 两阶段模型，仍然实证发现政府研发资助对制造业企业区域创新效率的影响并不显著。

也有少数文献通过随机前沿分析方法在测度企业区域创新效率的基础上，结合其他方法展开研究。张帆和孙薇（2018）认为政府研发资助对区域创新效率的影响应从激励效应和挤出效应的叠加效应来综合判断，因此，以我国 2009—2015 年 A 股制造业上市企业为样本，在利用随机前沿模型道格拉斯生产函数测度企业区域创新效率的基础上，应用边际分析法分析认为，政府研发资助每增加 0.01 亿元，企业区域创新效率就相应提高 3.71E-04 个单位，远小于要素市场与基础设施带来的激励效应。因此，最终得出结论为政府研发资助对企业区域创新效率影响基本无效。

2.3 文献述评

在理论研究方面，较为一致的观点是由于创新市场的市场失灵、不确定性等问题的存在，需要政府给予研发资助以助推创新主体有效开展创新活动，进而实现提高区域创新效率的目的。这为本书展开政府研发资助对区域创新效率影响研究提供了较为坚实的理论基础。国内外关于政府研发资助对区域创新效率影响的实证研究不论在思路上、视角上还是方法上都颇为丰富，为后续研究提供了有益的借鉴。

已有文献关于政府研发资助对区域创新效率影响分析结论并不一致，但也为后续研究提供了有益的框架与思路。通过对以往文献的分析，可以发现，随机前沿分析方法和数据包络分析方法被多数文献采用，当然，在方法适用性上各有优劣，且也有各自一定的局限性。在研究视角上，鲜有文献从不同科技创新主体所获政府研发资助和不同地区政府研发资助力度差异的主体与地区异质性视角做出分析，在实证结论和相应对策建议上可能会缺乏相应的针对性和有效性。另外一个较为重要的方面是，多数实证研究仅考察了政府研发资助对区域创新效率的直接影响，但是忽略了政府研发资助的初衷，即通过政府研发资助引导企业加大研发投入力度，最终推动整体区域创新效率的提高。但这一方面在理论研究中探讨较多，也得出了丰富的理论研究成果。换句话说，政府研发资助通过企业研发投入对区域创新效率的影响，或者说，企业研发投入对政府研发资助效果的调节效应和门槛效应的实证研究较为匮乏。

因此，基于以往研究，本书的边际贡献可能主要体现在以下几个方面：

（1）在考察整体政府研发资助对区域创新效率影响的基础上，根据创新职能和定位的差异将创新主体进行细分，进一步考察政府对异质性科技创新主体的研发资助效果，此外，还根据我国各地区工业化水平的差异，从工业化水平视角分析不同地区政府研发资助对区域创新效率的影响；另外，通过构建异质性政府研发资助与企业研发投入交互项，考察企业研发投入对政府研发资助效果的调节效应，或者说，考察政府研发资助与企业研发投入在对区域创新效率的影响中是存在互补效应还是替代效应进行判断。

（2）构建面板门槛模型，分析异质性政府研发资助对区域创新效率的影响是否存在门槛效应，探讨政府研发资助对区域创新效率的影响变化趋势；进一步地，以企业研发投入为门槛变量，考察企业研发投入对政府研发资助效果是否存在门槛效应，以及存在门槛效应的前提下，企业研发投入在跨过门槛前后，政府研发资助对区域创新效率影响趋势的变化。

2.4　本章小结

本章基于政府研发资助对区域创新效率影响的相关理论基础以及理论研究和实证研究三个方面进行了文献归纳和述评。在理论基础方面，主要包含四个部分：①科技创新理论及其发展部分，从马克思和熊彼特的创新理论、科技创新的内生增长理论、国家创新体系理论和区域创新体系理论三个要点展开阐述；由于科技创新活动必然与市场密不可分，因此，本书还对政府与市场关系的相关理论进行归纳。②科技创新公共品理论。③科技创新外部性理论。④科技创新的不确定性理论。

纵观国内外研究，政府研发资助对科技创新活动的开展及区域创新效率有其相应的理论依据和必要性，但关于政府研发资助对区域创新效率的实证研究结论仍有待探析。鲜有研究将政府研发资助依据科技创新主体的异质性进行细分，从而考察政府研发资助对区域创新效率的影响主要来自对哪种科技创新主体的研发资助。而基于工业化水平的差异进行不同地区的政府研发资助对区域创新效率影响的相关实证研究则是更为匮乏，在此方面的已有研究主要是集中于理论视角的探讨和阐述。

此外，企业研发投入不仅事关政府研发资助能否合理、有效地引导科技创新资源配置，也对我国区域创新效率有着重要影响。因此，对企业研发投入的研究同样不可或缺。本书正是基于以往研究中可能存在的不足展开分析，以期为我国政府研发资助对区域创新效率影响的相关领域的深入研究和政府研发资助政策调整等提供一定参考。

3 政府研发资助与科技创新变化的主要特征

政府研发资助对科技创新活动的影响是学术研究者和政策制定者长期关注的热点问题。基于研究主旨，对全国层面和分地区层面不同科技创新主体所获政府研发资助和科技创新投入、产出的发展变化历程进行描述和分析，为后续章节考察政府研发资助对区域创新效率相关影响的研究提供事实基础。另外，由于《中国科技统计年鉴》从 1998 年才开始明确载录研究与发展全时人员当量和内部经费支出等相关科技创新人员和资金投入数据，因此，本书数据样本考察基期也为 1998 年。

3.1 政府研发资助变化的主要特征

3.1.1 全国层面：科研机构所获政府研发资助高于企业

不同的创新主体基于创新方式和职能的差异，大致划分为以知识创新型为主的科研机构，主要包括高等学校、研究机构和地方所属的研究机构，与以技术创新型为主的企业两大类。本章基于科研机构和企业两大科技创新主体所获政府研发资助在全国层面和不同工业化水平分地区层面的变化状况进行阐述。两大科技创新主体所获政府研发资助的测度方法仍与上文政府研发资助测度方法保持一致，即前者用政府对高等学校、研究机构和地方所属研究机构的研发资助占其技术创新的投入比重测度，后者用政府对企业的研发资助占企业技术创新投入的比重测度。

3.1.1.1 全国层面科研机构所获政府研发资助变化特征分析

由于可能受到政府创新偏好等方面的影响，全国层面科研机构所获政府研发资助可能与企业所获政府研发资助之间差异较为明显。全国层面科研机构所获政府研发资助比重在样本期内变化情况如图 3.1 所示。

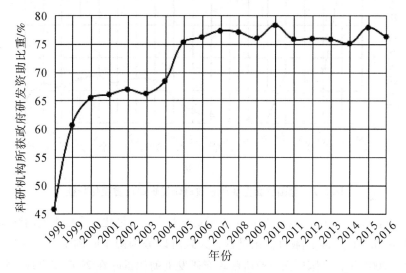

图 3.1 全国层面科研机构所获政府研发资助比重在样本期内变化情况

由图 3.1 可以明显看出，全国层面科研机构所获政府研发资助比重在样本期内整体保持不断增长趋势，特别是 1998—2000 年和 2004—2005 年两个时间段，有明显提升。除去上述两个时间段，在剩余的 2000—2004 年和 2005—2016 年两个时间段中，政府对科研机构的研发资助比重处于持续稳定的高位状态。尤其是 2005 年之后，全国层面科研机构所获政府研发资助比重持续高于 75%，可见，在我国整体来看，科研机构所获政府研发资助在其科技创新投入比重中占比较高。

3.1.1.2 全国层面企业所获政府研发资助变化特征分析

由于年鉴中并没有所有开展研发活动企业的详细数据，只有规模及以上企业的政府研发资助与科技创新投入相关数据，因此，本书中企业所获政府研发资助均由规模及以上企业数据代替。全国层面企业所获政府研发资助比重变化特征如图 3.2 所示。

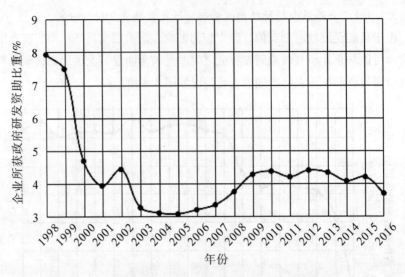

图 3.2　全国层面企业所获政府研发资助比重变化特征

观察图 3.2 可知，全国层面企业所获政府研发资助比重在样本期内整体呈现先下降后上升再下降的变化过程，大致可以分为两个时间节点三个阶段。1998—2005 年，全国层面企业所获政府研发资助比重除在 2002 年出现小幅上升波动外，其余时间段内均处于不断降低状态，尤其是 1998—2001 年和2002—2003 年两个时间段内，降幅较大。

在 2005 年，全国层面企业所获政府研发资助所占比重成为样本期内最低点，仅有 3.07%。2005—2012 年，除在 2011 年出现小幅下降波动外，其余时间段均处于不断上升状态，但上升幅度相对较低。且在 2009—2012 年比重变化幅度相当小。

2012—2016 年，除 2015 年出现小幅上涨外，其余时间段均处于不断降低状态。从全国层面企业所获政府研发资助比重在样本期内的变化情况来看，最大值仅为 7.91%，最小值甚至达到了 3.07%，可见，政府研发资助在企业科技创新投入中所占比重较低，且未来下滑趋势仍较明显。

综合比较图 3.1 和图 3.2 可以发现，全国层面科研机构所获政府研发资助占其科技创新投入中的比重远远大于企业，且企业科技创新投入中政府研发资助比重下降趋势更为明显。为更深入地考察是否因为科研机构科技创新投入相对较低，而政府研发资助也相对较少导致科研机构所获政府研发资助保持高位，本书对 1998—2016 年科研机构和企业所获政府研发资助绝对量中的二者分别所占份额进行统计比较，结果如图 3.3 所示。

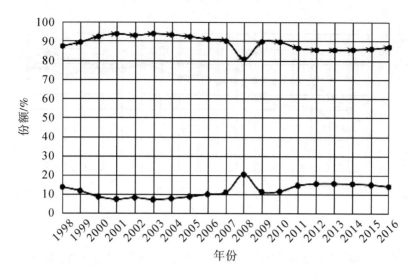

●━●企业所获政府研发资助份额 ━━►科研机构所获政府研发资助份额

图 3.3 全国层面科研机构、企业所获政府研发资助在政府研发资助中的份额

图 3.3 中，科研机构、企业所获政府研发资助在总政府研发资助中所占份额之和为 1。可以看出，科研机构所获政府研发资助是企业所获政府研发资助的 5.55~13.51 倍（2008 年出现金融危机，前者为后者的 4 倍）。这说明，即便是科研机构、企业所获政府研发资助绝对量，二者之间差距也相当大。由此可知，企业所获政府研发资助无论是资助额度还是在企业科技创新投入中所占比重，均远远小于科研机构。

3.1.2 分地区层面：梯级分布较明显

3.1.2.1 三大地区科研机构所获政府研发资助变化特征分析

工业化水平、地方政府财政收支能力和创新偏好、创新现状和环境等的差异，均可能会造成不同地区政府对异质性创新主体的研发资助力度存在差距。高工业化水平、中工业化水平和低工业化水平三大地区科研机构所获政府研发资助变化特征如图 3.4 所示。

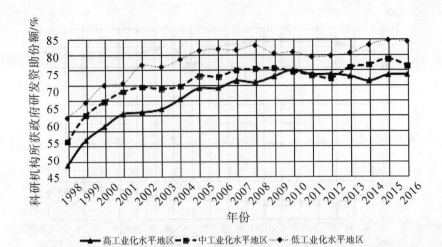

图 3.4 按工业化水平划分的三大地区科研机构所获政府研发资助变化情况

由图 3.4 可以看出，不同工业化水平的地区政府对科研机构研发资助力度之间的确存在一定差距，但其也有两个明显的共同点。

第一，科研机构所获政府研发资助占其科技创新投入比重均较高。具体来看，1998 年既是样本期的起始时间，也是科研机构所获政府研发资助的最低值点。彼时三大地区科研机构所获政府研发资助分别为：高工业化水平地区为 43.61%，中工业化水平地区为 51.36%，低工业化水平地区为 59.08%。即使如此，三大地区科研机构所获政府研发资助也未低于 43%，最高时达到 60% 左右。

第二，三大地区科研机构所获政府研发资助都有一个较为分明的时间节点，即 2005 年。1998—2005 年，高、中、低工业化水平地区科研机构所获政府研发资助均处于不断提升状态，且 2005 年分别达到 68.76%、72.77% 和 81.05% 的高位。甚至在 2005—2016 年，比重仍大幅攀升，极少有低于该比重的时间节点（即便是低工业化水平地区 2009—2013 年，降幅也仅在 0.5%~2.09% 徘徊）。

从样本期变化特征来看，三大地区科研机构之间政府研发资助大小也存在较明显区别，相对来说，高工业化水平地区比重最低，中工业化水平地区居中，比重最高的为低工业化水平地区。

特别是 2005 年以来，高工业化水平地区与中工业化水平地区科研机构所获政府研发资助有较为接近的趋势，但低工业化水平地区比重要始终略高于这两个地区，这与三大地区政府研发资助所占比重变化趋势具有一致性。总体上说，无论是科研机构所获政府研发资助还是企业所获政府研发资助，三大地区差异相对较小，但相应比重由大到小的梯级分布明显。

3.1.2.2　三大地区企业所获政府研发资助变化特征分析

三大地区企业所获政府研发资助变化情况如图 3.5 所示。可以明显看出，三大地区企业所获政府研发资助变化趋势与全国层面保持较高一致性。高工业化水平地区企业所获政府研发资助在三大地区来说相对最低，中工业化水平地区居中，低工业化水平地区相对最高。

但三者比重远远低于三大地区科研机构所获政府研发资助，尤其是近几年来，高工业化水平地区比重仅为4%左右，中工业化水平地区比重仅为6%左右，低工业化水平地区虽相对略高，但也仅为8%左右。

换句话说，企业作为技术创新主体所获得政府研发资助无论在全国层面还是分地区层面，均远低于高等学校和研究机构所构成的科研机构所获政府研发资助。就政府研发资助占各科技创新主体研发投入比重来看，我国早已重视科研机构在科技创新过程中的重要作用，但是政府研发资助结构相对偏重于科研机构的这一偏向性是否有利于区域创新效率提升仍有待实证检验。

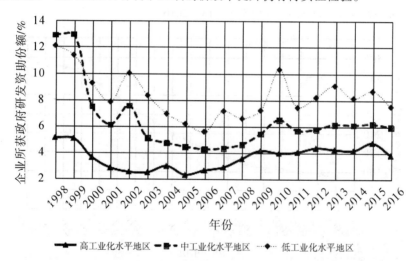

图 3.5　按工业化水平划分的三大地区企业所获政府研发资助变化情况

从变化特征来看，中工业化水平地区与低工业化水平地区更为接近。如二者均存在 2002 年和 2010 年两个转折点，但无论是 2002—2010 年还是 2010—2016 年，两大地区企业所获政府研发资助均呈现下降趋势。而高工业化水平地区，在 2005 年降低到样本期最低值 2.26% 之后，虽在 2009 年缓慢上升到 4.10%，此后虽有小幅波动，但多数仍维持在4%左右的水平。另外，由图 3.5 可知，三大地区企业所获政府研发资助在未来几年仍存在继续下滑的可能。

3.2 科技创新投入变化的主要特征

已有文献一致认为，科技创新投入主要包括研发人员和研发资金两项（白俊红 等，2009）。其中，研发人员为采用研发人员全时当量来衡量；由于研发活动对创新影响具有持续性，因此，研发资金用研发资本存量来表示（具体衡量方法见第6章）。本章从研发人员全时当量和研发资本存量两方面来进行统计分析。

3.2.1 全国层面：研发人员和研发资本存量大幅增加

3.2.1.1 全国层面研发人员全时当量变化特征概述

全国层面研发人员全时当量变化情况如图3.6所示。由图可知，我国研发人员全时当量在样本期内处于不断增长状态。样本期大致可划分为三个阶段，即1998—2004年、2004—2013年和2013—2016年。

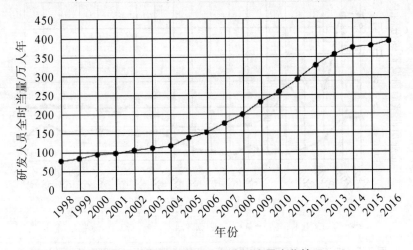

图 3.6 全国层面研发人员全时当量变化情况

1998—2004年，我国研发人员全时当量增长幅度相对较小，从图3.6中可以看出，增速相对最为平缓，可能与当时经济发展水平和受教育水平相对较低有关。2004—2013年，增长幅度较大，在三个阶段中可以说是增速相对最高，从100万人年左右快速增加到350万人年左右，后者达前者3.5倍。2013—2016年再次趋于较为平缓水平，但增速仍较高于1998—2004年的水平。由图3.6可知，2013—2016年五年时间，我国研发人员全时当量从350万人年增加到 400 万人年，增幅为 50 万人年，而 1998—2004 年七年时间，增加了 30 万人年左右。说明我国整体研发人员投入力度逐年在加大，且近年来增速也呈现提升趋势。

3.2.1.2 全国层面研发资本存量变化特征

全国层面研发资本存量变化情况如图 3.7 所示。可以看出，我国研发资本存量在样本期内出现较大幅度增长，尤其是 2008—2016 年更为明显。2006 年研发资本存量突破 1 万亿元，2013 年突破 3 万亿元，2016 年研发资本存量接近 5 万亿元，约为 1998 年的 28 倍。从整体上看，1998—2016 年，研发资本存量增加曲线斜率呈现不断增大趋势，且从近几年来增长趋势来看，研发资本存量增幅在未来可能会持续加大。

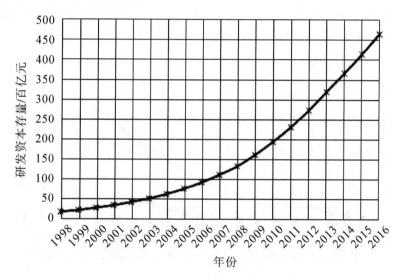

图 3.7 全国层面研发资本存量变化情况

3.2.2 分地区层面：高工业化水平地区增长幅度高于其他地区

3.2.2.1 三大地区研发人员全时当量变化特征

为便于比较分析，本书用高工业化水平、中工业化水平和低工业化水平三大地区研发人员全时当量历年平均值描述其变化特征，具体内容如图 3.8 所示。根据图 3.8，我们可以发现有两个明显特征：

第一，就样本期内平均研发人员全时当量来看，高工业化水平地区最多，中工业化水平地区居中，低工业化水平地区最少。且中工业化水平地区与低工业化水平地区平均人数相差并不大，但二者与高工业化水平地区相比，差距相当明显，高工业化水平地区平均研发人员全时当量甚至远超中工业化水平和低工业化水平地区平均研发人员之和。就样本期末 2016 年来看，低工业化水平地区平均研发人员全时当量仍少于 5 万人，中工业化水平地区接近 10 万人。而高工业化水平地区则在 2000 年就已超过 5 万人，在 2007 年超过 10 万人，在 2016 年已超过 25 万人。

第二，从三大地区平均研发人员全时当量增幅来看，虽然三大地区平均人员均在增加，但增幅差距明显。仍然表现为高工业化水平地区最大，中工业化水平地区居中，低工业化水平地区最小。低工业化水平地区样本期内增幅趋势相当平缓，中工业化水平地区在 1998—2005 年，几乎与低工业化水平地区重合，2005 年后，增幅才明显强于低工业化水平地区，但远远不及高工业化水平地区增幅，高工业化水平地区增长趋势强劲，尤其是 2003—2014 年尤其明显，但 2014—2016 年又相对趋于平缓。

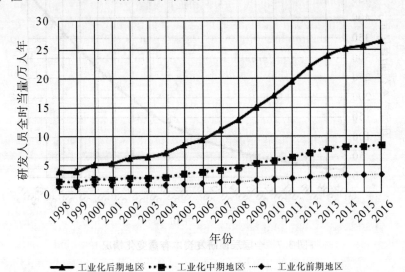

图 3.8 按工业化水平划分的三大地区历年平均研发人员全时当量变化情况

3.2.2.2 三大地区研发资本存量变化特征

三大地区 1998—2016 年平均研发资本存量的变化特征如图 3.9 所示。由图 3.9 可以看出，三大地区历年平均研发资本存量均呈现递增趋势，但增长幅度存在明显差异，与平均研发人员全时当量变化特征具有较为明显的相似性。但是，所不一样的是，中工业化水平和低工业化水平地区平均研发资本存量在 1998—2010 年两趋势线几乎重合，2010—2016 年两大地区才产生一定差距，仍然是中工业化水平地区平均研发资本存量要多于低工业化水平地区。

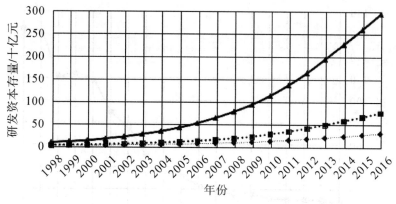

图 3.9 按工业化水平划分的三大地区历年平均研发资本存量变化情况

另外，1998—2003 年，三大地区平均研发资本存量差异并不明显。但在 2003—2016 年，高工业化水平地区平均研发资本存量增长速度远大于另外两个地区，且就增长趋势来看，高工业化水平地区也强劲于另外两个地区。特别是 2016 年，高工业化水平地区平均研发资本存量已接近 3 000 亿元，而中工业化水平地区仅接近 800 亿元，低工业化水平地区甚至刚跨过 300 亿元的界点。可以看出，中工业化水平地区平均研发资本存量仅约为高工业化水平地区的 27%，低工业化水平地区平均研发资本存量仅约为高工业化水平地区的 10%。

3.3 科技创新产出变化的主要特征

本书考察科技创新产出主要通过专利视角进行分析。在我国专利市场，主要有发明专利、实用新型专利和外观设计专利三种专利形式。其中，发明专利更能说明创新产出的新颖性和商业价值，也更少受到审查机构的约束（刘凤朝 等，2006；李习保，2007），因此，本书利用发明专利授权量来衡量科技创新产出。

3.3.1 全国层面：发明专利授权量大幅增长

全国层面 1998—2016 年创新产出即发明专利授权量变化情况如图 3.10 所示。

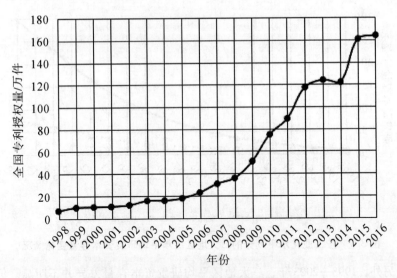

图 3.10　全国层面专利授权量变化情况

观察图 3.10 可以发现，我国整体专利授权量样本期内增加明显且处于持续增长状态，尤其是 2006—2012 年和 2014—2015 年两阶段增加幅度较大。1998 年，我国专利授权量为 6 万件左右，2016 年猛增到 163 万件左右，增长了 26 倍多。2006 年我国专利授权量为 20 余万件，说明 1998—2006 年共 9 年时间我国专利授权量仅增长了 2 倍多。而 2012 年已接近 120 万件，说明 2006—2012 年仅 7 年时间我国专利授权量就增长了 5 倍左右，这一阶段也成为样本期内我国专利授权量快速增长的黄金时期。

特别是 2011 年，统计资料显示，我国发明专利授权量突破 100 万件。这也是自 1985 年授权首件发明专利，我国仅用 27 年时间便实现了发明专利授权总量达到 100 万件的目标，成为世界上实现这一目标耗时最短的国家。2012—2014 年我国专利授权量出现小幅波动，但仍在 120 万件左右徘徊。2014—2015 年仅两年时间，我国专利授权量又从 120 万件猛增到 160 万件，增加了近 40 万件。2015—2016 年则增速略慢。

3.3.2　分地区层面：均呈波动式提升，高工业化水平地区增幅较大

三大地区历年平均专利授权量变化情况如图 3.11 所示。

观察图 3.11 可知，三大地区平均专利授权量在样本期内整体均呈现不断上升趋势，但高工业化水平地区增长幅度仍然要远大于中低工业化水平地区，2007—2016 年表现较为突出。

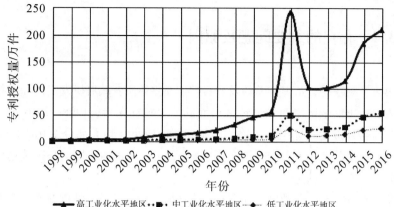

图 3.11　按工业化水平划分的三大地区平均专利授权量变化情况

三大地区平均专利授权量变化特征在时间节点方面具有一定一致性。1998—2010 年，三大地区平均专利授权量增加幅度都相对较小，尤其是中工业化水平和低工业化水平地区，二者增幅不仅近乎一致，授权量也差异不大。

但是，2010—2011 年 2 年时间，三大地区平均专利授权量均实现大幅增加，特别是高工业化水平地区，实现了跨越式增长，由原来不足 5 000 件直接实现超越 20 000 件的平均量。

2011 年，高工业化水平地区平均专利授权量由 2010 年的 5 596 件猛增到 2011 年的 24 104 件，增幅达到了 330.7%。中工业化水平地区则由 2010 年的 1 150 件猛增到 2011 年的 4 902 件，增幅也高达 326.3%，低工业化水平地区 2010 年的 506 件猛增到 2011 年的 2 277 件，增幅更是达到 350%。

虽然三大地区平均专利授权量增量不在同一水平，但增幅均超 300%。2011—2012 年，三大地区平均专利授权量增幅均大幅回落；2012—2014 年，增幅均较小；2014—2016 年，三大地区再次实现较大幅度增长。其中，高工业化水平地区最为明显。

此外，根据图 3.11 可以看出，三大地区科技创新产出即平均专利授权量在 2011 年均出现峰值（2010—2011 年为大幅增长阶段，2011—2012 年则出现较大降幅），但增幅和降幅由大到小均依次为高工业化水平地区、中工业化水平地区和低工业化水平地区。

3.4 存在的主要问题及原因

第一个问题是，从上述总体及分科技创新主体所获政府研发资助和科技创新投入、产出的全国层面和分地区层面的演变特征来看，1998—2016年全国层面政府研发资助整体略有下降，但幅度相对较小（绝大部分变化幅度小于5%），而科技创新投入和产出均大幅增加。因此，政府研发资助与区域创新效率之间的关系并不确定。

第二个问题是，分地区层面存在一个政府研发资助与科技创新产出并不匹配的现象——政府研发资助相对较大的地区，而科技创新产出相对较少，即政府研发资助与科技创新产出之间"倒挂"问题较为明显。例如，低工业化水平地区政府研发资助远高于中高工业化水平地区，而科技创新产出则表现为高工业化水平地区远多于中低工业化水平地区。

第三个问题是，从分科技创新主体所获政府研发资助来看，科研机构所获政府研发资助较高甚至远高于企业所获政府研发资助，且就全国层面两大科技创新主体所获政府研发资助实际值来看，这一差距也较为明显。

对于第一个问题，多数研究发现政府研发资助的增加有利于激励科技创新主体加大研发投入，但对区域创新效率的影响还有待验证（叶祥松 等，2018）。政府研发资助对区域创新效率的影响是一个较为复杂的过程，不仅可以作为研发投入一部分去推动创新，还能对企业、社会等投入资金形成导向作用，但究竟是否最终有利于区域创新效率的提升，仍有待分析。这也正是本书开展研究的目的所在。

就第二个问题来说，可能的原因是，高工业化水平地区经济实力较为雄厚，科技创新待遇和平台要明显优于中低工业化水平地区，而研发人员和资金等科技创新资源具有明显的集聚特征，政府研发资助虽然在低工业化水平地区比重较高，但政府研发资助的科技创新资源引导和杠杆功能受制于其较为落后的待遇和平台等创新环境，从而造成低工业化水平地区政府研发资助较高但科技创新产出较少的问题。

第三个问题产生的原因可能在于，一方面，科研机构从事知识创新产出主要是论文、研究报告等成果，其并不直接面对市场，科技成果无法直接转化为利润，而企业主要面对市场，能够将技术转化为市场需求的产品，能够赚取利润，且融资约束要相对小于科研机构。另一方面，由于科研机构的知识创新是企业技术创新的源泉所在，其对整体科技创新能力和效率的提升具有决定性作用。因此，上述原因需要政府给予科研机构大力支持并在提供研发资助应时有所侧重。当然，政府对异质性科技创新主体的研发资助的较大差距对区域创新效率的影响是否也存在差异，究竟是作用大小的差异，还是作用方向的差异，同样有待本书通过实证予以分析。

3.5　本章小结

本章基于 1999—2017 年《中国科技统计年鉴》相关数据，对我国和不同工业化水平的分地区的总体及异质性科技创新主体所获政府研发资助、创新投入即研发人员全时当量和研发资本存量以及创新产出即专利授权量的变化状况进行了详细的描述性统计分析。发现高工业化水平、中工业化水平和低工业化水平三大分地区层面与全国层面不论是政府研发资助还是创新投入、产出方面的变化特征均保持了较高的一致性[①]。此外，还就上述演变特征所展现的问题及可能的原因进行了分析。具体内容主要有以下几个方面：

（1）在政府研发资助方面，全国层面政府研发资助占科技创新投入比重主要呈现波动式降低，幅度相对较大且降低趋势明显。在分地区层面，高工业化水平和中工业化水平地区比重较为接近，均远低于低工业化水平地区。其中，高工业化水平地区比重相对最低且下降趋势明显。而低工业化水平地区政府研发资助占科技创新投入比重较高，且近年来呈现增长趋势。

（2）在异质性科技创新主体政府研发资助方面，全国层面科研机构所获政府研发资助不仅额度大，而且占其科技创新投入比重远大于企业；同时，科研机构所获政府研发资助呈现增长趋势，企业则正好相反。分地区层面，科研机构所获政府研发资助由少到多依次为高工业化水平地区、中工业化水平地区和低工业化水平地区，但 2005—2016 年，中工业化水平地区比重与高工业化水平地区差距呈现波动缩小趋势；企业所获政府研发资助由少到多的次序整体上仍与科研机构所获政府研发资助表现一致（除 1998—1999 年中工业化水平地区比重略高于低工业化水平地区之外），且三大地区企业所获政府研发资助未来下降趋势仍较为明显。

（3）在研发投入方面，全国层面研发人员全时当量与研发资本存量均呈

---

① 需要说明的是，此处三大地区相关指标均采用地区平均值进行比较分析。

现增长趋势，从图形上看，研发资本存量增长速度要快于研发人员全时当量。分地区层面，无论是研发人员全时当量还是研发资本存量，由多到少的排序依次是高工业化水平地区、中工业化水平地区和低工业化水平地区，且中工业化水平地区与低工业化水平地区两方面指标均差距相对较小。存在一定差异的是，一方面，高工业化水平地区研发人员全时当量始终远高于其他两个地区，而研发资本存量在 2004 年以后远高于其他两个地区；另一方面，中工业化水平地区与低工业化水平地区在研发资本存量方面的差距要更小于研发人员全时当量方面的差距。

（4）在研发产出方面，全国层面专利授权量在样本期内增幅明显，且存在 2006—2012 年和 2014—2015 年两个黄金增长期。分地区层面，专利授权量在样本期内增幅同样较为明显，1998—2007 年，三大地区专利授权量差距相对较小，但 2007—2016 年，高工业化水平地区专利授权量远超其他两个地区，且近些年来增长势头远比其他两个地区强劲。三大地区均在 2010—2011 年出现专利授权量的爆发期，尤其是 2011 年，均出现了超过 300% 的增幅。

（5）变化特征所展现的三大问题，一是全国层面政府研发资助虽呈波动式下降，但变化幅度很小，而科技创新投入和产出均大幅增加，政府研发资助与区域创新效率之间的关系并不明朗，有待实证检验。二是分地区层面政府研发资助与科技创新产出并不匹配。可能的原因，前者主要是高工业化水平创新环境、条件等优势明显，而其他地区政府研发资助受制于落后的创新环境、条件，吸引人才和资金的作用并未得到有效发挥。三是科研机构所获政府研发资助远大于企业。主要原因可能是科研机构并不面向市场，获利和融资渠道匮乏，且科研机构知识创新的关键地位起着决定性作用。

4 政府研发资助对区域创新效率的影响机理

面对当前国际科技创新领域激烈竞争的大环境，习近平总书记明确指出，当今世界，科技创新已经成为提高综合国力的关键支撑，成为社会生产方式和生活方式变革进步的强大引领，谁牵住了科技创新这个"牛鼻子"，谁走好了科技创新这步先手棋，谁就能占领先机、赢得优势。可见，推动区域创新效率的提升是我国在科技创新领域取得优势的关键所在。因此，对区域创新效率的相关理论如相关概念的界定、区域创新效率的评价体系、影响因素等的分析，就具有明显的必要性。

4.1 直接影响机理

不同的科技创新主体基于创新方式和职能的差异，科技创新主体大致可以划分为以知识创新型为主的科研机构（主要包括高等学校、研究机构和地方所属的研究机构）与以技术创新型为主的企业两大类。

4.1.1 科研机构所获政府研发资助对区域创新效率的直接影响机理

对于科研机构来说，在科技创新要素投入方面，科研机构大多属于事业单位，研发人员流动性较差，政府研发资助多被用于提高人员待遇而非实质性科技创新投入（叶祥松 等，2018）。政府研发资助的增加并未有效促进科技创新产出的增多，区域创新效率的提升自然也会受到阻碍。

在科技创新产出成果方面，科研机构的研发成果主要为学术论文与科研报告，其公共品属性和外部性特征明显，一经刊出或发表便被广泛扩散和利用，且其并不能直接产生经济效益。科研机构所获政府研发资助无法从根本上扭转科研人员对创新成果的经济获得感。科研人员创新积极性无法得到真正激励，科技创新产出增长速度也会受到抑制，进而导致区域创新效率难以得到有效改善。

在科技创新体制机制方面，科技创新成果转化体制机制并未真正完善，尤其是对于正处于经济转型期和科技体制改革攻坚期的我国来说，科技创新成果转化体制机制优化仍有较长的路要走（吕薇 等，2018）。

尽管政府研发资助促使科研机构知识创新成果有所增加，但知识创新无法有效转化为技术创新产品。科技与经济"两张皮"问题的存在，造成科研机构所获政府研发资助的增加，虽然推动知识创新成果的增加，但未带来最终技术创新及其产品利润的增长，最终遏制了整体区域创新效率的提升。

从科技创新要素投入、成果产出和体制机制视角来看，政府对科研机构研发资助的增多，虽然促进了科研机构研发投入以及学术论文、科研报告等数量的一定增加，但研发投入和产出要素的不匹配以及体制机制的滞后不利于专利产出速度的有效提升，最终形成了对区域创新效率的抑制效应。

但应引起注意的是，政府对科研机构的研发资助又有其重要性与必要性，在科技创新活动中不可或缺。具体来说，原因主要有以下几个方面：

一是，知识创新产出并不能直接获取经济收益，而知识创新转化为最终生产力不仅要形成相应技术还要符合市场需求，这一系列过程都充满了不确定性，失败风险较高，企业不会积极地投资于科研机构的知识创新过程中。

二是，科研机构的基础研究需要长期持续且额度较大的资金投入，企业追逐利润的本性不会主动改变。

三是，科学研究中诸多领域涉及国家的经济命脉和战略安全（叶祥松 等，2018），不能将这些领域的相关研究交给企业承担，而是必须要交由政府负责。

四是，科学研究所开展的知识创新是新技术的源头所在，对一国或地区整体科技创新能力乃至核心技术水平的高低具有决定性作用。

因此，上述因素的存在，决定了政府必须承担其对科研机构所开展的科学研究或知识创新长期且高额的资金支持。

4.1.2 企业所获政府研发资助对区域创新效率的直接影响机理

对于从事科技创新的企业来说，第一，政府研发资助具有信号效应，有利于缓解企业创新过程中的融资难和不确定性问题，优化科技创新资源配置和利用效率，从而推动区域创新效率的提升。政府对企业的研发资助为企业乃至该行业科技创新传达出政府的认可和支持信号，缓解了科技创新主体与投资者信息不对称问题，对投资者心理和投资领域产生提振和引导效应，从而有利于企业能够获取更多外部融资。科技创新融资约束得到缓解，能够为提高企业开展科技创新活动的积极性和高效性提供保障，从而促进企业和整体区域创新效率的提升。

第二，政府对企业的研发资助能够一定程度上缓解科技创新过程中的不确定性（例如，政府对企业的肯定，也会有助于推动消费者对该企业科技创新产品在市场上的消费需求和积极性增强），从而激励企业研发积极性和科技创新产出成果的增加。企业通过科技创新在市场获取利润也会相应增多，为企业开展进一步研究提供了动力与资金源泉，科技创新过程良性循环得以形成和发展，推动整体区域创新效率不断提升。

第三，政府研发资助作为科技创新投入的一部分，能激励企业加大研发投入力度，同时也会强化企业与高等学校和研究机构的研发合作频度和深度，产学研协同创新效应会促进整体科技创新资源的配置和利用能力的优化，从而有利于区域创新效率的不断改善。

此外，企业相较于科研机构更直接面对科技创新市场，能够将科技创新成果直接转化为产品产生利润，政府研发资助作为企业超额利润的一部分，能够为企业开展下一轮研发活动创造有利条件，企业自身知识积累、研发的持续性得以增强，提高了抵御研发失败风险的能力，更能适应国内乃至国际激烈竞争环境，通过新一轮研发成功产品的垄断获取更多利润，从而更有效地激励企业提高科技创新动力、积极性和效率。因此，企业获得政府研发资助的增多能够最终有效改善整体区域创新效率。

4.2　间接影响机理

4.2.1　企业研发投入对科研机构所获政府研发资助效果的间接影响机理

科研机构研发资金投入中不仅有来自政府的资金，也有来自企业的资金。但从结构上看，政府资金即政府研发资助占较大部分。由于科研机构进行的主要是知识创新，其长期性和累积性特征明显，而企业研发投入多注重产出快、市场需求大的项目，短期性和时效性特征突出。

科研机构所获政府研发资助与企业研发投入的资金供给者，即政府与企业二者之间目标函数的不一致会造成研发资金总量虽有增长却不能有效发挥作用。换句话说，虽然政府研发资助推动了长期知识创新产出成果的增加，但企业研发投入却着力于短期获益即技术成果转化为创新产品带来的利润，政府与企业目标函数的相悖导致不利于区域创新效率提高的目标实现。

另外，科研机构并不直接面向市场，而是处于科技创新链条的上游或中游，造成科研机构对科技创新市场的敏感性相对较低，知识创新对市场需求存在明显的滞后效应。

企业根据政府研发资助导向加大了对知识创新的研发投入，一定程度上会挤出对技术转化的投入，知识创新成果虽然增加，但转化为技术创新成果乃至产品可能无法及时满足市场需求，造成科研机构所获研发资助与企业研发投入的同时提高可能并不会为区域创新效率的提高带来促进效应，甚至反而是抑制效应。

然而，从另一个角度考虑，企业作为科技创新的核心主体，处于科技创新成果转化为市场经济效益的关键环节，随着一国或地区乃至国际科技创新水平的不断提高及市场竞争的加剧，企业会不断加大研发投入力度。但企业与科研机构相比囿于自身科研人才和知识储备等的较为匮乏，若想提高自身竞争力和技术创新效率，必然会在加大自身研发投入力度的同时增加对基础研究与共性开发的资金投入水平。

而此时，政府对科研机构的研发资助与企业研发投入之间的目标函数则具有较为明显的一致性。即在企业研发投入力度达到并超过一定阈值时，不仅能够较为有效地缓解科研机构研发资金压力，而且可以疏通产学研协同创新的堵塞，那么，在知识创新产出规模不断加大的同时，技术创新产出以及转化为科技创新产品的规模都会持续增加，且会超过科技创新投入规模，整体区域创新效率也会随之而提高。

4.2.2 企业研发投入对企业所获政府研发资助效果的间接影响机理

对于技术创新型主体企业来说，政府对企业的研发资助作为企业开展科技创新活动所需研发投入的一部分，缓解了企业技术创新的资金和风险压力。随着企业研发投入不断增强，企业可以更有效地根据市场需求的变化及时调整创新策略，有利于提高科技创新资源配置和产品生产转化为收益的效率，从而使得企业所获政府研发资助与企业研发投入产生同向促进作用，即会推动区域创新效率的不断提升。

并且，政府对企业的研发资助能够为社会资金的投入即企业外部融资提供较为明显的信号和导向作用，可以弱化企业创新起始阶段的外部融资压力和不确定性问题。进而为企业加大研发投入力度提供动力，同时也会助推企业将更多的资金用于产学研合作，提升科技创新整体过程中研发资源的流通和扩散速度，强化科研机构与企业协同创新的联结关系，最终推动区域创新效率的不断改善。

此外，企业加大研发投入力度，能够更有效地提高自身科技创新的能力和水平，在获取更多利润的同时也有效带动了整个社会的技术进步，这会形成一个技术自我实现的良性循环过程（李平 等，2017）。政府为进一步推动整体科技创新状况的稳步改善，必然会加大对企业的研发资助，以激励其更积极的增加研发投入规模，从而更有效地发挥在科技创新过程中的带动作用和加快知识与技术的溢出速度，最终对区域创新效率的提升形成促进作用。

4.3　本章小结

本章主要从政府研发资助和异质性科技创新主体所获政府研发资助视角分析了其对区域创新效率的直接影响机理，并通过科技创新投入的另一重要来源企业研发投入，就政府研发资助对区域创新效率的间接影响机理也做出分析。本书认为，政府研发资助和企业所获政府研发资助对区域创新效率的提升会产生激励效应，而科研机构所获政府研发资助会对区域创新效率产生抑制效应；企业研发投入对政府研发资助和科研机构所获政府研发资助效果产生挤出效应，而对企业所获政府研发资助效果反之。

5 政府研发资助对区域创新效率影响的实证分析

政府研发资助对区域创新效率在异质性创新主体和地区视角下究竟有何影响，现有研究并未给出明确回答。此外，企业研发投入强度的提升究竟在异质性科技创新主体所获政府研发资助对区域创新效率的影响中有何影响机制和影响效果，也鲜有研究进行深入分析。只有厘清了政府对何种科技创新主体研发资助产生了对区域创新效率的激励效果，进而深入探究企业研发投入在政府研发资助对区域创新效率的作用效果，才能有助于政府在提供研发资助时更为明晰和有效地研判，也为企业研发投入更为高效地增加和改善政府研发资助效果提供依据，从而能够使得政策制定者在出台研发资助政策时更具有针对性和精准性，从而有效促进我国整体乃至各地区区域创新效率的不断提升。

5.1 模型构建

5.1.1 模型设定

本章从政府研发资助对象的异质性视角即不同科技创新主体所获政府研发资助，考察其对区域创新效率的相关影响。因此，本章实证模型中只列示技术非效率的相关回归模型。

在随机前沿模型中，生产函数主要有柯布-道格拉斯函数和超越对数函数两种形式，前者形式较为简单，但以固定的技术中性和产出弹性为前提假定；而后者放宽了上述假定（傅晓霞 等，2007），且形式更加灵活，能更有效地避免函数形式的误设造成的估计偏误（王争 等，2007）。本书借助面板数据进行分析，技术中性和产出弹性并不能事先确定，因此，选取超越对数生产函数进行随机前沿模型分析，具体形式如式（5-1）所示：

$$\ln y_{it} = \beta_0 + \sum_j \beta_j \ln x_{ijt} + \frac{1}{2} \sum_j \sum_l \beta_{jl} \ln x_{ijt} \ln x_{ilt} + \nu_{it} - \mu_{it} \qquad (5-1)$$

其中，β 为待估系数，j 和 l 代表要素投入变量，其余部分与上文含义一致。

为考察异质性科技创新主体所获得的政府研发资助对科技创新效率单项因素的影响、异质性科技创新主体所获得的政府研发资助与科技创新效率之间的线性与非线性关系判断，以及异质性科技创新主体所获得的政府研发资助通过企业研发投入对科技创新效率的影响，特设定随机前沿模型超越对数生产函数如式（5-2）、（5-3）、（5-4）、（5-5）、（5-6）和（5-7）所示：

$$\ln y_{it} = \beta_0 + \beta_k \ln k_{it} + \beta_l \ln l_{it} + \frac{1}{2}\beta_{kk}(\ln k_{it})^2 + \frac{1}{2}\beta_{ll}(\ln l_{it})^2 + \beta_{kl}\ln k_{it}\ln l_{it} +$$

$$\nu_{it} - \mu_{it} \qquad (5-2)$$

$$\mu'_{it} = \tau_0 + \tau_1\ln kgdsub_{it} + \tau_2\ln qysub_{it} + \tau_3\ln suq_{it} + \tau_4\ln gq_{it} + \tau_5\ln yq_{it} +$$

$$\tau_6\ln yd_{it} + \tau_7\ln edu_{it} + \tau_8\ln gdp_{it} + \tau_9\ln open_{it} + \tau_{10}\ln fdi_{it}$$

$$\mu'_{it} = \tau_0 + \tau_1\ln kgdsub_{it} + \tau_2\ln qysub_{it} + \tau_3\ln suq_{it} + \tau_4\ln gq_{it} + \tau_5\ln yq_{it} +$$

$$\tau_6\ln yd_{it} + \tau_7\ln edu_{it} + \tau_8\ln gdp_{it} + \tau_9\ln open_{it} + \tau_{10}\ln fdi_{it} \qquad (5-3)$$

$$\mu'_{1it} = \tau_0 + \tau_1\ln kgdsub_{it} + \tau_2(\ln kgdsub_{it})^2 + \tau_3\ln qysub_{it} + \tau_4\ln suq_{it} +$$

$$\tau_5\ln gq_{it} + \tau_6\ln yq_{it} + \tau_7\ln yd_{it} + \tau_8\ln edu_{it} + \tau_9\ln gdp_{it} + \tau_{10}\ln open_{it} +$$

$$\tau_{11}\ln fdi_{it} \qquad (5-4)$$

$$\mu'_{2it} = \tau_0 + \tau_1\ln kgdsub_{it} + \tau_2\ln qysub_{it} + \tau_3(\ln qysub_{it})^2 + \tau_4\ln suq_{it} +$$

$$\tau_5\ln gq_{it} + \tau_6\ln yq_{it} + \tau_7\ln yd_{it} + \tau_8\ln edu_{it} + \tau_9\ln gdp_{it} + \tau_{10}\ln open_{it} +$$

$$\tau_{11}\ln fdi_{it} \qquad (5-5)$$

$$\mu'_{3it} = \tau_0 + \tau_1\ln kgdsub_{it} + \tau_2\ln qysub_{it} + \tau_3\ln kgdsub_{it} \times \ln suq_{it} + \tau_4\ln suq_{it} +$$

$$\tau_5\ln gq_{it} + \tau_6\ln yq_{it} + \tau_7\ln yd_{it} + \tau_8\ln edu_{it} + \tau_9\ln gdp_{it} + \tau_{10}\ln open_{it} +$$

$$\tau_{11}\ln fdi_{it} \qquad (5-6)$$

$$\mu'_{4it} = \tau_0 + \tau_1\ln kgdsub_{it} + \tau_2\ln qysub_{it} + \tau_3\ln qysub_{it} \times \ln suq_{it} + \tau_4\ln suq_{it} +$$

$$\tau_5\ln gq_{it} + \tau_6\ln yq_{it} + \tau_7\ln yd_{it} + \tau_8\ln edu_{it} + \tau_9\ln gdp_{it} + \tau_{10}\ln open_{it} +$$

$$\tau_{11}\ln fdi_{it} \qquad (5-7)$$

其中，式（5-2）和式（5-3）为基准回归模型，考察异质性科技创新主体即科研机构和企业所获政府研发资助对区域创新效率的直接影响；式（5-4）将科研机构所获政府研发资助二次项纳入技术非效率模型，考察科研机构所获政府研发资助与区域创新效率之间的线性或非线性关系；式（5-5）将企业所获政府研发资助二次项纳入技术非效率模型，考察企业所获政府研发资助与区域创新效率之间的线性或非线性关系；式（5-6）将科研机构所获政府研发资助与企业研发投入交互项纳入技术非效率模型，考察企业研发投入对科研机构所获政府研发资助效果的影响机制；式（5-7）将企业所获政府研发资助与企业研发投入交互项纳入技术非效率模型，考察企业研发投入对企业所获政府研发资助效果的作用机制。变量代号表达含义与前文保持一致。

5.1.2 变量测度

本书选取 1998—2016 年我国 30 个省（自治区、直辖市）的面板数据进行分析，数据主要来源为《中国科技统计年鉴》和《中国统计年鉴》，部分来源于《新中国六十年统计资料汇编》。相关变量测度方法具体如下：

5.1.2.1 区域创新效率相关变量测度

区域创新效率是区域科技创新投入与产出之间关系的量化表征。因此，对于科技创新效率的评价指标体系的建立，主要从科技创新投入与科技创新产出两方面来实现。

（1）科技创新投入变量。与以往研究变量选取保持一致，本书选择研发经费支出和研发人员投入作为科技创新投入指标。其中，研发人员投入采用研发人员全时当量来衡量，研发人员全时当量由全时人员数与非全时人员按照工作量折算为全时人员数后加总得到。研发经费支出主要体现科技创新主体的研发资金的流量投入。但研发活动对创新的影响不仅体现在当期，对以后的创新活动也会产生影响。因此，研发经费支出采用研发资本存量来表征。研发经费支出采用研发资本存量来表征，但研发资本存量目前年鉴中并没有具体指标，仅有历年研发经费支出（研发资本的流量）。因此，借鉴吴延兵（2008）的做法，用永续盘存法加以核算。核算如式（5-8）所示：

$$k_{it} = (1 - w)k_{i(t-1)} + e_{it} \tag{5-8}$$

式（5-8）中，k_{it} 和 $k_{i(t-1)}$ 分别为第 i 地区第 t 期和 $t-1$ 期资本存量，w 为折旧率，借鉴吴延兵（2006）对折旧率的估算，令 $w = 15\%$。e_{it} 为第 i 地区第 t 期的实际研发经费支出，参考朱平芳和徐伟民（2003）的思路，利用居民消费价格指数和固定资产投资价格指数加权计算出研发支出价格指数，两者权重分别为 55% 和 45%。对于基期研发资本存量，假定研发资本存量增长率与研发经费支出增长率相等，则基期研发资本存量计算如式（5-9）所示：

$$k_{i0} = e_{i0}/(g + w) \tag{5-9}$$

式（5-9）中，k_{i0} 和 e_{i0} 分别为基期研发资本存量和基期实际研发经费支出，g 为考察期内实际研发经费支出的年均增长率。由此，各地区历年研发资本存量可以计算得出。

（2）科技创新产出变量。专利数据作为科技创新产出的替代性指标，在科技创新效率相关研究中得到广泛应用。对于专利，我国主要有发明专利、实用新型专利和外观设计专利三种形式。其中，发明专利技术含量高且申请量很少受专利审查机构能力约束，可以更客观地反映一个地区的科技创新能力（白俊红 等，2009）。因此，本书最终选用发明专利授权量作为科技创新产出变量。

5.1.2.2 核心解释变量测度

核心影响因素。由于科技创新活动的公共品属性和外部性特征，科技创新主体的创新成果并不能被其完全占有，因此需要政府采取直接研发资助及税收补贴或返还等直接或间接的方式来激励创新主体的研发积极性，进而加大研发投入力度开展创新活动，这也是目前世界上多数国家或地区所采用的举措。借鉴叶祥松和刘敬（2018）、李政和杨思莹（2018）的方法，科研机构所获得的政府研发资助用科研机构创新投入中政府资金所占比重测度，企业所获得的政府研发资助用企业创新投入中政府资金所占比重测度。

5.1.2.3 控制变量测度

（1）企业研发投入。借鉴李平和刘利利（2017）的方法，利用科技创新投入中企业资金所占比重衡量企业研发投入，以考量企业研发投入力度对科技创新效率以及政府研发资助效果的影响。

（2）科技创新主体之间的联结关系。高校与企业之间、研究机构与企业之间的联结关系，分别用高校创新投入和研究机构创新投入中的企业资金所占比重表示（白俊红 等，2015），以考察各个创新主体联结关系对科技创新效率的影响。

（3）基础设施建设。基于数据可得性，本书采用邮电业务总量占 GDP 比重近似表征基础设施（白俊红 等，2009；李平 等，2017）。

（4）人力资本。用每十万人口高等教育学校平均在校学生数来考察各地区高水平人力资本发展对科技创新效率的影响（白俊红 等，2009；李平 等，2017）。

（5）经济发展水平。选用各地区 GDP 表示经济发展水平。

（6）对外开放度。用各地区进出口货物总额表示。

（7）外商直接投资。选用各地区外商直接投资额衡量。

此外，遵循朱平芳和徐伟民（2003）的思路，将经济发展水平、对外开放度和外商直接投资三个指标均利用消费物价指数（权重为 55%）和固定资产投资价格指数（权重为 45%）加权计算得到的价格指数进行平减，以消除物价影响。

5.1.3 变量描述性统计分析

上述相关变量的描述性统计结果如表 5.1 所示。由表 5.1 可以看出，就政府研发资助来看，科研机构所获得的政府研发资助标准差为 0.177，企业所获得的政府研发资助标准差为 0.757，说明我国科研机构所获得的政府研发资助份额差异远低于企业所获得的政府研发资助份额差异，而企业所获得的政府研发资助份额差异约为科研机构的 4.277 倍，参差不齐现象明显，差异相当大。

在科技创新投入与产出的标准差方面，研发资本存量为 1.683，科研人员为 1.244，发明专利授权量为 1.935。可以看出，无论是科技创新投入还是产出在各省（自治区、直辖市）之间差距均相对较大，尤其是科技创新产出差距相对最大，这一结论也与上文我国科技创新变化特征描述状况保持一致。

表 5.1　相关变量描述性统计结果

变量	观测值	平均值	标准差	最小值	最大值
lny	570	6.275	1.935	0	10.979
ln$k$	570	14.172	1.683	9.711	17.757
ln$l$	570	10.483	1.244	6.743	13.206
lnkgdsub	570	−0.355	0.177	−1.156	−0.039
lnqysub	570	−3.101	0.757	−6.489	−0.965
lnsuq	570	−0.489	0.296	−2.258	−0.090
lngq	570	−1.448	0.890	−7.385	−0.269
lnyq	570	−3.544	1.293	−9.569	−1.007
lnyd	570	−3.103	0.468	−4.244	−2.129
lnedu	570	7.198	0.851	4.756	8.839
lngdp	570	8.597	1.089	5.394	10.991
lnopen	570	6.885	1.709	2.691	11.009
lnfdi	570	4.559	1.763	−1.177	7.390

5.2 全国层面

5.2.1 确定前沿函数

在科技创新活动的整个过程中，从研发投入到专利产出一般会存在一定的周期，当期研发投入不仅会对当期专利产出存在影响，也可能会对之后几期专利产出产生一定影响，即存在时滞效应。不同的研究由于研究目的的差异，采用不同的滞后期，如弗曼等（Furman et al.，2002）和李（Li，2009）采用 3 年滞后期，盖勒克（Guellec，2004）和陈凯华等（2012）采用 2 年滞后期，赵庆（2017）采用 1 年滞后期，李向东等（2011）和张信东等（2012）未考虑研发投入与专利产出的时间滞后效应。为更全面、更深入地考察政府研发资助对科技创新效率的影响问题，本书将无滞后期、滞后 1 年、滞后 2 年和滞后 3 年四种情形均纳入随机前沿模型进行分析。

本书实证采用随机前沿模型，该模型首要对相应生产函数进行确定。为确定相应生产函数，需要在未考虑政府研发资助等科技创新效率影响因素时，根据随机前沿模型估计结果判定随机前沿模型是否适用，之后依据广义似然率判断具体生产函数。因此，在未考虑政府研发资助时，全国层面样本下随机前沿模型估计结果如表 5.2 所示。

表 5.2　全国层面未考虑政府研发资助等效率影响因素的随机前沿模型估计结果

变量	无时滞	滞后 1 年	滞后 2 年	滞后 3 年
常数项	0.189 （0.153）	-2.620** （-2.255）	-1.988* （-1.675）	-7.829*** （-5.496）
$\ln k$	-1.513*** （-3.284）	-0.950* （-1.883）	-1.162** （-2.137）	0.885** （2.071）
$\ln l$	2.110*** （3.833）	1.801** （2.532）	1.987*** （2.688）	0.300 （0.518）
$(\ln k)^2$	0.643*** （5.524）	0.445*** （4.276）	0.458*** （3.871）	0.617*** （5.388）
$(\ln l)^2$	0.720*** （3.542）	0.442** （2.132）	0.417* （1.805）	1.119*** （5.257）

变量	无时滞	滞后 1 年	滞后 2 年	滞后 3 年
$\ln k * \ln l$	-0.658^{***} (-4.445)	-0.432^{***} (-3.089)	-0.429^{***} (-2.716)	-0.833^{***} (-5.468)
σ^2	0.202^{***} (5.205)	0.241^{***} (10.518)	0.207^{***} (6.730)	0.197^{***} (6.248)
γ	0.192^{***} (2.623)	0.229^{***} (4.574)	0.213^{***} (3.222)	0.113 (1.403)
η	0.094^{***} (11.318)	0.072^{***} (7.480)	0.076^{***} (7.738)	0.098^{***} (9.824)
Log 函数值	-375.638	-354.705	-342.250	-313.077

注：（）内为系数对应 t 值，***、**、* 分别表示在1%、5%和10%的水平上显著（双侧），下同。

由表 5.2 可知，σ^2 和 γ 在无时滞、滞后 1 年、滞后 2 年和滞后 3 年四个模型中绝大多数都在1%的统计水平上显著（除 γ 在模型 4 中不显著之外），说明各地区技术非效率影响因素在研发过程中是明显存在的，同时验证了本书利用 SFA 方法进行科技创新效率分析是合理的。η 均在1%的统计水平上显著为正，说明技术非效率随着时间推移而加速递减，也就是说科技创新效率处于不断改善的过程。

为验证柯布-道格拉斯生产函数是否适用于我国科技创新效率的测度，本书建立原假设 H_0，即令超越对数生产函数中二次项系数 $\beta_{kk} = \beta_{ll} = \beta_{kl} = 0$，并采用广义似然率统计量进行检验。广义似然率统计量计算方法如式（5-10）所示：

$$\lambda = -2\ln[L(H_0)/L(H_1)] = -2[\ln L(H_0) - \ln L(H_1)] \qquad (5-10)$$

式（5-10）中，$\ln L$（H_0）和 $\ln L$（H_1）分别代表随机前沿模型中零假设 H_0 和备择假设 H_1 的对数似然函数值。如果零假设成立，那么 λ 服从混合卡方分布或渐进卡方分布，自由度为约束条件的个数。对假设进行的检验结果如表 5.3 所示。

表5.3 假设检验结果

代号	无时滞	滞后 1 年	滞后 2 年	滞后 3 年
$\ln L$（H_0）	-398.615	-375.037	-357.711	-326.832
广义似然率 λ	45.955	40.665	30.922	27.509

代号	无时滞	滞后 1 年	滞后 2 年	滞后 3 年
临界值	10.501	10.501	10.501	10.501
结论	拒绝	拒绝	拒绝	拒绝

注：临界值为 1% 的水平上显著的统计量临界值（Kodde et al.，1986），下同。

据表 5.3 可得，四个模型中广义似然率统计量均大于相对应的 1% 的水平上显著的统计量临界值，说明应拒绝柯布-道格拉斯生产函数原假设，选用超越对数生产函数作为前沿函数进行模型分析较为合适。

5.2.2　基础模型实证分析

异质性科技创新主体在创新过程中主要科技创新活动常存在一定差异，通过考察政府对异质性科技创新主体的研发资助是否会对区域创新效率产生差异性影响，也可以得知政府研发资助对区域创新效率产生的相关影响究竟来自对何种类型的科技创新主体。

本章先从全国层面展开实证，之后依次是高工业化水平、中工业化水平和低工业化水平的分地区层面的分析。首先，全国层面考虑对异质性科技创新主体所获政府研发资助等效率影响因素的随机前沿模型计量结果如表 5.4 所示。

表 5.4　全国层面考虑不同科技创新主体所获政府研发资助等效率
影响因素的随机前沿模型估计结果

变量	无时滞	滞后 1 年	滞后 2 年	滞后 3 年
	前沿函数估计			
常数项	11.406 *** (7.456)	15.618 *** (10.467)	16.682 (0.737)	11.473 (0.947)
$\ln k$	−1.064 *** (−2.696)	−1.987 *** (−4.297)	−2.591 *** (−6.390)	−1.693 *** (−3.959)
$\ln l$	−0.023 (−0.044)	0.245 (0.421)	1.317 *** (2.648)	0.978 * (1.883)
$(\ln k)^2$	0.264 ** (2.100)	0.367 *** (2.757)	0.433 *** (3.792)	0.615 *** (4.976)
$(\ln l)^2$	0.263 (1.145)	0.263 (1.102)	0.219 (1.086)	0.691 *** (3.220)
$\ln k * \ln l$	−0.198 (−1.193)	−0.222 (−1.272)	−0.267 * (−1.789)	−0.591 *** (−3.685)

表5.4(续)

变量	无时滞	滞后1年	滞后2年	滞后3年
异质性科技创新主体所获政府研发资助等效率影响因素估计				
常数项	12.089 *** (12.535)	7.202 *** (9.238)	11.635 (0.513)	9.077 (0.756)
lnkgdsub	0.124 (0.549)	0.433 * (1.677)	0.992 *** (5.196)	0.595 *** (3.011)
lnqysub	−0.200 *** (−3.670)	−0.173 *** (−3.240)	−0.131 *** (−3.350)	−0.104 ** (−2.564)
lnsuq	−0.112 (−0.904)	−0.278 ** (−2.199)	−0.039 (−0.371)	−0.311 *** (−2.849)
lngq	0.110 *** (2.736)	0.016 (0.279)	0.112 *** (2.714)	0.073 * (1.660)
lnyq	0.004 (0.180)	0.035 (1.382)	0.036 * (1.831)	0.051 ** (2.413)
lnyd	0.186 *** (3.290)	−0.281 *** (−4.080)	−0.327 *** (−6.080)	−0.334 *** (−5.983)
lnedu	−0.621 *** (−9.222)	−0.358 *** (−5.837)	−0.484 *** (−8.425)	−0.382 *** (−6.295)
lngdp	−0.748 *** (−10.152)	−0.526 *** (−7.743)	−0.783 *** (−11.333)	−0.550 *** (−7.557)
lnopen	−0.030 (−0.834)	0.064 (1.412)	0.076 ** (2.262)	−0.002 (−0.044)
lnfdi	0.146 *** (5.606)	0.091 *** (2.753)	0.090 *** (3.857)	0.076 *** (3.052)
σ^2	0.229 *** (14.912)	0.203 *** (16.885)	0.208 *** (16.103)	0.212 *** (15.445)
γ	0.020 (0.214)	0.999 *** (507.243)	0.624 (0.079)	0.712 (0.460)
Log 函数值	−391.723	−361.757	−323.554	−309.000

观察表5.4可知，政府对高等学校、研究机构和地方所属研究机构的研发资助回归系数在四个模型中均为正，但在无时滞模型中不显著，滞后1年模型中在10%水平上显著为正，滞后2年和滞后3年模型中在1%水平上显著为正，表明政府对以上创新主体的研发资助抑制了区域创新效率的提升，且随着时间的推移，这种抑制效应越来越明显；政府对企业的研发资助回归系数在四个模

型中均在1%或5%的水平上显著为负，表明政府对企业的研发资助明显促进了区域创新效率的不断提高。换句话说，整体政府研发资助对区域创新效率的促进作用来自政府对企业的研发资助，而非对高等学校、研究机构和地方所属研究机构的研发资助。

产生这种现象的原因可能是：第一，科研机构的创新主要是基础研究的创新或者说知识创新，创新产出主要集中表现为学术论文或科研报告，但知识创新成果转移、转化机制的相对不完善，导致知识创新转化为技术创新，进而形成创新产品的整体效率并不高（吕薇 等，2018），反而形成科研机构所获政府研发资助的增加，推动了科技创新投入规模的增加，但科技创新产出的规模并未高于科技创新投入规模，即最终形成区域创新效率越低的局面。

第二，科研机构多数为事业单位，其创新投入要素特别是研究人员流动性相对较弱，其获得的政府研发资助更多地被用于提高人员工资水平，而并未用于开展实质性的科技创新活动（叶祥松 等，2018），明显会对区域创新效率的提升形成阻碍作用。

第三，科研机构创新成果被定性为国有资产，其收益要缴纳较高所得税，同时收益分配过度倾向于科研人员（吕薇 等，2018），而其他科技创新利益相关者获得感较弱，科技创新的整体动力和积极性受到抑制，反而不利于区域创新效率的改善。

上述结果也充分说明在我国推动区域创新效率不断提升的过程中，企业正在逐步转变为科技创新活动的核心主体，政府加大对企业研发资助的力度，具有相当重要和深远的意义（Szczygielski，2017；林毅夫，2017）。

正如李政和杨思莹（2018）研究所得出的结论那样，已有研究所提出的政府研发资助对科技创新的"支持论"或"无效论"的悖论所形成的原因，正是将国家和区域创新体系进行割裂，忽视了政府对企业进行研发资助是为了更有效地发挥企业对其他创新主体的引导或带动作用的初衷所致。

但同时，并不意味着政府要忽略或不重视对科研机构的研发资助。这是因为，科研机构的基础性研究对于科技创新活动的有序开展和水平提升具有不可替代的重要作用，这是企业开展技术创新的源泉所在，因此，仍需政府进行长期、稳定的研发资助。此外，科研机构自身也应不断提高政府研发资助利用效率，推动专利产出的速度和质量的提高，进而助推我国整体区域创新效率的稳步改善。

5.2.3 异质性科技创新主体所获政府研发资助与区域创新效率线性或非线性关系分析

本节进一步考察异质性科技创新主体获得政府研发资助是否会对区域创新效率相关影响存在一定差异，从而展开实证分析。

5.2.3.1 科研机构所获政府研发资助与区域创新效率关系判断及分析

科研机构所获政府研发资助与区域创新效率关系判断及分析相关模型回归结果如表 5.5 所示。

表 5.5 全国层面科研机构所获政府研发资助一次项、二次项等效率影响因素的随机前沿模型估计结果

变量	无时滞	滞后 1 年	滞后 2 年	滞后 3 年
前沿函数估计				
常数项	11.784 *** (7.674)	16.751 *** (12.211)	16.312 (0.514)	10.586 (0.989)
ln$k$	−0.841 (−1.620)	−1.966 *** (−5.252)	−2.470 *** (−5.948)	−1.389 *** (−3.229)
ln$l$	−0.326 (−0.508)	0.483 (0.996)	1.244 ** (2.466)	0.793 (1.545)
(ln$k$)^2	0.252 *** (8.123)	0.325 *** (2.840)	0.451 *** (3.928)	0.651 *** (5.422)
(ln$l$)^2	0.291 (1.631)	0.164 (0.798)	0.273 (1.340)	0.810 *** (3.811)
ln$k$ * ln$l$	−0.201 *** (−3.824)	−0.177 (−1.173)	−0.303 ** (−2.010)	−0.668 *** (−4.423)
科研机构所获政府研发资助一次项、二次项等效率影响因素估计				
常数项	12.499 *** (17.539)	11.765 *** (89.987)	11.932 (0.376)	9.796 (0.921)
lnkgdsub	1.822 *** (9.179)	1.679 *** (3.502)	1.739 *** (3.782)	2.359 *** (5.048)
(lnkgdsub)^2	1.918 *** (6.071)	1.138 ** (2.560)	0.790 * (1.777)	1.856 *** (4.119)
lnqysub	−0.210 *** (−5.493)	−0.216 *** (−5.436)	−0.145 *** (−3.680)	−0.138 *** (−3.360)

表5.5(续)

变量	无时滞	滞后1年	滞后2年	滞后3年
lnsuq	-0.088 (-0.875)	-0.004 (-0.032)	-0.028 (-0.271)	-0.285*** (-2.716)
lngq	0.097 (1.320)	0.057 (1.197)	0.122*** (2.876)	0.096** (2.239)
lnyq	-0.004 (-0.278)	0.021 (0.954)	0.039 (1.982)	0.058*** (2.853)
lnyd	0.186*** (6.946)	-0.247*** (-4.231)	-0.320*** (-6.013)	-0.317*** (-5.860)
lnedu	-0.626*** (-15.448)	-0.474*** (-7.899)	-0.494*** (-8.668)	-0.406*** (-6.940)
lngdp	-0.725*** (-13.439)	-0.792*** (-10.737)	-0.433*** (-11.233)	-0.547*** (-7.696)
lnopen	-0.031 (-0.976)	0.019 (0.598)	0.068** (2.029)	-0.021 (-0.580)
lnfdi	0.123** (2.441)	0.091*** (4.155)	0.089*** (3.824)	0.073*** (2.993)
σ^2	0.228*** (16.210)	0.208*** (16.263)	0.207*** (15.966)	0.205*** (15.504)
γ	0.087 (0.240)	0.999*** (87.912)	0.562 (0.043)	0.715 (0.372)
Log函数值	-384.914	-342.115	-322.018	-300.928

由表5.5无时滞、滞后1年、滞后2年和滞后3年模型的估计结果可以看出,科研机构所获政府研发资助一次项、二次项对区域创新效率影响系数均显著为正,只是显著性方面略有差异。在无时滞模型中二者均在1%的水平上显著,在滞后1年模型中分别在1%和5%的水平上显著,在滞后2年模型中分别在1%和10%的水平上显著,在滞后3年模型中均在1%的水平上显著。说明科研机构所获政府研发资助对区域创新效率影响不存在曲线形,只存在直线型的单调递减效应,即科研机构所获政府研发资助越多,呈现出对区域创新效率的抑制效应相对越大。

5.2.3.2 企业所获政府研发资助与区域创新效率关系判断及分析

企业所获政府研发资助与区域创新效率关系判断及分析相关模型回归结果如表5.6所示。

表 5.6　全国层面企业所获政府研发资助一次项、
二次项等效率影响因素的随机前沿模型估计结果

变量	无时滞	滞后 1 年	滞后 2 年	滞后 3 年
前沿函数估计				
常数项	13.376 *** (6.289)	16.682 *** (6.762)	16.821 *** (8.342)	−1.249 (−1.258)
$\ln k$	−1.251 *** (−2.996)	−1.997 *** (−5.244)	−2.562 *** (−6.066)	−0.513 (−0.830)
$\ln l$	−0.241 (−0.486)	0.398 (0.793)	1.284 ** (2.478)	0.753 (0.936)
$(\ln k)^2$	0.289 ** (2.410)	0.330 *** (2.784)	0.443 *** (3.511)	0.450 (1.138)
$(\ln l)^2$	0.299 (1.336)	0.177 (0.831)	0.243 (1.246)	0.482 (0.677)
$\ln k * \ln l$	−0.210 (−1.302)	−0.180 (−1.152)	−0.282 * (−1.673)	−0.431 (−0.824)
企业所获政府研发资助一次项、二次项等效率影响因素估计				
常数项	11.593 *** (10.836)	11.096 *** (5.608)	11.870 *** (10.626)	0.004 (0.004)
lnkgdsub	0.087 (0.386)	0.612 *** (3.038)	0.991 *** (4.498)	−0.006 (−0.006)
lnqysub	0.021 (0.108)	0.007 (0.042)	−0.085 (−0.499)	0.003 (0.003)
$(lnqysub)^2$	0.033 (1.152)	0.032 (1.227)	0.007 (0.278)	−0.031 (−0.101)
lnsuq	−0.112 (−0.940)	0.020 (0.166)	−0.031 (−0.246)	−0.019 (−0.032)
lngq	0.072 (1.548)	0.041 (0.976)	0.112 ** (2.223)	0.002 (0.006)
lnyq	0.002 (0.084)	0.020 (1.017)	0.037 (1.420)	0.003 (0.035)
lnyd	0.168 *** (2.718)	−0.259 *** (−4.710)	−0.328 *** (−5.177)	−0.029 (−0.073)
lnedu	−0.601 *** (−9.125)	−0.458 *** (−7.674)	−0.483 *** (−7.457)	0.009 (0.017)

表5.6(续)

变量	无时滞	滞后 1 年	滞后 2 年	滞后 3 年
lngdp	-0.715^{***} (-9.537)	-0.793^{***} (-11.405)	-0.782^{***} (-9.563)	0.009 (0.048)
lnopen	-0.012 (-0.341)	0.027 (0.839)	0.075^{*} (1.788)	-0.001 (-0.001)
lnfdi	0.140^{***} (4.735)	0.093^{***} (4.068)	0.089^{***} (3.595)	0.010 (0.039)
σ^2	0.230^{***} (15.695)	0.210^{***} (15.453)	0.208^{***} (15.758)	0.333^{***} (7.917)
γ	0.039 (0.359)	0.199 (0.247)	0.979^{***} (19.701)	0.054 (0.382)
Log 函数值	-389.190	-344.523	-323.511	-401.646

由表 5.6 无时滞、滞后 1 年、滞后 2 年和滞后 3 年模型的估计结果可知，企业所获政府研发资助一次项、二次项对区域创新效率影响系数均不显著，且在符号方面存在明显差异。在无时滞和滞后 1 年模型中，影响系数均不显著为正；在滞后 2 年模型中，分别为负和正；在滞后 3 年模型中，分别为正和负。说明企业所获政府研发资助对区域创新效率影响在无时滞和滞后 1 年模型中呈现不显著的单调递减关系，在滞后 2 年模型中存在不显著的"U"形关系，在滞后 3 年中转变为不显著的倒"U"形关系。也就是说，企业所获政府研发资助对区域创新效率在短期呈现直线影响，而在长期呈现倒"U"形影响，但均不显著。

5.2.4 异质性科技创新主体所获政府研发资助、企业研发投入对区域创新效率影响分析

本节就异质性科技创新主体所获政府研发资助、企业研发投入对区域创新效率影响随机前沿模型估计展开分析。

5.2.4.1 科研机构所获政府研发资助、企业研发投入对区域创新效率影响分析

科研机构所获政府研发资助、企业研发投入对区域创新效率影响模型估计结果如表 5.7 所示。

表 5.7　全国层面科研机构所获政府研发资助与企业研发投入交互项
等效率影响因素的随机前沿模型估计结果

变量	无时滞	滞后 1 年	滞后 2 年	滞后 3 年
前沿函数估计				
常数项	10.024***	16.988***	16.341***	11.125
	(8.351)	(9.127)	(3.017)	(1.037)
$\ln k$	-1.023***	-2.055***	-2.521***	-1.530***
	(-2.745)	(-4.922)	(-6.271)	(-3.622)
$\ln l$	0.124	0.543	1.290***	0.873*
	(0.283)	(1.067)	(2.607)	(1.708)
$(\ln k)^2$	0.358***	0.287**	0.419***	0.573***
	(2.920)	(2.322)	(3.255)	(4.564)
$(\ln l)^2$	0.429*	0.080	0.207	0.651***
	(1.970)	(0.372)	(0.895)	(3.005)
$\ln k * \ln l$	-0.322**	-0.118	-0.256	-0.552***
	(-2.013)	(-0.793)	(-1.502)	(-3.399)
科研机构所获政府研发资助与企业研发投入交互项等效率影响因素估计				
常数项	10.080***	11.583***	11.823**	9.778
	(10.804)	(10.694)	(2.319)	(0.924)
lnkgdsub	1.013**	1.005***	1.397***	1.559***
	(2.370)	(3.076)	(4.339)	(4.876)
lnqysub	-0.173***	-0.201***	-0.134***	-0.112***
	(-3.603)	(-4.744)	(-3.436)	(-2.777)
lnkgdsub * lnsuq	2.086***	0.702	0.722	1.682***
	(3.537)	(1.624)	(1.591)	(3.795)
lnsuq	0.385	0.238	0.233	0.330
	(1.524)	(1.220)	(1.180)	(1.639)
lngq	0.063	0.043	0.113**	0.073*
	(1.319)	(0.958)	(2.571)	(1.674)
lnyq	0.018	0.016	0.034*	0.045**
	(0.623)	(0.765)	(1.705)	(2.203)
lnyd	0.222***	-0.238***	-0.307***	-0.289***
	(3.010)	(-3.587)	(-5.522)	(-5.043)

表5.7(续)

变量	无时滞	滞后 1 年	滞后 2 年	滞后 3 年
lnedu	−0.508 *** (−7.936)	−0.465 *** (−7.103)	−0.490 *** (−8.557)	−0.403 *** (−6.690)
lngdp	−0.453 *** (−6.810)	−0.794 *** (−10.375)	−0.784 *** (−11.168)	−0.555 *** (−7.590)
lnopen	−0.016 (−0.395)	0.029 (0.723)	0.074 ** (2.220)	−0.004 (−0.111)
lnfdi	0.115 *** (3.850)	0.094 *** (3.806)	0.090 *** (3.876)	0.078 *** (3.185)
σ^2	0.236 *** (14.488)	0.209 *** (14.504)	0.207 *** (16.199)	0.256 *** (15.525)
γ	0.999 *** (1.66E+05)	0.999 *** (2.46E+07)	0.766 (0.979)	0.773 (0.587)
Log 函数值	−392.429	−344.055	−322.163	−301.911

由表 5.7 无时滞、滞后 1 年、滞后 2 年和滞后 3 年模型的估计结果可以看出，科研机构所获政府研发资助与企业研发投入交互项对区域创新效率影响系数在四个模型中均为正，在无时滞和滞后 3 年模型中在 1% 的水平上显著，在滞后 1 年和滞后 2 年模型中不显著。说明随着企业研发投入的不断显现和强化，政府增加对科研机构的研发资助在短期和长期来看，会明显抑制区域创新效率的提升。

出现这种现象可能是政府与企业的目标函数的不一致所造成的。换句话说，政府更倾向于长期的、基础性的知识研究，对高等学校、研究机构等科研机构的研发资助会促使科研机构知识创新成果的增加，但知识创新成果由于其积累性特征明显，且并不直接面向市场，并不能从中直接获取收益；而企业更注重短期的、利润较大的技术创新研究，企业加大研发投入的目的主要是能够迅速将科技创新成果转化为产品，通过产品在市场上的销售扩大规模获取利润。科研机构所获政府研发资助与企业研发投入分别带来的知识创新成果与技术创新成果无法有效衔接，进而导致科技创新链条的有效性、可持续性和通畅性受到明显阻碍，整体区域创新效率的提升在二者同时增加的情况下反而会被遏制。可见，二者目标函数在某种程度上说是相反的，自然导致企业研发投入会对科研机构所获政府研发资助产生挤出效应。

5.2.4.2 企业所获政府研发资助、企业研发投入对区域创新效率影响分析

企业所获政府研发资助、企业研发投入对区域创新效率影响模型估计结果如表 5.8 所示。

表 5.8 全国层面企业所获政府研发资助与企业研发投入交互项
等效率影响因素的随机前沿模型估计结果

变量	无时滞	滞后 1 年	滞后 2 年	滞后 3 年
前沿函数估计				
常数项	12.628*** (7.069)	16.958*** (8.717)	15.890*** (8.285)	9.005*** (6.208)
ln$k$	−1.281*** (−3.239)	−2.108*** (−4.955)	−2.579*** (−6.176)	−2.155*** (−4.198)
ln$l$	−0.093 (−0.193)	0.580 (1.100)	1.346*** (2.643)	1.711*** (2.714)
(ln$k$)²	0.284** (2.380)	0.296** (2.343)	0.433*** (3.613)	0.655*** (4.468)
(ln$l$)²	0.278 (1.322)	0.089 (0.399)	0.221 (1.037)	0.651** (2.511)
ln$k$ * ln$l$	−0.202 (−1.302)	−0.125 (−0.761)	−0.268* (−1.708)	−0.606*** (−3.187)
企业所获政府研发资助与企业研发投入交互项等效率影响因素估计				
常数项	10.630*** (9.493)	10.928*** (8.589)	11.797*** (10.263)	5.272*** (5.525)
lnkgdsub	0.009 (0.039)	0.570** (2.228)	0.949*** (4.642)	0.379 (1.256)
lnqysub	−0.321*** (−4.154)	−0.266*** (−4.065)	−0.198*** (−2.862)	−0.240*** (−2.641)
lnqysub * lnsuq	−0.197** (−2.074)	−0.108 (−1.250)	−0.106 (−1.232)	−0.281*** (−2.734)
lnsuq	−0.740** (−2.357)	−0.354 (−1.245)	−0.356 (−1.273)	−1.222*** (−3.846)
lngq	0.067 (1.444)	0.039 (0.862)	0.110** (2.507)	0.034 (0.611)
lnyq	0.001 (0.023)	0.017 (0.743)	0.036* (1.688)	0.061** (2.088)

表5.8(续)

变量	无时滞	滞后 1 年	滞后 2 年	滞后 3 年
lnyd	0.180 *** (2.728)	−0.252 *** (−4.040)	−0.322 *** (−5.715)	−0.350 *** (−4.591)
lnedu	−0.592 *** (−9.503)	−0.455 *** (−6.940)	−0.478 *** (−7.890)	−0.275 *** (−3.899)
lngdp	−0.697 *** (−8.839)	−0.778 *** (−10.483)	−0.767 *** (−10.123)	−0.355 *** (−4.280)
lnopen	−0.032 (−0.780)	0.025 (0.702)	0.070 * (1.986)	0.000 2 (0.004)
lnfdi	0.156 *** (5.727)	0.094 *** (3.910)	0.090 *** (3.650)	0.057 (1.426)
σ^2	0.234 *** (15.039)	0.210 *** (15.640)	0.208 *** (15.971)	0.200 *** (9.419)
γ	0.046 (0.292)	0.999 *** (440.621)	0.979 *** (1.34E+07)	0.999 *** (1.19E+05)
Log 函数值	−387.868	−344.578	−322.731	−313.567

由表 5.8 无时滞、滞后 1 年、滞后 2 年和滞后 3 年模型估计的结果可以看出,企业所获政府研发资助与企业研发投入交互项对区域创新效率影响系数在四个模型中均为负,而在无时滞模型中在 5% 的水平上显著,在滞后 1 年和滞后 2 年模型中不显著,在滞后 3 年模型中在 1% 的水平上显著。与科研机构所获政府研发资助交互项对区域创新效率的影响形成截然相反的结论,即随着企业研发投入的不断增强,不论在短期还是长期来看,政府加大对企业的研发资助都能够明显提升区域创新效率。

这一结果表明,企业所获政府研发资助能够为企业开展科技创新活动有效缓解资金和风险压力,同时也通过政府研发资助的信号与杠杆产生作用,有助于企业获取外部市场融资,有助于企业获取更多资金,从而助推企业加大研发投入力度,能够更进一步地推动企业科技创新成果的大幅增加。与此同时,企业资金的充裕也会为科研机构的知识创新带来更多利好条件,即企业会更加积极、主动地加强与高等学校、研究与开发机构等科研机构的知识创新活动的联结关系,从而有利于疏通科技创新链条各环节的堵塞,推动产学研协同创新效应快速、有效形成及不断强化,推动科技创新资源的配置和利用效率的提升的同时节约科技创新成本,从而促进科技创新产出规模大幅增加并大于科技创新投入规模,推动整体区域创新效率的不断提升。

5.3 分地区层面

5.3.1 高工业化水平地区

与上文思路一致，本部分对三大工业化水平地区异质性科技创新主体所获政府研发资助等效率因素对区域创新效率相关影响进行考察。首先是高工业化水平地区的相关实证分析。

5.3.1.1 确定前沿函数

为了更全面地考察科技创新效率问题，本书仍将无滞后期、滞后1年、2年和3年四种情形均纳入随机前沿模型进行分析。在未考虑政府研发资助等科技创新效率影响因素时，随机前沿模型估计结果如表5.9所示。

表5.9 高工业化水平地区样本未考虑政府研发资助等
效率影响因素的随机前沿模型估计结果

变量	无时滞	滞后1年	滞后2年	滞后3年
常数项	5.307** (2.009)	10.735*** (3.763)	10.238*** (8.689)	-15.599** (-2.190)
$\ln k$	1.703 (1.490)	1.981** (2.476)	2.295*** (3.840)	0.776 (0.666)
$\ln l$	-3.594** (-2.376)	-4.835*** (-3.424)	-5.052*** (-6.148)	1.574 (0.776)
$(\ln k)^2$	1.004*** (3.694)	0.753*** (2.734)	0.943*** (3.122)	0.717** (2.188)
$(\ln l)^2$	2.221*** (3.501)	1.892*** (3.194)	2.305*** (4.074)	1.207** (2.443)
$\ln k * \ln l$	-1.404*** (-3.404)	-1.086*** (-2.759)	-1.376*** (-3.347)	-0.964** (-2.082)
σ^2	0.172*** (12.456)	0.174*** (9.396)	0.162*** (7.751)	0.165*** (8.904)
γ	0.081*** (4.815)	0.060*** (2.695)	0.011** (2.352)	0.022 (0.395)
η	0.180*** (5.934)	0.172*** (3.926)	0.127*** (6.354)	0.139* (1.689)
Log 函数值	-102.669	-100.893	-97.003	-89.755

由表 5.9 可知，σ^2 和 γ 在无时滞、滞后 1 年、滞后 2 年和滞后 3 年四个模型中绝大多数都在 1% 或 5% 的统计水平上显著（除 γ 在滞后 3 年模型中不显著之外），说明高工业化水平地区技术非效率影响因素在研发过程中是明显存在的，同时验证了本书利用 SFA 方法对高工业化水平地区样本进行科技创新效率分析是合理的。η 在 1% 或 10% 的统计水平上显著为正，说明高工业化水平地区技术非效率随着时间推移而加速递减，也就是说科技创新效率处于不断改善的过程。

为检验柯布-道格拉斯生产函数和超越对数生产函数哪个更适用于我国高工业化水平地区科技创新效率影响因素的分析，利用广义似然率与临界值比较来判断。具体结果如表 5.10 所示。

表 5.10　广义似然率比较结果

代号	无时滞	滞后 1 年	滞后 2 年	滞后 3 年
lnL（H_0）	−118.217	−107.940	−103.316	−94.501
广义似然率 λ	31.096	14.095	12.624	9.490
临界值	10.501	10.501	10.501	8.542
结论	拒绝	拒绝	拒绝	拒绝

注：虽然滞后 3 年模型中广义似然率统计量略小于 1% 的水平临界值，但其远大于 5% 的临界值 7.045，乃至 2.5% 的临界值 8.542（Kodde et al., 1986）。因此，滞后 3 年模型计量结果仍具有统计学意义。

由表 5.10 可知，在广义似然率与临界值比较中四个模型均显著拒绝原假设（无时滞模型、滞后 1 年模型和滞后 2 年模型中在 1% 的水平上显著拒绝原假设，滞后 3 年模型中在 2.5% 水平上显著拒绝原假设），说明超越对数生产函数作为前沿函数更适用于高工业化水平地区科技创新效率影响因素分析。因此，本书最终选用无时滞、滞后 1 年、滞后 2 年和滞后 3 年四个模型下的超越对数生产函数进行高工业化水平地区政府研发资助等因素对科技创新效率的影响分析。

5.3.1.2　基础模型实证分析

高工业化水平地区科研机构所获政府研发资助与区域创新效率线性或非线性关系判断分析随机前沿模型计量结果如表 5.11 所示。

表 5.11　高工业化水平地区科研机构所获政府研发资助
等效率影响因素的随机前沿模型估计结果

变量	无时滞	滞后 1 年	滞后 2 年	滞后 3 年
前沿函数估计				
常数项 1	13.207 **	17.689 ***	15.187 ***	11.010 ***
	(2.521)	(3.618)	(2.873)	(3.113)
ln$k$	0.142	0.086	−2.058	−3.255 *
	(0.094)	(0.098)	(−1.126)	(−1.961)
ln$l$	−2.209	−3.004 *	0.143	2.542
	(−0.922)	(−1.876)	(0.052)	(1.102)
(ln$k$)²	0.702 **	1.164 ***	1.276 ***	0.981 ***
	(2.281)	(3.538)	(3.265)	(3.005)
(ln$l$)²	1.451 *	2.299 ***	1.959 **	1.087
	(1.933)	(3.475)	(2.069)	(1.384)
ln$k$ * ln$l$	−0.902 *	−1.498 ***	−1.449 **	−0.952 *
	(−1.942)	(−3.289)	(−2.437)	(−1.962)
科研机构所获政府研发资助等效率影响因素估计				
常数项 2	5.933 *	4.009 *	2.381	1.792
	(1.907)	(1.682)	(0.784)	(0.945)
lnkgdsub	−0.763	−0.411	0.090	−0.229
	(−1.248)	(−1.123)	(0.249)	(−0.661)
lnqysub	−0.321 ***	−0.150	−0.025	0.011
	(−2.631)	(−1.606)	(−0.264)	(0.116)
lnsuq	−0.595 ***	−0.414 **	−0.689 ***	−0.793 ***
	(−2.653)	(−2.229)	(−3.165)	(−4.402)
lngq	0.060	−0.149	−0.107	−0.115
	(0.254)	(−1.175)	(−0.808)	(−1.005)
lnyq	0.003	0.024	0.051	0.067 *
	(0.104)	(0.600)	(1.285)	(1.930)
lnyd	0.275 ***	−0.277 ***	−0.441 ***	−0.332 ***
	(2.854)	(−2.840)	(−4.040)	(−3.481)
lnedu	−0.440 ***	−0.307 **	−0.282 **	−0.220 **
	(−3.089)	(−2.498)	(−2.036)	(−2.031)
lngdp	−0.056	−0.178	−0.085	0.130
	(−0.357)	(−1.144)	(−0.512)	(1.039)

表5.11(续)

变量	无时滞	滞后1年	滞后2年	滞后3年
lnopen	-0.321 *** (-4.002)	-0.128 (-1.315)	-0.009 (-0.097)	-0.232 ** (-2.584)
lnfdi	0.343 *** (3.301)	0.176 * (1.772)	0.104 (1.001)	0.178 * (1.945)
σ^2	0.147 *** (5.399)	0.156 *** (9.026)	0.151 *** (9.152)	0.132 *** (16.419)
γ	0.999 * (1.855)	0.999 *** (2.17E+07)	0.999 *** (31.740)	0.999 *** (7.25E+04)
Log函数值	-87.111	-88.128	-80.545	-69.724

观察表5.11可得知,科研机构的政府研发资助对区域创新效率的影响系数在四个模型中均不显著,但略有区别的是,在无时滞、滞后1年和滞后3年模型中不显著为负,在滞后2年模型中不显著为正。这说明,对于高工业化水平地区,无论是短期、中期还是长期,政府对科研机构的研发资助都有利于促进区域创新效率的提高,但这种促进效应并不显著。

而企业的政府研发资助对区域创新效率影响系数在无时滞模型中在1%的水平上显著为负,在滞后1年和滞后2年模型中不显著为负,在滞后3年模型中不显著为正。说明政府对企业研发资助在高工业化水平地区的区域创新效率的提升在短期和中期存在较为有利的影响,尤其是短期内最为明显。

5.3.1.3 科研机构所获政府研发资助一次项、二次项对区域创新效率的影响分析

高工业化水平地区科研机构所获政府研发资助一次项、二次项对区域创新效率的影响模型计量结果如表5.12所示。

表5.12 高工业化水平地区科研机构所获政府研发资助一次项、二次项等效率影响因素的随机前沿模型估计结果

变量	无时滞	滞后1年	滞后2年	滞后3年
		前沿函数估计		
常数项1	12.451 *** (3.138)	17.872 *** (8.672)	11.940 *** (11.112)	3.957 (0.927)
ln$k$	-0.351 (-0.229)	0.115 (0.069)	1.706 * (1.925)	-4.486 ** (-2.575)

表5.12(续)

变量	无时滞	滞后1年	滞后2年	滞后3年
ln$l$	−1.433 (−0.592)	−3.048 (−1.174)	−4.503 *** (−3.896)	2.580 ** (2.146)
(ln$k$)^2	0.624 ** (2.177)	1.152 *** (3.515)	1.441 *** (3.754)	0.922 ** (2.559)
(ln$l$)^2	1.174 (1.613)	2.283 *** (2.864)	3.070 *** (4.415)	0.585 (0.648)
ln$k$ * ln$l$	−1.751 * (−1.705)	−1.484 *** (−3.008)	−1.982 *** (−3.889)	−0.774 (−1.388)

科研机构所获政府研发资助一次项和二次项等效率影响因素估计

变量	无时滞	滞后1年	滞后2年	滞后3年
常数项2	6.232 *** (2.929)	4.231 (1.467)	−0.923 (−0.885)	4.539 (1.589)
lnkgdsub	0.639 (0.769)	−0.162 (−0.178)	0.200 (0.251)	2.351 *** (2.732)
(lnkgdsub)^2	1.186 * (1.767)	0.207 (0.302)	0.165 (0.259)	2.105 *** (3.430)
lnqysub	−0.344 *** (−4.264)	−0.157 * (−1.703)	−0.099 (−0.916)	−0.051 (−0.572)
lnsuq	−0.585 *** (−3.008)	−0.410 ** (−2.432)	−0.824 *** (−4.752)	−0.729 *** (−5.286)
lngq	0.088 (0.918)	0.142 (1.257)	−0.062 (−0.459)	−0.022 (−0.209)
lnyq	0.022 (0.659)	0.027 (0.653)	0.036 (0.870)	0.100 *** (2.646)
lnyd	0.279 *** (4.115)	−0.275 *** (−3.610)	−0.417 * ** (−4.891)	−0.301 *** (−3.550)
lnedu	−0.439 *** (−4.618)	−0.306 ** (−2.558)	−0.113 (−1.272)	−0.328 *** (−3.184)
lngdp	−0.072 (−0.589)	−0.183 (−1.309)	0.042 (0.417)	0.018 (0.175)
lnopen	−0.325 *** (−6.103)	−0.129 (−1.429)	−0.045 (−0.433)	−0.274 *** (−3.993)
lnfdi	0.363 *** (4.287)	0.179 ** (2.268)	0.229 * (1.979)	0.238 *** (2.997)

表5.12(续)

变量	无时滞	滞后 1 年	滞后 2 年	滞后 3 年
σ^2	0.144 *** (10.288)	0.156 *** (14.241)	0.168 *** (7.447)	0.128 *** (8.859)
γ	0.999 *** (6 185.743)	0.989 ** (2.547)	0.999 *** (97 130.802)	0.999 *** (4 251.920)
Log 函数值	−85.491	−88.094	−84.676	−62.905

由表 5.12 四个模型的估计结果可以得知,科研机构所获政府研发资助一次项、二次项对区域创新效率影响系数在无时滞模型中分别为不显著为正和在10% 的水平上显著为正,在滞后 1 年模型中分别为不显著为负和不显著为正,在滞后 2 年模型中均不显著为正,在滞后 3 年模型中均在 1% 的水平上显著为正。说明高工业化水平地区科研机构所获政府研发资助对区域创新效率影响在长期来看,存在明显的直线型单调递减效应,即科研机构所获政府研发资助越多,长期来看,对高工业化水平地区区域创新效率的抑制效应越大。

5.3.1.4 企业所获政府研发资助一次项、二次项对区域创新效率的影响分析

高工业化水平地区企业所获政府研发资助一次项、二次项对区域创新效率的影响模型计量结果如表 5.13 所示。

表 5.13 高工业化水平地区企业所获政府研发资助一次项、二次项
等效率影响因素的随机前沿模型估计结果

变量	无时滞	滞后 1 年	滞后 2 年	滞后 3 年
	前沿函数估计			
常数项 1	12.528 *** (2.688)	17.458 * (1.915)	14.108 *** (2.892)	1.421 (0.901)
$\ln k$	−0.198 (−0.141)	0.085 (0.050)	−2.563 (−1.432)	2.580 *** (3.883)
$\ln l$	−1.610 (−0.729)	−2.940 (−1.298)	1.070 (0.388)	−3.840 *** (−3.929)
$(\ln k)^2$	0.595 * (1.997)	1.124 *** (3.555)	1.096 *** (2.979)	0.179 (0.482)
$(\ln l)^2$	1.179 (1.614)	2.226 *** (2.888)	1.518 * (1.660)	0.850 (1.207)
$\ln k * \ln l$	−0.735 (−1.624)	−1.446 *** (−2.968)	−1.173 ** (−2.080)	−0.373 (−0.740)

表5.13(续)

变量	无时滞	滞后1年	滞后2年	滞后3年
企业所获政府研发资助一次项和二次项等效率影响因素估计				
常数项2	4.918*** (2.704)	3.969 (1.204)	1.244 (0.539)	0.344 (0.272)
lnkgdsub	−0.747** (−2.483)	−0.394 (−1.332)	0.163 (0.472)	−2.631** (−2.429)
lnqysub	−1.198** (−2.091)	−0.466 (−1.064)	−1.270** (−2.229)	−1.054 (−1.109)
(lnqysub)^2	−0.125 (−1.555)	−0.045 (−1.259)	−0.176** (−2.220)	−0.119 (−0.763)
lnsuq	−0.617*** (−3.064)	−0.421*** (−2.821)	−0.718*** (−3.767)	−0.687* (−1.983)
lngq	0.078 (0.789)	−0.142 (−1.145)	−0.075 (−0.633)	0.122 (0.417)
lnyq	0.015 (0.438)	0.027 (0.718)	0.068* (1.904)	−0.050 (−0.481)
lnyd	0.299*** (3.814)	−0.269*** (−3.490)	−0.412*** (−4.307)	1.466** (2.213)
lnedu	−0.454*** (−3.785)	−0.310*** (−2.770)	−0.315** (−2.514)	−0.021 (−0.153)
lngdp	−0.066 (−0.444)	−0.183 (−1.293)	−0.112 (−0.779)	0.433 (1.227)
lnopen	−0.344*** (−4.731)	−0.135 (−1.442)	−0.038 (−0.415)	−0.832* (−1.936)
lnfdi	0.345*** (4.923)	0.178* (1.680)	0.104 (1.089)	0.524** (2.001)
σ^2	0.146*** (9.517)	0.156*** (10.360)	0.148*** (9.315)	0.288*** (8.269)
γ	0.999*** (13315.629)	0.999 (1.333)	0.999*** (13.941)	0.398*** (3.698)
Log 函数值	−86.014	−88.016	−78.461	−95.175

　　由表5.13无时滞、滞后1年、滞后2年和滞后3年模型的估计结果可以看出,企业所获政府研发资助一次项、二次项对区域创新效率影响系数均为

负，但显著性方面差异较为明显。在无时滞模型中二者分别在 5% 的水平上显著和不显著，在滞后 1 年模型中均不显著，在滞后 2 年模型中均在 5% 的水平上显著，在滞后 3 年模型中均不显著。说明企业所获政府研发资助对区域创新效率影响存在直线型的单调递增效应，尤其是中期更为显著。即企业所获政府研发资助越多，对高工业化水平地区区域创新效率的促进作用相对越大。

5.3.1.5　科研机构所获政府研发资助与企业研发投入交互项对区域创新
　　　　　效率的影响分析

高工业化水平地区科研机构所获政府研发资助与企业研发投入交互项对区域创新效率的影响模型计量结果如表 5.14 所示。

表 5.14　高工业化水平地区科研机构所获政府研发资助
与企业研发投入交互项等效率影响因素的随机前沿模型估计结果

变量	无时滞	滞后 1 年	滞后 2 年	滞后 3 年
前沿函数估计				
常数项 1	12.451 *** (3.138)	17.937 *** (3.621)	13.899 *** (10.071)	4.468 (1.614)
$\ln k$	−0.351 (−0.229)	0.156 (0.080)	−1.332 (−0.910)	−2.173 (−1.274)
$\ln l$	−1.433 (−0.592)	−3.138 (−1.115)	−0.661 (−0.354)	2.501 (1.000)
$(\ln k)^2$	0.624 ** (2.177)	1.165 *** (3.567)	1.281 *** (3.503)	0.941 *** (2.723)
$(\ln l)^2$	1.174 (1.613)	2.320 *** (2.763)	2.127 *** (2.677)	1.191 (1.528)
$\ln k * \ln l$	−0.751 * (−1.705)	−1.505 *** (−2.963)	−1.519 *** (−2.868)	−1.017 ** (−2.053)
科研机构所获政府研发资助与企业研发投入交互项等效率影响因素估计				
常数项 2	6.232 *** (2.929)	4.041 * (1.653)	1.476 (0.850)	4.497 (1.177)
lnkgdsub	0.639 (0.769)	−0.423 (−0.754)	−0.035 (−0.064)	0.519 (1.113)
lnqysub	1.186 * (1.767)	−0.150 (−1.524)	−0.030 (−0.283)	−0.076 (−0.081)

表5.14(续)

变量	无时滞	滞后1年	滞后2年	滞后3年
lnkgdsub * lnsuq	-0.344 *** (-4.264)	0.010 (0.015)	-0.071 (-0.102)	1.503 ** (2.331)
lnsuq	-0.585 *** (-3.008)	-0.401 (-1.164)	-0.709 ** (-2.465)	-0.079 (-0.330)
lngq	0.088 (0.918)	-0.150 (-1.214)	-0.110 (-0.879)	-0.093 (-0.845)
lnyq	0.022 (0.658)	0.022 (0.496)	0.050 (1.154)	0.065 * (1.755)
lnyd	0.279 *** (4.115)	-0.277 *** (-2.981)	-0.413 *** (-5.079)	-0.246 *** (-2.903)
lnedu	-0.439 *** (-4.618)	-0.305 ** (-2.554)	-0.234 ** (-2.148)	-0.341 *** (-4.122)
lngdp	-0.072 (-0.589)	-0.182 (-1.043)	-0.030 (-0.222)	0.031 (0.437)
lnopen	-0.325 *** (-6.103)	-0.127 (-1.505)	-0.040 (-0.041)	-0.313 *** (-3.725)
lnfdi	0.363 *** (4.287)	0.172 (1.568)	0.092 (0.824)	0.228 ** (2.471)
σ^2	0.144 *** (10.288)	0.156 *** (10.107)	0.155 *** (9.463)	0.132 *** (9.287)
γ	0.999 *** (6 185.743)	0.999 *** (17.199)	0.999 *** (61 899.693)	0.999 *** (7.187)
Log 函数值	-85.491	-88.130	-80.860	-65.013

由表5.14四个模型的估计结果可以看出，科研机构的政府研发资助与企业研发投入交互项对区域创新效率影响系数在无时滞模型中在1%的水平上显著为负，在滞后1年模型中不显著为正，在滞后2年中不显著为负，在滞后3年模型中在5%的水平上显著为正。即短期来看，交互项对区域创新效率提升明显有利，但中期来说影响不显著，在长期来说为明显抑制效应。这说明对于高工业化水平地区来说，随着企业研发投入的不断显现和强化，政府增加对科研机构的研发资助在短期来看，会明显促进区域创新效率的提升；在长期来看，会明显抑制区域创新效率的提升；而在中期，影响并不显著。

5.3.1.6 企业所获政府研发资助与企业研发投入交互项对区域创新效率的
影响分析

高工业化水平地区企业所获政府研发资助与企业研发投入交互项对区域创
新效率的影响模型计量结果如表 5.15 所示。

表 5.15　高工业化水平地区企业所获政府研发资助
与企业研发投入交互项等效率影响因素的随机前沿模型估计结果

变量	无时滞	滞后 1 年	滞后 2 年	滞后 3 年
前沿函数估计				
常数项 1	11.572 *** (2.704)	24.011 *** (5.907)	13.071 *** (4.506)	2.923 (0.578)
$\ln k$	0.322 (0.271)	1.980 ** (2.112)	−1.955 (−1.304)	−3.644 * (−1.971)
$\ln l$	−2.206 (−0.943)	−6.627 (−3.727)	0.304 (0.169)	4.577 * (1.657)
$(\ln k)^2$	0.753 *** (2.680)	1.220 *** (3.594)	1.354 *** (3.731)	1.117 *** (2.688)
$(\ln l)^2$	1.556 ** (2.244)	2.927 *** (4.422)	2.089 *** (2.683)	1.139 (1.144)
$\ln k * \ln l$	−0.983 ** (−2.307)	−1.735 *** (−3.771)	−1.557 *** (−2.971)	−1.115 * (−1.761)
企业所获政府研发资助与企业研发投入交互项等效率影响因素估计				
常数项 2	5.109 *** (3.467)	3.855 * (1.678)	1.271 (0.528)	2.766 (0.869)
lnkgdsub	−0.881 *** (−2.777)	−0.454 (−1.160)	−0.038 (−0.109)	−0.369 (−1.030)
lnqysub	−0.077 (−0.650)	0.041 (0.291)	0.284 ** (2.104)	0.165 (1.221)
lnkgdsub * lnsuq	0.646 *** (2.740)	0.593 ** (2.318)	0.779 *** (3.011)	0.437 * (1.811)
lnsuq	1.215 (1.742)	1.311 * (1.714)	1.494 * (1.981)	0.497 (0.704)
lngq	−0.009 (−0.083)	−0.186 (−1.338)	−0.193 (−1.570)	−0.157 (−1.315)

表5.15(续)

变量	无时滞	滞后 1 年	滞后 2 年	滞后 3 年
lnyq	0.006 (0.171)	0.029 (0.710)	0.050 (1.302)	0.065 (1.614)
lnyd	0.280 *** (3.201)	-0.271 *** (-2.780)	-0.450 *** (-4.578)	-0.309 *** (-3.204)
lnedu	-0.373 *** (-3.062)	-0.261 ** (-2.039)	-0.199 (-1.529)	-0.255 * (-1.931)
lngdp	0.069 (0.440)	-0.119 (-0.686)	0.061 (0.382)	0.156 (0.934)
lnopen	-0.350 *** (-3.944)	-0.133 (-1.412)	-0.026 (-0.288)	-0.301 *** (-3.185)
lnfdi	0.348 *** (4.230)	0.157 (1.363)	0.103 (1.018)	0.205 ** (2.216)
σ^2	0.141 *** (10.093)	0.155 *** (6.933)	0.143 *** (8.904)	0.133 *** (9.113)
γ	0.999 *** (28.704)	0.999 *** (73 396.702)	0.999 *** (271.703)	0.999 *** (52.361)
Log 函数值	-83.353	-85.562	-75.516	-66.100

由表 5.15 无时滞、滞后 1 年、滞后 2 年和滞后 3 年模型的回归结果可以看出，企业所获政府研发资助与企业研发投入交互项对区域创新效率影响系数在四个模型中均为正，只是显著性方面略有差异。在无时滞和滞后 2 年模型中在 1% 的水平上显著，在滞后 1 年模型中在 5% 的水平上显著，在滞后 3 年模型中在 10% 的水平上显著。可见，随着企业研发投入的不断增强，不论在短期、中期还是长期来看，政府加大对企业的研发资助都会明显抑制高工业化水平地区区域创新效率提升。

出现这种现象的原因可能是，在短期来看，政府加大了对科研机构的研发资助，发挥了较好的信号和杠杆作用，而企业为了响应政府政策的号召，加大了企业研发投入力度，但其更重要的目的是为了加大政府对其自身的研发资助力度，从而缓解自身创新压力。这在短期内为科研机构开展知识创新提供了较为充足的资金，同时也为科研机构的知识创新产出成果的转化提供了便利条件，从而显现出对区域创新效率的促进作用。但对于企业来说，由于其目的可能只是为自身获取利润的根本目的考虑，而政府研发资助更多的是关注长期技术创新，这与企业加大研发投入力度以便获取短平快项目等科技创新活动所带来的利润的目标并不一致，甚至是截然相反。并且，政府提供研发资助的同时会对企业设置一定的考核目标，而企业为了完成这一目标必然会挤出企业应有研发投入，这表现为政府对企业提供研发资助的同时，企业尽管加大研发投入力度，但会造成科技创新产出增速低于科技创新投入增速，进而最终对整体区域创新效率形成阻碍作用。

从中期和长期来看，由于科研机构所进行的知识创新明显具有长期性和累积性特征，其知识创新的成果并未与企业短期内获取科技创新成果转化为市场所需产品所带来的利益诉求达成一致，政府对科研机构的研发资助所进行的长期科技创新与企业追逐短期利润的目标相悖，进而随着时间的推移，政府研发资助与企业研发投入之间的挤出效应不断显现。而企业所获政府研发资助与企业研发投入则因为政府与企业目标函数的不一致，导致企业加大研发投入力度而并未真正用于科技创新，进而产生了企业所获政府研发资助与企业研发投入之间持续显著的挤出效应。这也正说明，对于工业化水平较高的地区，政府对企业的研发资助应保持谨慎态度，以便于企业真正面向市场，根据市场需求调整自身科技创新活动的方向和结构等内容，进而才能真正有利于区域创新效率的不断提高。

5.3.2 中工业化水平地区

5.3.2.1 确定前沿函数

与上文分析思路一致，为更全面地考察科技创新效率问题，本书仍将无滞后期、滞后 1 年、2 年和 3 年四种情形均纳入随机前沿模型进行分析。在未考虑政府研发资助等科技创新效率影响因素时，随机前沿模型估计结果如表 5.16 所示。

表 5.16　中工业化水平地区未考虑政府研发资助等
效率影响因素的随机前沿模型估计结果

指标	无时滞		滞后 1 年	滞后 2 年	滞后 3 年
	(1)	(2)	(3)	(4)	(5)
常数项	-6.106***	4.357***	38.234***	8.478***	1.944*
	(-3.698)	(4.347)	(6.257)	(7.484)	(1.831)
$\ln k$	0.528**	-2.134***	-6.092***	-3.227***	-1.617**
	(2.133)	(-3.632)	(-7.497)	(-4.380)	(-2.354)

表5.16(续)

指标	无时滞		滞后1年	滞后2年	滞后3年
	(1)	(2)	(3)	(4)	(5)
$\ln l$	0.633**	1.821**	1.911**	3.136***	1.817*
	(2.427)	(2.235)	(2.464)	(3.220)	(1.789)
$(\ln k)^2$		0.178	0.130	0.732***	0.709***
		(1.140)	(0.744)	(3.964)	(3.719)
$(\ln l)^2$		-0.308	-0.731**	0.625**	0.795**
		(-1.075)	(-2.364)	(2.227)	(2.390)
$\ln k * \ln l$		0.084	0.428*	-0.644***	-0.707***
		(0.417)	(1.732)	(-2.956)	(-2.942)
σ^2	0.414*	0.205***	0.362***	0.277***	0.288***
	(1.720)	(6.937)	(4.689)	(3.766)	(3.781)
γ	0.552**	0.047	0.597***	0.350***	0.350***
	(2.490)	(0.946)	(11.639)	(3.159)	(2.697)
η	0.050***	0.090***	0.089***	0.088***	0.062***
	(3.403)	(6.714)	(15.350)	(6.040)	(2.704)
Log 函数值	-160.717	-166.800	-133.995	-136.886	-136.923

注：无时滞模型第（1）列为柯布-道格拉斯生产函数估计结果，第（2）列为超越对数生产函数估计结果。由于经过广义似然率与相应临界值比较发现，无时滞模型最终采用柯布-道格拉斯生产函数分析，因此将其结果列出，具体原因分析见下文。

由表5.16可知，σ^2 和 γ 在无时滞、滞后1年、滞后2年和滞后3年四个模型中均在1%或5%的统计水平上显著，说明中工业化水平地区技术非效率影响因素在研发过程中是明显存在的，同时验证了本书利用SFA方法进行科技创新效率分析是合理的。η 均在1%的统计水平上显著为正，说明中工业化水平地区技术非效率随着时间推移而加速递减，也就是说科技创新效率处于不断改善的过程。

为检验柯布-道格拉斯生产函数和超越对数生产函数哪个更适用于我国高工业化水平地区科技创新效率影响因素分析，本书同样利用广义似然率与临界值比较来判断。具体结果如表5.17所示。

表 5.17 广义似然率比较结果

代号	无时滞	滞后 1 年	滞后 2 年	滞后 3 年
lnL（H_0）	−160.717	−152.367	−145.986	−145.500
广义似然率 λ	−12.166	36.743	18.200	17.155
临界值	10.501	10.501	10.501	10.501
结论	不拒绝	拒绝	拒绝	拒绝

由表 5.17 可知，在广义似然率与临界值比较中，无时滞模型广义似然率远小于相应临界值，即并不拒绝原假设，滞后 1 年、滞后 2 年和滞后 3 年三个模型均在 1% 的水平上显著拒绝原假设，为保证估计结果的完整性和有效性，在中工业化水平地区科技创新效率测度中，本书对无时滞模型采用随机前沿模型柯布-道格拉斯生产函数分析，而滞后 1 年模型、滞后 2 年模型和滞后 3 年模型均采用随机前沿模型超越对数生产函数分析。

5.3.2.2 基础模型回归

本小节主要对中工业化水平地区异质性科技创新主体所获政府研发资助等效率因素对区域创新效率的相关影响进行分析，随机前沿模型计量结果如表 5.18 所示。

表 5.18 中工业化水平地区考虑异质性科技创新主体所获政府研发资助
等效率影响因素的随机前沿模型估计结果

变量	无时滞	滞后 1 年	滞后 2 年	滞后 3 年
	前沿函数估计			
常数项 1	−1.863 *** (−2.831)	13.889 *** (4.150)	12.312 *** (3.742)	6.194 *** (5.753)
ln$k$	0.590 *** (5.743)	−2.625 *** (−4.196)	−2.752 *** (−3.949)	−2.236 *** (−3.443)
ln$l$	0.169 (1.434)	1.153 * (1.838)	1.894 ** (2.178)	1.615 * (1.804)
(ln$k$)^2		0.308 * (1.786)	0.588 *** (3.450)	0.924 *** (4.469)
(ln$l$)^2		−0.026 (−0.090)	0.483 * (1.649)	1.057 *** (3.142)
ln$k$ * ln$l$		−0.092 (−0.416)	−0.473 ** (−2.174)	−0.910 *** (−3.584)

表5.18(续)

变量	无时滞	滞后1年	滞后2年	滞后3年
	异质性科技创新主体所获政府研发资助等效率影响因素估计			
常数项2	9.988***	9.649***	10.551***	−1.094
	(6.342)	(6.458)	(6.214)	(−0.217)
lnkgdsub	0.222	0.983***	1.220***	0.617
	(0.974)	(3.360)	(4.751)	(1.182)
lnqysub	−0.210***	−0.196***	−0.140**	−0.110
	(−2.757)	(−3.049)	(−2.305)	(−0.593)
lnsuq	0.026	0.151	0.347*	−0.879*
	(0.219)	(0.791)	(1.805)	(−1.837)
lngq	0.330***	0.204**	0.276***	0.039
	(3.620)	(2.388)	(3.229)	(0.260)
lnyq	−0.023	0.034	0.071**	0.061
	(−0.864)	(1.125)	(2.566)	(1.177)
lnyd	0.328***	−0.282***	−0.328***	−0.412
	(4.006)	(−2.777)	(−3.372)	(−1.409)
lnedu	−0.640***	−0.528***	−0.736***	−0.137
	(−5.275)	(−4.770)	(−6.610)	(−0.789)
lngdp	−0.015	−0.401**	−0.454***	0.366
	(−0.107)	(−2.593)	(−2.816)	(0.870)
lnopen	−0.415***	−0.199*	0.025	−0.300
	(−3.588)	(−1.647)	(0.206)	(−1.292)
lnfdi	0.053	0.055	0.049	−0.090
	(1.450)	(1.479)	(1.259)	(−0.860)
σ^2	0.206***	0.194***	0.185***	0.219***
	(9.696)	(9.313)	(9.994)	(5.739)
γ	0.999	0.999***	0.999***	0.005
	(0.538)	(1.588E+05)	(13.961)	(0.026)
Log 函数值	−143.115	−128.354	−117.585	−116.689

观察表5.18可得知,科研机构的政府研发资助对区域创新效率的影响系数在上述四个模型中均为正,但在显著性方面略有区别。在无时滞和滞后3年模型中不显著,在滞后1年和滞后2年模型中均在1%的水平上显著。这说明,对于中工业化水平地区,政府增加对科研机构的研发资助会阻碍促进区域创新效率的提高,但这种促进效应在短期和长期来看并不明显,但在中期非常明显。

而企业的政府研发资助对区域创新效率影响几乎与科研机构的政府研发资助正好相反，即系数均为负，但显著性也略有差异。在无时滞和滞后 1 年模型中在 1%的水平上显著，在滞后 2 年模型中在 5%的水平上显著，在滞后 3 年模型中不显著。说明政府对企业研发资助在中工业化水平地区的区域创新效率的提升在短期和中期存在明显有利的影响，但长期来看，这种影响并不明显。

5.3.2.3　科研机构所获政府研发资助与区域创新效率关系分析

中工业化水平地区科研机构所获政府研发资助一次项、二次项与区域创新效率关系判断模型计量结果如表 5.19 所示。

表 5.19　中工业化水平地区科研机构所获政府研发资助一次项、二次项
等效率影响因素的随机前沿模型估计结果

变量	无时滞	滞后 1 年	滞后 2 年	滞后 3 年
前沿函数估计				
常数项 1	−1.142 (−0.759)	14.067 *** (4.015)	13.332 *** (3.980)	2.244 ** (2.498)
$\ln k$	0.562 *** (4.684)	−2.652 *** (−4.279)	−2.909 *** (−5.507)	−2.000 ** (−2.128)
$\ln l$	0.142 (0.995)	1.493 * (1.811)	1.864 *** (4.278)	2.119 ** (2.446)
$(\ln k)^2$		0.298 * (1.823)	0.565 *** (3.315)	0.661 * (1.960)
$(\ln l)^2$		−0.045 (−0.162)	0.412 (1.581)	0.503 (0.765)
$\ln k * \ln l$		−0.076 (−0.058)	−0.416 * (−1.900)	−0.550 (−1.109)
科研机构所获政府研发资助一次项、二次项等效率影响因素估计				
常数项 2	10.984 *** (6.053)	9.342 *** (5.516)	9.028 (6.725)	−0.287 (−0.126)
lnkgdsub	1.271 (1.528)	0.610 (0.719)	−0.172 (−0.240)	−0.165 (−0.069)
$(\text{lnkgdsub})^2$	1.205 (1.317)	−0.433 (−0.462)	−1.601 ** (−2.056)	−0.359 (−0.237)
lnqysub	−0.219 *** (−3.491)	−0.194 *** (−3.128)	−0.134 ** (−2.346)	−0.059 (−0.667)

表5.19(续)

变量	无时滞	滞后 1 年	滞后 2 年	滞后 3 年
lnsuq	0.111 (0.464)	0.131 (0.587)	0.240 (1.130)	-0.245 (-1.199)
lngq	0.345*** (3.661)	0.202** (2.570)	0.274*** (3.335)	0.187 (0.275)
lnyq	-0.024 (-0.760)	0.034 (0.951)	0.072** (2.334)	0.031 (0.667)
lnyd	0.349*** (3.814)	-0.289*** (-2.700)	-0.356*** (-3.669)	-0.273 (-1.363)
lnedu	-0.665*** (-5.445)	-0.520*** (-4.738)	-0.700*** (-2.619)	-0.053 (-0.409)
lngdp	-0.099 (-0.632)	-0.387** (-2.208)	-0.366** (-2.137)	0.207 (1.452)
lnopen	-0.373*** (-3.062)	-0.199 (-1.606)	0.034 (0.291)	-0.057 (-0.244)
lnfdi	0.050 (1.416)	0.057 (1.553)	0.053 (1.398)	-0.027 (-0.410)
σ^2	0.206*** (9.849)	0.193*** (11.075)	0.184*** (10.305)	0.343*** (6.138)
γ	0.999*** (46 731.296)	0.999*** (4.475E+06)	0.999*** (10 347.343)	0.432 (0.625)
Log 函数值	-142.120	-128.246	-116.167	-142.131

由表5.19四个模型的估计结果中可以得知,科研机构所获政府研发资助一次项、二次项对区域创新效率影响系数在四个模型中均不显著,但符号方面差异较大。在无时滞模型中均为正号,在滞后 1 年模型中分别为正号和负号,在滞后 2 年和滞后 3 年模型中均为负号。说明中工业化水平地区科研机构所获政府研发资助对区域创新效率在短期来看,存在不明显的直线型单调递减效应,在中期来看,存在着不显著的倒"U"形效应,在长期来看,存在着不明显的单调递增效应。说明中工业化水平地区政府对科研机构的研发资助对区域创新效率并不存在明显的直线或曲线影响,且无固定规律。

5.3.2.4　企业所获政府研发资助与区域创新效率关系分析

中工业化水平地区企业所获政府研发资助一次项、二次项与区域创新效率关系判断模型计量结果如表 5.20 所示。

表 5.20　中工业化水平地区企业所获政府研发资助一次项、二次项
等效率影响因素的随机前沿模型估计结果

变量	无时滞	滞后 1 年	滞后 2 年	滞后 3 年
前沿函数估计				
常数项 1	−1.801 (−0.877)	12.463*** (6.475)	10.521*** (8.963)	1.325 (1.337)
$\ln k$	0.608*** (3.139)	−2.387*** (−3.840)	−2.919*** (−5.017)	−2.646*** (−5.071)
$\ln l$	0.139 (0.467)	1.291 (1.613)	2.170*** (2.859)	3.513*** (4.947)
$(\ln k)^2$		0.409** (2.137)	0.667*** (2.885)	1.170*** (3.139)
$(\ln l)^2$		0.218 (0.624)	0.582 (1.486)	1.224* (1.763)
$\ln k * \ln l$		−0.255 (−1.015)	−0.563* (−1.921)	−1.187** (−2.345)
企业所获政府研发资助一次项、二次项等效率影响因素估计				
常数项 2	10.549*** (4.729)	11.396*** (6.944)	10.118*** (5.261)	2.227** (2.263)
lnkgdsub	0.180 (0.601)	1.256*** (3.967)	1.664*** (4.711)	0.404 (1.169)
lnqysub	0.032 (0.079)	−0.206 (−0.769)	−0.231 (−0.741)	0.111 (0.291)
$(\text{lnqysub})^2$	0.037 (0.689)	0.007 (0.164)	−0.017 (−0.366)	0.024 (0.423)
lnsuq	0.139 (0.250)	0.421* (1.931)	0.183 (0.680)	−0.314 (−1.515)
lngq	0.360** (2.210)	0.264*** (3.760)	0.328*** (3.361)	0.219** (2.174)
lnyq	−0.028 (−0.066)	0.060* (1.674)	0.119** (2.096)	0.049 (1.173)

变量	无时滞	滞后1年	滞后2年	滞后3年
lnyd	0.329 *** (3.415)	−0.173 (−1.438)	−0.200 (−1.302)	−0.383 *** (−3.289)
lnedu	−0.663 * (−1.863)	−0.706 *** (−4.843)	−0.661 *** (−3.568)	−0.157 (−1.203)
lngdp	−0.065 (−0.267)	−0.623 *** (−3.387)	−0.422 *** (−2.601)	0.304 ** (2.231)
lnopen	−0.350 (−0.913)	−0.178 (−1.179)	−0.227 (−1.325)	−0.311 * (−1.923)
lnfdi	0.069 (0.963)	0.244 *** (2.755)	0.145 * (1.670)	−0.055 (−0.946)
σ^2	0.206 *** (9.953)	0.187 *** (7.723)	0.190 *** (6.439)	0.219 *** (7.094)
γ	0.999 *** (31.903)	0.171 (0.955)	0.071 (0.461)	0.999 *** (457.316)
Log 函数值	−142.758	−126.483	−121.283	−121.996

由表 5.20 无时滞、滞后 1 年、滞后 2 年和滞后 3 年模型的估计结果可以看出，企业所获政府研发资助一次项、二次项对区域创新效率影响系数仍均不显著，但符号方面差异较为明显。在无时滞和滞后 3 年模型中二者均为不显著为正，在滞后 1 年模型中分别为不显著为负和不显著为正，在滞后 2 年模型中均为不显著为负。说明对于中工业化水平地区来说，企业所获政府研发资助对区域创新效率影响在短期和长期来看均为不明显的单调递减效应，在中期来看则呈现不明显的"U"形效应和单调递增效应。

上述结果表明，对于中工业化水平地区来说，科研机构和企业所获政府研发资助与区域创新效率之间的线性或非线性关系均不显著。这一结论与高工业化水平地区科研机构与企业所获政府研发资助与区域创新效率之间存在较为显著的线性关系相比，存在相对明显的地区间差异。

5.3.2.5 科研机构所获政府研发资助与企业研发投入交互项对区域创新效率影响分析

中工业化水平地区科研机构所获政府研发资助与企业研发投入交互项对区域创新效率影响分析模型计量结果如表 5.21 所示。

表 5.21　中工业化水平地区科研机构所获政府研发资助与企业研发投入交互项
等效率影响因素的随机前沿模型估计结果

变量	无时滞	滞后 1 年	滞后 2 年	滞后 3 年
前沿函数估计				
常数项 1	−1.473 (−1.414)	9.219*** (8.807)	8.516*** (8.588)	2.499** (2.499)
$\ln k$	0.604*** (5.564)	−2.205*** (−3.848)	−2.635*** (−4.451)	−0.587 (−0.962)
$\ln l$	0.128 (0.934)	1.789** (2.365)	2.409*** (3.062)	0.450 (0.552)
$(\ln k)^2$		0.318* (1.973)	0.515*** (2.654)	0.726*** (3.796)
$(\ln l)^2$		0.015 (0.055)	0.259 (0.841)	1.019*** (3.401)
$\ln k * \ln l$		−0.142 (−0.702)	−0.362 (−1.536)	−0.802 (−3.529)
科研机构所获政府研发资助与企业研发投入交互项等效率影响因素估计				
常数项 2	10.932*** (6.213)	9.816*** (8.026)	8.279*** (7.110)	2.501 (1.636)
lnkgdsub	2.336*** (6.292)	2.014*** (3.656)	1.824*** (3.206)	0.613 (0.992)
lnqysub	−0.230*** (−3.952)	−0.200*** (−2.979)	−0.160** (−2.127)	−0.087 (−1.055)
lnkgdsub * lnsuq	3.624*** (5.805)	1.797** (2.281)	1.407* (1.703)	0.675 (0.811)
lnsuq	1.358*** (4.952)	0.927*** (2.689)	0.792** (2.165)	0.209 (0.518)
lngq	0.317*** (4.678)	0.254*** (3.037)	0.331*** (3.655)	−0.009 (−0.085)
lnyq	−0.023 (−0.797)	0.042 (1.094)	0.057 (1.259)	0.066 (1.526)
lnyd	0.431*** (5.361)	−0.226* (−1.967)	−0.277** (−2.361)	−0.130 (−0.951)
lnedu	−0.621*** (−6.686)	−0.522*** (−4.396)	−0.564*** (−4.337)	−0.140 (−0.933)

表5.21(续)

变量	无时滞	滞后1年	滞后2年	滞后3年
lngdp	-0.066 (-0.433)	-0.385*** (-2.753)	-0.335** (-2.389)	0.130 (0.751)
lnopen	-0.322*** (-7.899)	-0.146 (-1.146)	0.100 (0.550)	-0.146 (-0.800)
lnfdi	0.038 (1.229)	0.042 (0.785)	0.016 (0.278)	-0.019 (-0.295)
σ^2	0.180*** (6.530)	0.186*** (9.214)	0.217*** (6.161)	0.285*** (10.855)
γ	0.999*** (2.291)	0.999*** (5 077.963)	0.999*** (9 177.320)	0.999*** (34 251.627)
Log 函数值	-127.779	-125.068	-124.402	-135.330

由表5.21四个模型的计量结果可以看出，科研机构所获政府研发资助与企业研发投入交互项对区域创新效率影响系数在四个模型中均为正，但显著性略有差异。在无时滞模型、滞后1年模型和滞后2年中分别在1%、5%和10%的水平上显著，在滞后3年模型中不显著。说明对于中工业化水平地区来说，随着企业研发投入的不断显现和强化，政府增加对科研机构的研发资助在短期和中期来看，会明显抑制区域创新效率的提升；在长期来看，影响并不显著。

5.3.2.6 企业所获政府研发资助与企业研发投入交互项对区域创新效率影响分析

中工业化水平地区企业所获政府研发资助与企业研发投入交互项对区域创新效率影响分析模型计量结果如表5.22所示。

表5.22 中工业化水平地区企业所获政府研发资助与企业研发投入交互项等效率影响因素的随机前沿模型估计结果

变量	无时滞	滞后1年	滞后2年	滞后3年
	前沿函数估计			
常数项1	-3.243*** (-3.759)	14.249*** (3.975)	12.592*** (3.313)	8.170** (2.156)
ln$k$	0.602*** (6.719)	-2.552*** (-3.534)	-2.753*** (-3.913)	-1.770** (-2.441)
ln$l$	0.187 (1.372)	1.355 (1.459)	1.849** (2.058)	1.276 (1.381)

表5. 22(续)

变量	无时滞	滞后1年	滞后2年	滞后3年
$(\ln k)^2$		0.280 (1.568)	0.585 *** (3.382)	0.793 *** (4.523)
$(\ln l)^2$		−0.051 (−0.157)	0.481 (1.585)	1.036 *** (3.502)
$\ln k * \ln l$		−0.062 (−0.261)	−0.468 ** (−2.064)	−0.836 *** (−3.712)
企业所获政府研发资助与企业研发投入交互项等效率影响因素估计				
常数项2	8.968 *** (9.882)	9.985 *** (6.320)	10.505 *** (5.860)	6.363 *** (3.857)
lnkgdsub	0.226 * (1.729)	1.007 *** (3.235)	1.236 *** (4.414)	0.857 *** (3.097)
lnqysub	−0.148 (−1.416)	−0.138 (−1.166)	−0.141 (−1.405)	−0.147 (−1.451)
lnqysub *lnsuq	0.090 (0.708)	0.087 (0.672)	−0.001 (−0.012)	−0.051 (−0.443)
lnsuq	0.330 (0.762)	0.428 (1.004)	0.318 (0.771)	−0.396 (−0.987)
lngq	0.351 *** (4.004)	0.211 ** (2.437)	0.272 (2.954)	0.177 ** (2.051)
lnyq	−0.022 (−0.788)	0.035 (0.932)	0.074 ** (2.267)	0.040 (1.303)
lnyd	0.357 *** (3.253)	−0.284 *** (−2.757)	−0.321 *** (−2.653)	−0.377 *** (−3.931)
lnedu	−0.663 *** (−5.801)	−0.533 *** (−4.289)	−0.725 *** (−6.172)	−0.391 *** (−3.308)
lngdp	0.041 (0.498)	−0.414 ** (−2.294)	−0.442 *** (−2.638)	0.015 (0.089)
lnopen	−0.419 *** (−3.881)	−0.203 (−1.576)	0.023 (0.184)	−0.421 *** (−3.261)
lnfdi	0.065 * (1.688)	0.062 (1.418)	0.049 (1.190)	−0.022 (−0.546)
σ^2	0.205 *** (10.256)	0.192 *** (9.994)	0.187 *** (9.121)	0.179 *** (10.326)

表5.22(续)

变量	无时滞	滞后 1 年	滞后 2 年	滞后 3 年
γ	0.005 (0.110)	0.999*** (48.019)	0.999*** (3.680)	0.999*** (58.245)
Log 函数值	−142.611	−128.041	−117.622	−106.632

由表 5.22 无时滞、滞后 1 年、滞后 2 年和滞后 3 年模型的估计结果可以看出，企业所获政府研发资助与企业研发投入交互项对区域创新效率影响系数在四个模型中均不显著，但系数符号方面存在差异。在无时滞和滞后 1 年模型中均为正，在滞后 2 年和滞后 3 年模型中均为负。可见，随着企业研发投入的不断增强，从短期来看，政府加大对企业的研发资助会抑制中工业化水平地区区域创新效率的提升，但影响效果并不明显；而从中期和长期来看，这种不利影响会有所扭转。

从整体上来看，中工业化水平地区企业研发投入与科研机构所获政府研发资助存在较为明显的挤出效应，而与企业所获政府研发资助中长期来看呈现不明显的挤出效应。这一结果与高工业化水平地区相比，同样具有相对较大的地区差异。

5.3.3 低工业化水平地区

5.3.3.1 确定前沿函数

与上文分析思路一致，本书仍将无滞后期、滞后 1 年、2 年和 3 年四种情形均纳入随机前沿模型进行分析。在未考虑政府研发资助等科技创新效率影响因素时，随机前沿模型估计结果如表 5.23 所示。

表 5.23 低工业化水平地区未考虑政府研发资助等
效率影响因素的随机前沿模型估计结果

指标	无时滞	滞后 1 年	滞后 2 年	滞后 3 年
常数项	−9.420** (−2.402)	−0.547 (−0.140)	0.079 (0.022)	2.509 (0.578)
$\ln k$	−2.863*** (−2.762)	−4.287*** (−4.116)	−5.206*** (−4.872)	−2.329* (−1.978)
$\ln l$	5.494*** (3.131)	5.605*** (3.115)	6.700*** (4.121)	2.237 (1.199)

表5.23(续)

指标	无时滞	滞后 1 年	滞后 2 年	滞后 3 年
$(\ln k)^2$	0.636 *** (4.183)	0.652 *** (4.364)	0.494 *** (3.527)	0.696 *** (3.530)
$(\ln l)^2$	-0.013 (-0.030)	-0.229 (-0.555)	-0.730 * (-1.869)	0.499 (1.091)
$\ln k * \ln l$	-0.431 * (-1.964)	-0.292 (-1.379)	0.009 (0.041)	-0.556 ** (-2.163)
σ^2	0.537 (1.430)	1.046 * (1.927)	1.162 * (1.987)	1.248 * (1.965)
γ	0.661 *** (2.675)	0.855 *** (10.543)	0.874 *** (12.667)	0.887 *** (13.501)
η	0.059 ** (2.459)	0.019 (1.108)	0.017 (0.960)	0.034 (1.623)
Log 函数值	-96.502	-79.196	-72.994	-68.419

由表 5.23 可知，σ^2 在无时滞、滞后 1 年、滞后 2 年和滞后 3 年四个模型中均在 1% 统计水平上显著，γ 在无时滞、滞后 1 年、滞后 2 年和滞后 3 年四个模型中绝大多数在 10% 的水平上显著（除在无时滞模型中不显著之外），说明低工业化水平的地区技术非效率影响因素在研发过程中是明显存在的，同时验证了本书利用 SFA 方法对低工业化水平地区样本进行科技创新效率分析是合理的。η 仅在无时滞模型中在 5% 的统计水平上显著为正，而在滞后 1 年模型、滞后 2 年模型和滞后 3 年模型中均不显著为正，说明低工业化水平地区技术非效率随着时间推移而有所减少，也就是说科技创新效率处于不断改善的过程，但改善状况可能并不明显。

为检验柯布-道格拉斯生产函数和超越对数生产函数哪个更适用于我国低工业化水平地区科技创新效率影响因素分析，本节同样利用广义似然率与临界值比较来判断。具体结果如表 5.24 所示。

表 5.24　广义似然率比较结果

代号	无时滞	滞后 1 年	滞后 2 年	滞后 3 年
lnL（H_0）	-108.914	-97.209	-89.573	-77.585
广义似然率 λ	24.824	36.026	33.158	18.331
临界值	10.501	10.501	10.501	10.501
结论	拒绝	拒绝	拒绝	拒绝

由表 5.24 可知，在广义似然率与临界值比较中，四个模型均在 1% 的统计水平上显著拒绝原假设，说明超越对数生产函数适用于低工业化水平地区科技创新效率测度。因此，本书最终选用无时滞、滞后 1 年、滞后 2 年和滞后 3 年随机前沿模型下的超越对数生产函数进行低工业化水平地区政府研发资助等因素对科技创新效率的影响因素进行分析。

5.3.3.2 基础模型回归

低工业化水平地区异质性科技创新主体所获政府研发资助等效率因素对区域创新效率影响的随机前沿模型计量结果如表 5.25 所示。

表 5.25 低工业化水平地区考虑异质性科技创新主体所获政府研发资助等效率影响因素的随机前沿模型估计结果

变量	无时滞	滞后 1 年	滞后 2 年	滞后 3 年
前沿函数估计				
常数项 1	-4.067*** (-3.234)	14.471*** (4.230)	12.204*** (3.152)	-8.414** (-2.563)
ln$k$	-3.621*** (-7.566)	-4.216*** (-6.120)	-4.373*** (-5.805)	-4.033*** (-5.904)
ln$l$	5.826*** (5.698)	3.424*** (2.730)	3.981*** (2.744)	7.150*** (5.288)
(ln$k$)^2	0.472*** (15.739)	0.254 (1.332)	0.048 (0.211)	0.871*** (3.720)
(ln$l$)^2	-0.487 (-1.447)	-0.713* (-1.863)	-1.098*** (-2.634)	-0.102 (-0.219)
ln$k$*ln$l$	-0.133 (-0.738)	0.202 (0.793)	0.474* (1.694)	-0.557* (-1.788)
异质性科技创新主体所获政府研发资助等效率影响因素估计				
常数项 2	1.880 (1.483)	4.345*** (4.381)	6.370*** (5.044)	-2.502** (-2.180)
lnkgdsub	-1.138* (-1.734)	-0.857 (-1.454)	-0.004 (-0.008)	-0.290 (-0.586)
lnqysub	-0.089 (-1.023)	-0.307*** (-3.027)	-0.225*** (-2.746)	-0.123 (-1.164)
lnsuq	-0.846*** (-2.932)	-0.474* (-1.708)	-0.415* (-1.703)	-1.186*** (-4.592)

表5.25(续)

变量	无时滞	滞后1年	滞后2年	滞后3年
lngq	0.067 ** (2.097)	−0.066 (−1.041)	0.105 ** (2.116)	0.126 ** (2.265)
lnyq	−0.030 (−0.587)	−0.036 (−0.714)	−0.024 (−0.474)	0.074 (1.422)
lnyd	0.081 (0.696)	−0.225 (−1.634)	−0.279 *** (−2.649)	−0.260 ** (−2.088)
lnedu	0.268 ** (2.210)	0.242 ** (2.571)	0.058 (0.575)	0.738 *** (6.711)
lngdp	−0.438 *** (−2.655)	−0.989 *** (−5.031)	−1.217 *** (−6.256)	−0.186 (−0.878)
lnopen	−0.121 (−1.257)	0.057 (0.477)	0.261 *** (2.838)	−0.204 * (−1.777)
lnfdi	0.014 (0.379)	0.075 (1.281)	0.118 ** (2.005)	0.031 (0.441)
σ^2	0.202 *** (6.439)	0.143 *** (5.130)	0.144 *** (7.702)	0.156 *** (5.518)
γ	0.018 (1.149)	0.007 (0.594)	9.504E−05 *** (2.775)	0.999 *** (85 252.268)
Log 函数值	−93.061	−65.070	−60.896	−64.725

观察表5.25可得知，科研机构的政府研发资助对区域创新效率的影响系数在四个模型中均为负，但在显著性方面略有区别。在无时滞模型中在10%的水平上显著，在滞后1年、滞后2年和滞后3年模型中均不显著。这说明，对于低工业化水平地区而言，政府增加对科研机构的研发资助能够促进区域创新效率的提高，但这种促进效应只在短期来看相对明显，但在中期和长期来看效果并不明显。

企业的政府研发资助对区域创新效率影响系数符号方面与科研机构的政府研发资助一致，即系数均为负，但显著性方面也存在差异。在无时滞和滞后3年模型中并不显著，但在滞后1年和滞后2年模型中均在1%的水平上显著。也就是说，政府对企业研发资助在低工业化水平地区的区域创新效率的提升在中期存在明显有利的影响，但短期和长期来看，这种影响并不明显。

出现上述现象的原因可能在于，对于科研机构和企业来说，由于工业化水平水平相对较低，资金相对缺乏，相关科技创新条件较弱，政府研发资助能够改善其资金压力，为科研机构和企业科技创新提供相应的政策支持，进而能够一定程度上对整体区域创新效率产生促进作用，尽管这种促进作用可能并不明显。从异质性科技创新主体所获政府研发资助视角来看，政府研发资助对区域创新效率形成不显著的激励效应甚至是长期来看的抑制效应，其可能的原因是科研机构与企业之间的科技创新成果无法有效衔接即成果转化机制有待完善，从而造成政府对科研机构和企业的研发资助虽然对区域创新效率均形成了一定程度上的促进作用，而最终并未产生明显的激励效应。

5.3.3.3　科研机构所获政府研发资助与区域创新效率关系判断及分析

低工业化水平地区科研机构所获政府研发资助一次项、二次项对区域创新效率的影响模型计量结果分别如表 5.26 所示。

表 5.26　低工业化水平地区科研机构所获政府研发资助一次项、
二次项等效率影响因素的随机前沿模型估计结果

变量	无时滞	滞后 1 年	滞后 2 年	滞后 3 年
前沿函数估计				
常数项 1	−2.720 (−0.765)	9.392 *** (4.535)	18.378 *** (3.759)	9.457 ** (2.286)
$\ln k$	−4.191 *** (−5.503)	−4.355 *** (−6.319)	−4.486 *** (−5.175)	−3.627 *** (−4.149)
$\ln l$	6.546 *** (5.077)	3.323 *** (7.602)	3.114 ** (2.238)	3.295 ** (2.419)
$(\ln k)^2$	0.627 *** (3.688)	0.258 * (1.831)	−0.236 (−0.744)	0.706 *** (3.763)
$(\ln l)^2$	−0.347 (−0.903)	−0.593 ** (−2.325)	−1.494 ** (−2.578)	0.128 (0.311)
$\ln k * \ln l$	−0.294 (−1.229)	0.123 (1.044)	0.846 * (1.952)	−0.417 (−1.608)
科研机构所获政府研发资助一次项、二次项等效率影响因素估计				
常数项 2	2.747 ** (2.261)	3.996 *** (3.774)	9.119 *** (4.847)	0.453 (0.270)
lnkgdsub	1.880 * (1.850)	−0.865 *** (−6.606)	−3.025 ** (−2.375)	−0.344 (−0.312)

表5.26(续)

变量	无时滞	滞后 1 年	滞后 2 年	滞后 3 年
$(\text{lnkgdsub})^2$	4.418 *** (3.647)	-0.645 (-0.873)	-3.960 ** (-2.467)	0.885 (0.624)
lnqysub	-0.092 (-0.856)	-0.295 *** (-4.773)	-0.237 *** (-2.940)	-0.224 *** (-2.970)
lnsuq	-0.746 ** (-2.546)	-0.572 ** (-2.423)	-0.176 (-0.662)	-1.268 *** (-4.443)
lngq	-0.040 (-0.052)	-0.000 4 (-0.007)	0.105 * (1.896)	0.031 (0.572)
lnyq	-0.048 (-0.887)	-0.011 (-0.289)	-0.033 (-0.632)	0.050 (1.275)
lnyd	0.133 (0.980)	-0.259 ** (-2.373)	-0.245 ** (-2.477)	-0.290 *** (-3.006)
lnedu	0.040 (0.307)	0.248 *** (3.488)	-0.005 (-0.032)	0.671 *** (4.590)
lngdp	-0.274 * (-1.679)	-0.961 *** (-5.782)	-1.608 *** (-6.220)	-0.644 *** (-3.528)
lnopen	-0.062 (-0.665)	0.057 (0.808)	0.410 *** (3.193)	-0.105 (-1.157)
lnfdi	-0.075 (-1.126)	0.075 (0.781)	0.175 *** (2.647)	0.073 (1.339)
σ^2	0.188 *** (7.488)	0.141 *** (7.874)	0.136 *** (7.304)	0.133 *** (8.642)
γ	1E-08 (5.372E-05)	7.107E-07 (0.154)	0.020 (0.114)	0.999 *** (16 403.881)
Log 函数值	-90.465	-65.215	-55.516	-55.354

由表 5.26 四个模型的估计结果可以得知，科研机构所获政府研发资助一次项、二次项对区域创新效率影响系数在四个模型中不论是显著性方面还是符号方面差异均非常明显。在无时滞模型中均为正，但前者在 10% 的水平上显著，后者在 1% 的水平上显著；在滞后 1 年模型中均为负，但前者在 1% 的水平上显著，后者不显著；在滞后 2 年模型中二者均在 5% 的水平上显著为负；在滞后 3 年模型中均不显著，但前者为负，后者为正。

上述结果表明低工业化水平地区科研机构所获政府研发资助对区域创新效

率，在短期来看存在明显的直线型单调递减效应，即低工业化水平地区政府对科研机构研发资助在短期内增加越多，造成抑制区域创新效率提升效应越强烈；在中期来看，存在着单调递增效应，即政府对科研机构研发资助在中期增加越多，越能够有效改善低工业化水平地区区域创新效率状况；在长期来看，存在着不明显的"U"形关系，即对于低工业化水平地区长期而言，随着政府对科研机构研发资助的增加，先是抑制区域创新效率的提升，在达到一定量之后，转变为促进区域创新效率的提升，但两种情况下的影响效果均不明显。也意味着低工业化水平地区政府对科研机构的研发资助对区域创新效率存在明显的直线型影响，但短期为单调递减，中期为单调递增。

5.3.3.4　企业所获政府研发资助与区域创新效率关系判断及分析

低工业化水平地区企业所获政府研发资助一次项、二次项对区域创新效率的影响模型计量结果分别如表 5.27 所示。

表 5.27　低工业化水平地区企业所获政府研发资助一次项、

二次项等效率影响因素的随机前沿模型估计结果

变量	无时滞	滞后 1 年	滞后 2 年	滞后 3 年
前沿函数估计				
常数项 1	-12.246^{***} (-6.129)	13.879^{***} (3.301)	1.914 (0.466)	11.394^{**} (2.597)
$\ln k$	-4.562^{***} (-4.948)	-3.112^{***} (-3.598)	-7.105^{***} (-7.480)	-2.862^{***} (-3.532)
$\ln l$	8.540^{***} (6.416)	2.355 (1.566)	8.853^{***} (6.235)	1.877 (1.349)
$(\ln k)^2$	0.556^{***} (3.116)	0.168 (0.862)	0.531^{***} (2.958)	0.460^{**} (2.149)
$(\ln l)^2$	-0.756^{**} (-2.112)	-0.589 (-1.500)	-1.243^{***} (-3.241)	0.007 (0.019)
$\ln k * \ln l$	-0.137 (-0.601)	0.195 (0.770)	0.191 (0.811)	-0.192 (-0.712)
企业所获政府研发资助一次项、二次项等效率影响因素估计				
常数项 2	6.499^{***} (3.694)	8.124^{***} (5.391)	-6.055^{*} (-1.987)	3.663^{*} (1.943)
lnkgdsub	0.543 (0.601)	-0.354 (-0.703)	-0.147 (-0.157)	-0.680 (-1.484)

表5.27(续)

变量	无时滞	滞后1年	滞后2年	滞后3年
lnqysub	1.288** (2.035)	0.229 (0.532)	-0.411 (-0.580)	0.848** (2.287)
(lnqysub)^2	0.193* (1.726)	0.097 (1.305)	-0.010 (-0.084)	0.186*** (2.970)
lnsuq	-0.074 (-0.200)	-0.266 (-0.791)	-2.070*** (-3.803)	-1.097*** (-4.095)
lngq	0.437*** (3.712)	0.005 (0.080)	0.486*** (3.239)	0.067 (1.282)
lnyq	0.014 (0.221)	-0.008 (-0.161)	0.063 (1.050)	0.070** (2.400)
lnyd	0.189 (1.094)	-0.219 (-1.611)	-0.632*** (-4.054)	-0.267*** (-2.881)
lnedu	0.103 (0.666)	0.144 (1.169)	1.296*** (5.149)	0.523*** (3.462)
lngdp	-0.415* (-1.646)	-1.096*** (-5.508)	-0.981*** (-3.655)	-0.765*** (-4.043)
lnopen	-0.042 (-0.243)	0.053 (0.540)	0.285* (1.982)	-0.031 (-0.345)
lnfdi	-0.015 (-0.145)	0.077 (1.536)	0.074 (0.805)	0.081 (1.605)
σ^2	0.207*** (5.777)	0.140*** (6.952)	0.210*** (7.943)	0.129*** (8.135)
γ	0.192 (1.358)	0.999*** (278.033)	0.345*** (4.272)	0.999*** (10 209.808)
Log函数值	-95.038	-64.338	-68.768	-50.572

由表5.27无时滞、滞后1年、滞后2年和滞后3年模型估计结果可以看出，企业所获政府研发资助一次项、二次项对区域创新效率影响系数在无时滞模型中二者分别在5%和10%的水平上显著为正，在滞后1年模型中均不显著为正，在滞后2年模型中均为不显著为负，在滞后3年模型中分别在5%的水平上和1%的水平上显著为正。说明对于低工业化水平地区来说，企业所获政府研发资助与区域创新效率之间在短期和长期来看均存在明显的单调递减效应，在中期来看则呈现不明显单调影响。

这一结论与高工业化水平地区和中工业化水平地区相关结论相比，存在相对较大的差异。低工业化水平地区异质性科技创新主体尤其是企业所获政府研发资助与区域创新效率之间的线性关系看起来甚至与事实相悖，但结合低工业化水平地区实际状况来考虑，可以得知，由于低工业化水平地区工业化水平相对较低，企业开展科技创新活动所需的研发资金、基础设施等相对均较为匮乏，缺少外地乃至国外资金的投入和趋向。政府对企业的研发资助并不能为企业获取外部融资的杠杆效应的发挥起到应有的作用，企业科技创新活动资金等压力并未得到真正缓解，同时还要为达到政府考核目标而挤出企业应有研发投入，科技创新产出规模并未随着政府研发资助规模的增加而更大幅度地增加。因此，最终反而形成企业所获政府研发资助与区域创新效率之间的单调递减的线性关系显现。

5.3.3.5 科研机构所获政府研发资助与企业研发投入交互项对区域创新效率的影响

低工业化水平地区科研机构所获政府研发资助与企业研发投入交互项对区域创新效率的影响模型计量结果分别如表 5.28 所示。

表 5.28　低工业化水平地区科研机构所获政府研发资助与企业
研发投入交互项等效率影响因素的随机前沿模型估计结果

变量	无时滞	滞后 1 年	滞后 2 年	滞后 3 年
	前沿函数估计			
常数项 1	-13.636*** (-3.890)	6.571* (1.962)	7.072* (1.801)	10.618** (2.080)
$\ln k$	-2.945*** (-3.809)	-3.739*** (-4.917)	-3.908*** (-4.447)	-3.275*** (-3.134)
$\ln l$	7.452*** (6.885)	4.329*** (3.586)	4.276*** (2.900)	2.612* (1.693)
$(\ln k)^2$	0.373** (2.094)	0.279 (1.453)	0.134 (0.548)	0.570** (2.487)
$(\ln l)^2$	-0.741** (-2.180)	-0.706* (-1.858)	-0.953** (-2.041)	0.040 (0.095)
$\ln k * \ln l$	-0.083 (-0.366)	0.122 (0.481)	0.332 (1.020)	-0.286 (-0.996)

表5.28(续)

变量	无时滞	滞后1年	滞后2年	滞后3年
科研机构所获政府研发资助与企业研发投入交互项等效率影响因素估计				
常数项2	6.359*** (3.961)	4.551*** (3.544)	4.864*** (2.905)	1.142 (0.466)
lnkgdsub	2.469*** (3.239)	-0.056 (-0.066)	-0.063 (-0.091)	-0.558 (-0.588)
lnqysub	-0.114 (-1.424)	-0.312*** (-3.908)	-0.222** (-2.434)	-0.237*** (-3.151)
lnkgdsub * lnsuq	4.977*** (4.556)	0.331 (0.276)	-0.230 (-0.244)	0.677 (0.561)
lnsuq	1.120*** (2.728)	-0.293 (-0.744)	-0.486 (-1.412)	-1.118** (-2.253)
lngq	0.014 (0.219)	-0.000 4 (-0.008)	0.098* (1.697)	0.033 (0.574)
lnyq	-0.039 (-0.940)	-0.002 (-0.043)	-0.015 (-0.261)	0.054 (1.328)
lnyd	0.346** (2.582)	-0.215** (-2.092)	-0.220** (-2.255)	-0.276*** (-2.630)
lnedu	-0.111 (-0.881)	0.163 (1.496)	0.151 (1.007)	0.268*** (3.262)
lngdp	-0.324** (-2.210)	-0.943*** (-4.704)	-1.031*** (-4.141)	-0.738*** (-3.364)
lnopen	-0.077 (-0.081)	0.051 (0.437)	0.189 (1.500)	-0.063 (-0.572)
lnfdi	-0.077* (-1.762)	0.061 (1.216)	0.095 (1.472)	0.089 (1.564)
σ^2	0.176*** (7.540)	0.145*** (8.511)	0.138*** (5.756)	0.139*** (7.673)
γ	0.004 (0.057)	0.000 2** (2.466)	0.000 1* (1.777)	0.999*** (42.544)
Log 函数值	-83.748	-65.418	-62.676	-54.746

由表 5.28 四个模型的估计结果可以看出，科研机构的政府研发资助与企业研发投入交互项对区域创新效率影响系数仅在无时滞模型中在 1% 的水平上显著为正，在滞后 1 年、滞后 2 年和滞后 3 年的三个模型中均不显著。说明对于低工业化水平地区来说，随着企业研发投入的不断增强，政府对科研机构的研发资助的增加在短期内会明显抑制区域创新效率的提升，而在中期和长期来看，影响并不显著。

5.3.3.6 企业所获政府研发资助与企业研发投入交互项对区域创新效率的影响

低工业化水平地区企业所获政府研发资助与企业研发投入交互项对区域创新效率的影响模型计量结果分别如表 5.29 所示。

表 5.29 低工业化水平地区企业所获政府研发资助与企业
研发投入交互项等效率影响因素的随机前沿模型估计结果

变量	无时滞	滞后 1 年	滞后 2 年	滞后 3 年
前沿函数估计				
常数项 1	1.354 (0.483)	13.040 *** (3.596)	11.039 ** (2.432)	10.798 ** (2.406)
$\ln k$	-3.259 *** (-3.764)	-3.608 *** (-3.923)	-3.924 *** (-4.166)	-2.063 ** (-2.061)
$\ln l$	4.385 *** (2.954)	3.004 ** (2.038)	3.578 ** (2.516)	0.905 (0.570)
$(\ln k)^2$	0.307 * (1.735)	0.237 (1.259)	0.051 (0.202)	0.507 ** (2.397)
$(\ln l)^2$	-0.546 (-1.509)	-0.600 * (-1.648)	-0.982 ** (-2.077)	0.317 (0.771)
$\ln k * \ln l$	0.032 (0.139)	0.154 (0.647)	0.423 (1.343)	-0.342 (-1.267)
企业所获政府研发资助与企业研发投入交互项等效率影响因素估计				
常数项 2	3.422 *** (2.629)	5.525 *** (3.790)	5.978 (1.189)	1.037 (0.548)
lnkgdsub	-1.198 * (-1.855)	-0.636 (-1.180)	0.019 (0.030)	-0.884 ** (-2.101)
lnqysub	-0.287 (-1.370)	-0.542 *** (-3.048)	-0.366 * (-1.839)	-0.670 *** (-4.551)
lnqysub * lnsuq	-0.304 (-1.015)	-0.368 (-1.349)	-0.257 (-0.992)	-0.733 *** (-3.127)

表5.29(续)

变量	无时滞	滞后 1 年	滞后 2 年	滞后 3 年
lnsuq	-1.434* (-1.991)	-1.172* (-1.729)	-1.025 (-1.197)	-2.919*** (-5.390)
lngq	0.021 (0.352)	-0.034 (-0.509)	0.119 (1.284)	0.058 (1.111)
lnyq	-0.022 (-0.376)	-0.004 (-0.105)	-0.015 (-0.277)	0.067* (1.817)
lnyd	0.163 (1.122)	-0.147 (-1.115)	-0.258 (-1.252)	-0.226** (-2.445)
lnedu	0.142 (1.065)	0.116 (0.940)	0.065 (0.160)	0.526*** (3.448)
lngdp	-0.575*** (-3.335)	-0.985*** (-5.817)	-1.172 (-5.729)	-0.709*** (-3.783)
lnopen	-0.060 (-0.599)	0.027 (0.266)	0.235** (2.260)	-0.115 (-1.344)
lnfdi	0.020 (0.319)	0.060 (1.074)	0.116* (1.837)	0.089* (1.731)
σ^2	0.204*** (7.610)	0.141*** (7.840)	0.142*** (7.621)	0.129*** (7.930)
γ	0.010* (1.712)	0.011 (0.048)	1.016E-06 (0.010)	0.999*** (60 715.903)
Log 函数值	-90.774	-63.003	-60.364	-50.489

由表 5.29 无时滞、滞后 1 年、滞后 2 年和滞后 3 年模型估计结果可以看出,企业所获政府研发资助与企业研发投入交互项对区域创新效率影响系数在四个模型中均为负,但系数显著性方面存在差异。在无时滞、滞后 1 年和滞后 2 年模型中均不显著,但在滞后 3 年模型中在 1% 的水平上显著。可见,随着企业研发投入的不断增强,从长期来看,政府加大对企业的研发资助会明显促进处于低工业化水平的地区区域创新效率的提升,但在短期和中期来看,这种促进效应并不明显。

上述结论则与其他地区相关结论表现出相对较高的一致性,即企业研发投入与科研机构所获政府研发资助呈现较为明显的挤出效应,而与企业所获政府研发资助存在较为显著的挤入效应。

5.4 稳健性检验

为保证本章节实证结论的稳健性和可靠性，本节主要就异质性科技创新主体所获政府研发资助对区域创新效率的相关影响进行稳健性检验。具体来说，本书通过两种方法进行了稳健性检验：一是利用数据包络分析法测度区域创新效率，之后利用固定效应模型、随机效应下的 Tobit 模型以及动态面板模型对面板门槛模型进行检验；二是增加样本容量，即将样本考察期更新为1998—2018 年，同时将科技创新成果转化指标作为科技创新产出的新增指标纳入模型，基于第一种检验方法进行了二次检验。经两种方法的检验发现，本书结论具有相对较好的稳健性和可靠性。

5.4.1 稳健性检验一

静态视角下稳健性检验结果如表 5.30~表 5.34 所示。

表 5.30　静态视角下异质性科技创新主体所获政府研发资助
对区域创新效率影响稳健性检验

变量	无滞后期		滞后 1 期	
	固定效应模型	Tobit 模型	固定效应模型	Tobit 模型
lnkgdsub	0.061 ***	0.067 ***	0.022	0.033 *
	(3.56)	(4.10)	(1.24)	(1.86)
lnqysub	0.010 ***	0.012 ***	0.013 ***	0.016 ***
	(2.83)	(3.52)	(3.62)	(4.53)
lnsuq	-0.016	-0.012	-0.045 ***	-0.042 ***
	(-1.21)	(-1.04)	(-3.29)	(-3.20)
lngq	-0.019 ***	-0.024 ***	-0.018 ***	-0.023 ***
	(-5.25)	(-7.28)	(-4.82)	(-6.21)
lnyq	0.003 **	0.002	0.002	0.000 2
	(2.02)	(1.21)	(0.92)	(0.16)
lnyd	-0.024 ***	-0.033 ***	0.024 ***	0.013 **
	(-4.84)	(-7.36)	(4.48)	(2.27)
lnedu	-0.024 ***	-0.003	-0.049 ***	-0.024 ***
	(-3.24)	(-0.68)	(-6.31)	(-2.99)

表5.30(续)

变量	无滞后期		滞后1期	
	固定效应模型	Tobit 模型	固定效应模型	Tobit 模型
lngdp	0.024 *** (3.18)	0.009 (1.43)	0.071 *** (8.87)	0.055 *** (6.32)
lnopen	0.021 *** (3.53)	0.010 ** (2.37)	0.021 *** (3.24)	0.006 (1.08)
lnfdi	−0.008 *** (−3.23)	−0.007 *** (−3.23)	−0.008 *** (−2.82)	−0.007 *** (−2.79)
常数项	0.684 *** (14.10)	0.710 *** (15.62)	0.582 *** (11.18)	0.614 *** (11.71)
within−R^2	0.353		0.342	
F 值	28.95		25.93	
Wald 值		284.09		205.35
观测值	570	570	540	540

表 5.31 静态视角下科研机构所获政府研发资助与区域创新效率线性关系稳健性检验

变量	无滞后期		滞后1期	
	固定效应模型	Tobit 模型	固定效应模型	Tobit 模型
lnkgdsub	−0.087 ** (−2.13)	−0.039 (−1.01)	−0.200 *** (−4.75)	−0.157 *** (−3.69)
(lnkgdsub)^2	−0.142 *** (−3.98)	−0.105 *** (−3.01)	−0.211 *** (−5.80)	−0.180 *** (−4.90)
lnqysub	0.011 *** (3.22)	0.013 *** (3.88)	0.016 *** (4.35)	0.018 *** (5.05)
lnsuq	−0.015 (−1.18)	−0.012 (−1.06)	−0.044 *** (−3.33)	−0.043 *** (−3.31)
lngq	−0.018 *** (−5.22)	−0.024 *** (−7.28)	−0.017 *** (−4.82)	−0.022 *** (−5.96)
lnyq	0.003 * (1.67)	0.001 (0.92)	0.001 (0.41)	−0.000 2 (−0.14)
lnyd	−0.022 *** (−4.37)	−0.032 *** (−7.08)	0.028 *** (5.39)	0.018 *** (3.35)

表5.31(续)

变量	无滞后期		滞后 1 期	
	固定效应模型	Tobit 模型	固定效应模型	Tobit 模型
lnedu	-0.026 *** (-3.50)	-0.003 (-0.56)	-0.052 *** (-6.78)	-0.030 *** (-3.70)
lngdp	0.029 *** (3.86)	0.012 (1.74)	0.079 *** (9.96)	0.065 *** (7.69)
lnopen	0.020 *** (3.41)	0.008 ** (1.98)	0.020 *** (3.16)	0.007 (1.19)
lnfdi	-0.007 *** (-2.95)	-0.007 *** (-3.03)	-0.007 ** (-2.55)	-0.007 *** (-2.60)
常数项	0.635 *** (12.85)	0.677 *** (14.48)	0.511 *** (9.83)	0.545 *** (10.27)
within-R^2	0.372		0.383	
F 值	28.50		28.17	
Wald 值		298.66		249.60
观测值	570	570	540	540

表 5.32　静态视角下企业所获政府研发资助与区域创新效率线性关系稳健性检验

变量	无滞后期		滞后 1 期	
	固定效应模型	Tobit 模型	固定效应模型	Tobit 模型
lnkgdsub	0.059 *** (3.44)	0.065 *** (4.00)	0.019 (1.06)	0.030 * (1.67)
lnqysub	0.044 *** (2.98)	0.044 *** (3.11)	0.059 *** (3.91)	0.062 *** (4.21)
(lnqysub)^2	0.005 ** (2.37)	0.005 ** (2.35)	0.007 *** (3.11)	0.007 *** (3.21)
lnsuq	-0.008 (-0.60)	-0.004 (-0.34)	-0.034 ** (-2.44)	-0.031 ** (-2.27)
lngq	-0.018 *** (-5.03)	-0.023 *** (-6.99)	-0.017 *** (-4.56)	-0.022 *** (-5.92)
lnyq	0.003 * (1.85)	0.002 (1.12)	0.001 (0.71)	-6.48e-06 (-0.00)

表5.32(续)

变量	无滞后期		滞后 1 期	
	固定效应模型	Tobit 模型	固定效应模型	Tobit 模型
lnyd	−0.025 *** (−4.93)	−0.033 *** (−7.39)	0.023 *** (4.45)	0.013 ** (2.33)
lnedu	−0.023 *** (−3.07)	−0.003 (−0.64)	−0.048 *** (−6.15)	−0.024 *** (−3.00)
lngdp	0.022 *** (2.86)	0.008 (1.23)	0.068 *** (8.49)	0.052 *** (6.18)
lnopen	0.022 *** (3.58)	0.010 ** (2.47)	0.022 *** (3.35)	0.007 (1.26)
lnfdi	−0.007 *** (−3.00)	−0.007 *** (−3.04)	−0.007 *** (−2.61)	−0.007 *** (−2.60)
常数项	0.747 *** (13.53)	0.771 *** (14.77)	0.669 *** (11.40)	0.702 *** (11.94)
within−R^2	0.360		0.354	
F 值	27.06		24.87	
Wald 值		292.60		220.75
观测值	570	570	540	540

表 5.33 **静态视角下科研机构所获政府研发资助与企业研发投入交互项
对区域创新效率影响稳健性检验**

变量	无滞后期		滞后 1 期	
	固定效应模型	Tobit 模型	固定效应模型	Tobit 模型
lnkgdsub	0.132 *** (3.02)	0.119 *** (2.74)	−0.091 *** (−3.17)	−0.072 ** (−2.50)
lnqysub	0.017 *** (3.18)	0.017 *** (3.20)	0.014 *** (3.93)	0.017 *** (4.77)
lnkgdsub * lnsuq	0.023 * (1.76)	0.017 (1.29)	−0.174 *** (−4.99)	−0.160 *** (−4.61)
lnsuq	−0.019 (−1.39)	−0.014 (−1.16)	−0.120 *** (−5.97)	−0.111 *** (−5.61)

表5.33(续)

变量	无滞后期		滞后1期	
	固定效应模型	Tobit 模型	固定效应模型	Tobit 模型
lngq	-0.018***	-0.024***	-0.017***	-0.022***
	(-5.23)	(-7.27)	(-4.69)	(-5.96)
lnyq	0.004**	0.002	0.002	0.001
	(2.11)	(1.26)	(1.05)	(0.35)
lnyd	-0.025***	-0.033***	0.022***	0.012**
	(-4.89)	(-7.40)	(4.20)	(2.26)
lnedu	-0.025***	-0.004	-0.046***	-0.024***
	(-3.35)	(-0.75)	(-6.02)	(-3.05)
lngdp	0.024***	0.010	0.072***	0.058***
	(3.21)	(1.48)	(9.14)	(6.95)
lnopen	0.022***	0.010**	0.021***	0.007
	(3.62)	(2.31)	(3.24)	(1.13)
lnfdi	-0.008***	-0.007***	-0.007***	-0.007***
	(-3.17)	(-3.19)	(-2.70)	(-2.72)
常数项	0.705***	0.726***	0.508***	0.545***
	(14.14)	(15.40)	(9.58)	(10.15)
within-R^2	0.357		0.373	
F 值	26.71		26.96	
Wald 值		286.73		240.27
观测值	570	570	540	540

表5.34 静态视角下企业所获政府研发资助与企业研发投入交互项
对区域创新效率影响稳健性检验

变量	无滞后期		滞后1期	
	固定效应模型	Tobit 模型	固定效应模型	Tobit 模型
lnkgdsub	0.063***	0.070***	0.024	0.036**
	(3.69)	(4.28)	(1.34)	(1.98)
lnqysub	0.018***	0.021***	0.019***	0.023***
	(3.21)	(3.86)	(3.24)	(3.85)

表5.34(续)

变量	无滞后期		滞后 1 期	
	固定效应模型	Tobit 模型	固定效应模型	Tobit 模型
lnqysub * lnsuq	0.012 * (1.83)	0.015 ** (2.16)	0.009 (1.26)	0.010 (1.36)
lnsuq	0.020 (0.85)	0.031 (1.34)	−0.019 (−0.75)	−0.014 (−0.55)
lngq	−0.018 *** (−5.00)	−0.024 *** (−7.08)	−0.017 *** (−4.63)	−0.023 *** (−6.03)
lnyq	0.004 ** (2.14)	0.002 (1.32)	0.002 (0.98)	0.000 4 (0.23)
lnyd	−0.025 *** (−4.90)	−0.033 *** (−7.53)	0.023 *** (4.45)	0.012 ** (2.19)
lnedu	−0.025 *** (−3.37)	−0.004 (−0.77)	−0.050 *** (−6.38)	−0.024 *** (−3.00)
lngdp	0.023 *** (3.09)	0.008 (1.27)	0.071 *** (8.77)	0.054 *** (6.16)
lnopen	0.023 *** (3.73)	0.011 *** (2.63)	0.022 *** (3.36)	0.007 (1.20)
lnfdi	−0.007 *** (−3.15)	−0.007 *** (−3.16)	−0.007 *** (−2.76)	−0.007 *** (−2.73)
常数项	0.713 *** (14.00)	0.745 *** (15.53)	0.605 *** (10.97)	0.639 *** (11.49)
within−R^2	0.357		0.344	
F 值	26.74		23.75	
Wald 值		290.78		207.48
观测值	570	570	540	540

由表5.30~表5.34可知，科研机构和企业所获政府研发资助对区域创新效率的影响、科研机构和企业所获政府研发资助与区域创新效率的线性关系以及科研机构和企业所获政府研发资助分别与企业研发投入交互项对区域创新效率的影响与本章上文实证结果均保持较高一致性，说明本章结论具有较好的稳健性和可靠性。

进一步地，动态视角下异质性科技创新主体所获政府研发资助对区域创新效率影响的相关稳健性检验具体结果如表5.35~表5.37所示。

表 5.35　动态视角下异质性科技创新主体所获政府研发资助
对区域创新效率影响稳健性检验

变量	无滞后期	滞后 1 期
l.eff	0.299 *** （16.94）	0.446 *** （22.16）
lnkgdsub	0.069 *** （3.27）	-0.153 *** （-4.00）
lnqysub	0.007 *** （3.72）	0.024 *** （3.89）
lnsuq	-0.012 （-0.93）	-0.117 *** （-5.74）
lngq	-0.026 *** （-5.72）	-0.038 *** （-8.59）
lnyq	0.001 （0.92）	-0.012 *** （-5.14）
lnyd	-0.024 *** （—20.38）	0.038 *** （14.72）
lnedu	-0.015 *** （-3.79）	0.014 ** （2.12）
lngdp	0.019 *** （3.63）	0.066 *** （9.22）
lnopen	0.006 （1.33）	0.003 （0.30）
lnfdi	-0.006 （-1.05）	-0.025 *** （-3.84）
常数项	0.469 *** （7.94）	-0.106 （-1.43）
AR（1） 检验值 [p][a]	-4.97 [0.000]	-4.73 [0.000]
AR（2） 检验值 [p][b]	1.52 [0.128]	0.92 [0.359]
Hansen 检验值 [p][c]	29.72 [1.000]	28.79 [0.151]
观测值	540	510

表 5.36　动态视角下异质性科技创新主体所获政府研发资助
与区域创新效率线性或非线性关系判断稳健性检验

变量	无滞后期		滞后 1 期	
l.eff	0.298 *** (12.99)	0.218 *** (8.80)	0.282 *** (7.31)	0.267 *** (11.29)
lnkgdsub	0.139 * (1.70)	0.124 *** (4.56)	−0.214 (−1.28)	−0.015 (−0.28)
(lnkgdsub)^2	0.102 (0.97)		−0.325 (−1.24)	
lnqysub	0.007 *** (3.46)	0.044 ** (2.29)	0.068 *** (4.06)	0.153 *** (3.54)
(lnqysub)^2		0.005 * (1.77)		0.014 ** (2.49)
lnsuq	−0.013 (−0.86)	−0.009 (−0.39)	0.009 (0.19)	−0.062 * (−1.74)
lngq	−0.026 *** (−5.37)	−0.021 *** (−2.74)	−0.087 *** (−7.50)	−0.087 *** (−13.79)
lnyq	0.002 (1.12)	0.003 *** (2.64)	−0.006 (−1.13)	−0.015 *** (−5.58)
lnyd	−0.023 *** (−13.69)	−0.031 *** (−13.68)	0.045 *** (7.67)	0.038 *** (8.36)
lnedu	−0.013 *** (−2.96)	−0.015 ** (−2.13)	−0.034 * (−1.71)	−0.008 (−0.82)
lngdp	0.021 *** (4.31)	0.007 (1.04)	0.041 *** (2.83)	0.032 ** (2.10)
lnopen	0.006 (1.00)	0.007 (1.03)	0.011 (0.74)	0.045 *** (4.33)
lnfdi	−0.008 (−1.12)	0.001 (0.15)	0.009 (0.57)	−0.022 * (−1.69)
常数项	0.467 *** (8.32)	0.686 *** (8.82)	0.589 *** (3.74)	0.443 *** (3.53)
AR (1) 检验值 [p]^a	−5.01 [0.000]	−4.94 [0.000]	−4.33 [0.000]	−4.15 [0.000]
AR (2) 检验值 [p]^b	1.55 [0.121]	0.29 [0.772]	−1.11 [0.265]	−1.01 [0.313]
Hansen 检验值 [p]^c	29.69 [1.000]	29.39 [1.000]	26.52 [0.022]	26.09 [0.098]
观测值	540	540	510	510

表 5.37　动态视角下异质性科技创新主体所获政府研发资助
与企业研发投入交互项对区域创新效率影响稳健性检验

变量	无滞后期		滞后 1 期	
l.eff	0.258 ***	0.220 ***	0.340 ***	0.465 ***
	(9.98)	(8.63)	(7.49)	(21.67)
lnkgdsub	−0.314 ***	0.094 ***	−0.028	−0.066 ***
	(−3.41)	(3.01)	(−0.23)	(−2.93)
lnqysub	−0.027 ***	0.018 ***	0.076 ***	0.063 ***
	(−2.86)	(2.64)	(4.96)	(3.63)
lnkgdsub ∗ lnsuq	−0.119 ***		−0.213	
	(−5.08)		(−0.76)	
lnqysub ∗ lnsuq		0.014		0.059 ***
		(1.08)		(2.62)
lnsuq	0.014	0.047	−0.120	0.035
	(0.56)	(1.08)	(−1.10)	(0.45)
lngq	−0.028 ***	−0.023 ***	−0.140 ***	−0.027 ***
	(−4.06)	(−3.48)	(−9.18)	(−3.70)
lnyq	−0.001	0.002	0.003	−0.007 ***
	(−0.52)	(1.44)	(0.64)	(−3.70)
lnyd	−0.025 ***	−0.028 ***	0.055 ***	0.039 ***
	(−18.17)	(−24.27)	(8.34)	(18.64)
lnedu	−0.022 ***	−0.020 ***	−0.020	0.005
	(−3.24)	(−4.26)	(−0.99)	(1.07)
lngdp	0.019 ***	0.017 ***	0.038 **	0.062 ***
	(3.53)	(2.57)	(2.26)	(7.26)
lnopen	0.017 ***	0.008	0.014	0.009
	(3.17)	(1.25)	(0.99)	(1.14)
lnfdi	−0.012 *	−0.007	0.021	−0.021 ***
	(−1.85)	(−0.88)	(0.91)	(−3.45)
常数项	0.410 ***	0.628 ***	0.392 *	0.100
	(4.00)	(8.11)	(1.68)	(1.04)
AR (1)	−4.92	−4.93	−3.59	−4.39
检验值 [p][a]	[0.000]	[0.000]	[0.000]	[0.000]
AR (2)	1.40	1.08	−0.69	0.46
检验值 [p][b]	[0.162]	[0.281]	[0.490]	[0.645]
Hansen	29.53	29.74	26.20	28.84
检验值 [p][c]	[1.000]	[0.999]	[0.051]	[0.118]
观测值	540	540	510	510

观察表 5.35 ~ 表 5.37 可知，动态视角下的异质性科技创新主体所获政府研发资助对区域创新效率的相关影响与上文实证结果保持较高的一致性，说明从动态视角来看，本章结论仍有较好的稳健性和可靠性。

5.4.2 稳健性检验二

本节主要就第二种方式的稳健性检验结果进行展示。具体结果如表 5.38 ~ 表 5.45 所示。

表 5.38 静态视角下异质性科技创新主体所获政府研发资助

对区域创新效率影响稳健性检验

变量	无滞后期		滞后 1 期	
	固定效应模型	Tobit 模型	固定效应模型	Tobit 模型
lnkgdsub	0.013 (1.05)	0.013 (1.06)	-0.009 (-0.67)	-0.005 (-0.36)
lnqysub	-0.000 2 (-0.09)	0.000 4 (0.18)	-0.003 (-0.94)	-0.001 (-0.48)
lnsuq	0.006 (0.58)	0.011 (1.21)	-0.024** (-2.29)	-0.015 (-1.46)
lngq	-0.013*** (-5.20)	-0.017*** (-7.13)	-0.010*** (-3.50)	-0.013*** (-4.93)
lnyq	0.001 (1.12)	0.001 (0.69)	0.001 (0.50)	8.21e-06 (0.01)
lnyd	-0.003 (-0.93)	-0.004 (-1.44)	0.016*** (4.02)	0.010*** (2.60)
lnedu	-0.015*** (-3.40)	-0.008** (-2.09)	-0.018*** (-4.05)	-0.007 (-1.39)
lngdp	0.016*** (4.16)	0.013*** (3.54)	0.035*** (6.17)	0.025*** (4.60)
lnopen	0.015*** (3.46)	0.009**** (2.81)	0.014*** (6.88)	0.006 (1.76)
lnfdi	0.000 4 (0.25)	0.000 3 (0.22)	-0.000 2 (-0.12)	0.000 3 (0.16)
常数项	0.777*** (22.65)	0.785*** (24.06)	0.678*** (17.81)	0.708*** (18.84)
within-R^2	0.310		0.266	

变量	无滞后期		滞后1期	
	固定效应模型	Tobit 模型	固定效应模型	Tobit 模型
F 值	26.44		20.33	
Wald 值		264.44		184.63
观测值	630	630	600	600

表5.39　静态视角下科研机构所获政府研发资助与区域创新效率线性关系稳健性检验

变量	无滞后期		滞后1期	
	固定效应模型	Tobit 模型	固定效应模型	Tobit 模型
lnkgdsub	-0.095 ***	-0.072 ***	-0.118 ***	-0.089 ***
	(-3.25)	(-2.56)	(-3.67)	(-2.81)
(lnkgdsub)^2	-0.106 ***	-0.085 ***	-0.107 ***	-0.083 ***
	(-4.05)	(-3.31)	(-3.72)	(-2.93)
lnqysub	0.001	0.001	-0.002	-0.000 4
	(0.40)	(0.61)	(-0.57)	(-0.15)
lnsuq	0.005	0.009	-0.025 **	-0.016
	(0.55)	(1.06)	(-2.33)	(-1.62)
lngq	-0.013 ***	-0.017 ***	-0.010 ***	-0.013 ***
	(-5.13)	(-7.05)	(-3.42)	(-4.87)
lnyq	0.001	0.001	0.000 3	-0.000 3
	(0.91)	(0.48)	(0.23)	(-0.22)
lnyd	-0.002	-0.003	0.018 ***	0.011 ***
	(-0.57)	(-1.16)	(4.47)	(2.90)
lnedu	-0.015 ***	-0.007 **	-0.019 ***	-0.007
	(-3.46)	(-2. .00)	(-3.35)	(-1.40)
lngdp	0.019 ***	0.016 ***	0.038 ***	0.028 ***
	(4.83)	(4.05)	(6.79)	(5.01)
lnopen	0.014 ***	0.008 **	0.013 ***	0.006
	(3.27)	(2.44)	(2.74)	(1.47)
lnfdi	0.001	0.001	0.000 2	0.001
	(0.49)	(0.37)	(0.12)	(0.33)
常数项	0.744 ***	0.758 ***	0.643 ***	0.679 ***
	(21.37)	(22.61)	(16.56)	(17.53)

表5.39(续)

变量	无滞后期		滞后1期	
	固定效应模型	Tobit 模型	固定效应模型	Tobit 模型
within-R^2	0.328		0.284	
F 值	26.16		20.16	
Wald 值		279.01		194.41
观测值	630	630	600	600

表 5.40　静态视角下企业所获政府研发资助与区域创新效率线性关系稳健性检验

变量	无滞后期		滞后1期	
	固定效应模型	Tobit 模型	固定效应模型	Tobit 模型
lnkgdsub	0.011 (0.90)	0.011 (0.96)	-0.012 (-0.87)	-0.007 (-0.55)
lnqysub	0.004 *** (2.93)	0.027 *** (2.60)	0.043 *** (3.68)	0.042 *** (3.67)
(lnqysub)^2	0.030 *** (2.82)	0.004 *** (2.64)	0.007 *** (4.03)	0.006 *** (3.90)
lnsuq	0.012 (1.20)	0.016 * (1.80)	-0.014 (-1.33)	-0.006 (-0.55)
lngq	-0.013 *** (-4.91)	-0.016 *** (-6.77)	-0.009 *** (-3.14)	-0.012 *** (-4.48)
lnyq	0.001 (0.99)	0.001 (0.62)	0.000 3 (0.25)	-0.000 2 (-0.16)
lnyd	-0.002 (-0.86)	-0.004 (-1.35)	0.016 *** (3.97)	0.010 *** (2.69)
lnedu	-0.015 *** (-3.32)	-0.008 ** (-2.10)	-0.017 *** (-2.91)	-0.006 (-1.33)
lngdp	0.015 *** (3.90)	0.013 *** (3.41)	0.032 *** (5.73)	0.024 *** (4.40)
lnopen	0.015 *** (3.57)	0.009 *** (2.91)	0.014 *** (2.98)	0.007 ** (1.96)
lnfdi	0.001 (0.49)	0.001 (0.41)	0.000 4 (0.23)	0.001 (0.45)

表5.40(续)

变量	无滞后期		滞后1期	
	固定效应模型	Tobit 模型	固定效应模型	Tobit 模型
常数项	0.831 *** (21.39)	0.833 *** (22.31)	0.763 *** (17.72)	0.787 *** (18.60)
within-R^2	0.319		0.287	
F 值	25.13		20.46	
Wald 值		274.16		205.00
观测值	630	630	600	600

表 5.41　静态视角下科研机构所获政府研发资助与企业研发投入交互项
对区域创新效率影响稳健性检验

变量	无滞后期		滞后1期	
	固定效应模型	Tobit 模型	固定效应模型	Tobit 模型
lnkgdsub	-0.095 *** (-4.91)	-0.084 *** (-4.43)	-0.107 *** (-5.02)	-0.095 *** (-4.51)
lnqysub	-0.000 03 (-0.01)	0.001 (0.34)	-0.002 (-0.83)	-0.001 (-0.36)
lnkgdsub * lnsuq	-0.170 *** (-6.98)	-0.155 *** (-6.45)	-0.156 *** (-5.82)	-0.144 *** (-5.44)
lnsuq	-0.068 *** (-4.81)	-0.055 *** (-4.08)	-0.092 *** (-5.90)	-0.077 *** (-5.05)
lngq	-0.013 *** (-5.12)	-0.017 *** (-6.94)	-0.009 *** (-3.33)	-0.013 *** (-4.70)
lnyq	0.001 (1.25)	0.001 (0.78)	0.001 (0.60)	0.000 1 (0.12)
lnyd	-0.004 (-1.41)	-0.005 * (-1.82)	0.014 *** (3.53)	0.008 ** (2.25)
lnedu	-0.014 *** (-3.21)	-0.007 ** (-1.97)	-0.015 *** (-2.71)	-0.005 (-1.08)
lngdp	0.018 *** (4.80)	0.016 *** (4.33)	0.035 *** (6.37)	0.027 *** (4.98)
lnopen	0.014 *** (3.52)	0.008 ** (2.43)	0.013 *** (2.80)	0.006 (1.53)

表5.41(续)

变量	无滞后期		滞后1期	
	固定效应模型	Tobit 模型	固定效应模型	Tobit 模型
lnfdi	0.001 (0.66)	0.001 (0.51)	0.000 4 (0.21)	0.001 (0.41)
常数项	0.704*** (20.36)	0.725*** (21.71)	0.614*** (15.91)	0.651*** (16.90)
within-R^2	0.362		0.308	
F 值	30.41		22.65	
Wald 值		322.12		222.33
观测值	630	630	600	600

表 5.42　静态视角下企业所获政府研发资助与企业研发投入交互项对区域创新效率影响稳健性检验

变量	无滞后期		滞后1期	
	固定效应模型	Tobit 模型	固定效应模型	Tobit 模型
lnkgdsub	0.014 (1.12)	0.014 (1.15)	-0.008 (-0.57)	-0.003 (-0.25)
lnqysub	0.005 (1.23)	0.006 (1.52)	0.003 (0.60)	0.004 (0.96)
lnqysub * lnsuq	0.008* (1.68)	0.009* (1.81)	0.009 (1.56)	0.009 (1.61)
lnsuq	0.030* (1.72)	0.037** (2.17)	0.000 2 (0.01)	0.011 (0.56)
lngq	-0.013*** (-4.99)	-0.017*** (-6.94)	-0.009*** (-3.29)	-0.013*** (-4.74)
lnyq	0.001 (1.21)	0.001 (0.77)	0.001 (0.59)	0.000 1 (0.10)
lnyd	-0.003 (-0.96)	-0.004 (-1.48)	0.016*** (4.00)	0.010** (2.54)
lnedu	-0.016*** (-3.54)	-0.008** (-2.21)	-0.019*** (-3.26)	-0.007 (-1.48)
lngdp	0.016*** (4.10)	0.013*** (3.49)	0.034*** (6.12)	0.025*** (4.52)

表5.42(续)

变量	无滞后期		滞后1期	
	固定效应模型	Tobit 模型	固定效应模型	Tobit 模型
lnopen	0.015 *** (3.64)	0.009 *** (3.00)	0.015 *** (3.05)	0.007 * (1.94)
lnfdi	0.000 5 (0.29)	0.000 4 (0.26)	−0.000 1 (−0.07)	0.000 4 (0.22)
常数项	0.794 *** (22.19)	0.804 *** (23.51)	0.697 *** (17.47)	0.728 *** (18.43)
within−R^2	0.313		0.270	
F 值	24.37		18.75	
Wald 值		269.14		187.86
观测值	630	630	600	600

表 5.43 动态视角下异质性科技创新主体所获政府研发资助
对区域创新效率影响稳健性检验

变量	无滞后期	滞后1期
l. fff	0.417 *** (10.38)	0.369 *** (8.47)
lnkgdsub	−0.033 (−1.37)	−0.028 (−1.34)
lnqysub	0.006 ** (2.12)	0.010 ** (2.43)
lnsuq	0.003 (0.26)	−0.005 (−0.46)
lngq	−0.019 *** (−4.54)	−0.009 * (−1.92)
lnyq	0.001 (0.56)	0.001 (0.73)
lnyd	0.000 1 (0.11)	0.021 *** (10.65)
lnedu	0.000 4 (0.10)	−0.000 2 (−0.05)

表5.43(续)

变量	无滞后期	滞后1期
lngdp	0.012 *** (2.89)	0.033 *** (5.23)
lnopen	0.003 (0.61)	−0.017 *** (−3.58)
lnfdi	0.000 04 (0.02)	0.009 * (1.85)
常数项	0.399 *** (8.86)	0.459 *** (8.28)
AR (1) 检验值[p]ᵃ	−4.07 [0.000]	−4.01 [0.000]
AR (2) 检验值[p]ᵇ	−0.83 [0.407]	1.29 [0.196]
Hansen 检验值[p]ᶜ	29.05 [1.000]	27.86 [1.000]
观测值	600	570

表5.44 动态视角下异质性科技创新主体所获政府研发资助

与区域创新效率线性或非线性关系判断稳健性检验

变量	无滞后期		滞后1期	
l. fff	−0.074 (−0.99)	0.352 *** (8.17)	0.583 *** (12.67)	0.345 *** (10.33)
lnkgdsub	−0.797 *** (−4.44)	−0.054 ** (−2.16)	−0.046 (−0.65)	−0.035 (−1.00)
(lnkgdsub)²	−1.082 *** (−4.43)		−0.013 (−0.16)	
lnqysub	−0.000 3 (−0.04)	0.048 *** (3.81)	−0.001 (−0.19)	0.043 * (1.91)
(lnqysub)²		0.006 *** (3.44)		0.006 ** (1.98)
lnsuq	−0.048 *** (−2.69)	0.025 * (1.67)	−0.021 (−1.62)	−0.004 (−0.32)
lngq	−0.074 *** (−6.87)	−0.017 *** (−3.47)	−0.009 (−1.64)	−0.014 *** (−2.96)

表5.44(续)

变量	无滞后期		滞后 1 期	
lnyq	−0.005 (−1.47)	0.001 (0.64)	−0.001 (−0.65)	−0.003 * (−1.65)
lnyd	−0.011 *** (−3.79)	0.001 (0.47)	0.019 *** (8.92)	0.019 *** (12.17)
lnedu	0.009 (0.82)	0.001 (0.14)	0.001 (0.13)	−0.005 (−0.89)
lngdp	0.008 (1.39)	0.014 *** (2.64)	0.027 *** (6.51)	0.031 *** (5.65)
lnopen	0.017 *** (3.41)	0.003 (0.41)	−0.010 * (−1.88)	−0.006 (−1.21)
lnfdi	0.005 (1.13)	−0.001 (−0.54)	0.003 (0.72)	0.003 (1.05)
常数项	0.428 *** (4.87)	0.526 *** (8.30)	0.214 *** (3.25)	0.486 *** (8.34)
AR（1）检验值［p］[a]	−1.89 [0.058]	−4.08 [0.000]	−4.29 [0.000]	−4.17 [0.000]
AR（2）检验值［p］[b]	−0.91 [0.365]	−0.95 [0.344]	1.81 [0.070]	0.73 [0.467]
Hansen 检验值［p］[c]	23.01 [0.190]	28.89 [1.000]	27.26 [1.000]	28.86 [1.000]
观测值	600	600	570	570

表 5.45 动态视角下异质性科技创新主体所获政府研发资助与企业研发投入交互项对区域创新效率影响稳健性检验

变量	无滞后期		滞后 1 期	
l. fff	0.160 *** (4.98)	0.383 *** (7.51)	0.350 *** (12.11)	0.286 *** (7.51)
lnkgdsub	−0.201 *** (−3.44)	−0.073 ** (−2.18)	−0.077 (−1.13)	−0.067 *** (−2.64)
lnqysub	−0.008 ** (−2.31)	0.017 * (1.95)	−0.004 (−0.84)	0.044 *** (2.90)
lnkgdsub * lnsuq	−0.331 *** (−2.58)		−0.107 (−0.67)	

表5.45(续)

变量	无滞后期		滞后 1 期	
lnqysub ∗ lnsuq		0.019 (1.53)		0.085 *** (2.78)
lnsuq	−0.084 ** (−2.01)	0.061 (1.30)	−0.074 (−1.63)	0.281 *** (2.70)
lngq	−0.031 *** (−5.70)	−0.029 *** (−5.19)	−0.028 *** (−2.89)	−0.037 *** (−7.40)
lnyq	−0.001 (−0.56)	0.001 (0.24)	−0.006 ** (−2.32)	0.002 (0.88)
lnyd	−0.002 (−1.19)	0.003 (1.43)	0.024 *** (9.81)	0.030 *** (20.68)
lnedu	0.006 (1.14)	0.010 (1.49)	−0.006 (−0.59)	0.003 (0.48)
lngdp	0.016 *** (3.85)	0.011 *** (3.63)	0.035 *** (4.98)	0.038 *** (7.08)
lnopen	0.011 ** (2.42)	0.004 (0.71)	0.006 (1.12)	−0.006 (−1.57)
lnfdi	−0.010 *** (−5.72)	0.001 (0.53)	−0.005 (−0.88)	0.002 (0.53)
常数项	0.427 *** (6.33)	0.379 *** (4.28)	0.283 ** (2.54)	0.516 *** (4.80)
AR（1） 检验值［p］[a]	−2.84 ［0.004］	−4.11 ［0.000］	−3.87 ［0.000］	−3.64 ［0.000］
AR（2） 检验值［p］[b]	−0.42 ［0.673］	−0.63 ［0.528］	0.32 ［0.751］	−0.02 ［0.985］
Hansen 检验值［p］[c]	27.64 ［0.188］	28.02 ［1.000］	27.87 ［0.113］	26.83 ［0.218］
观测值	600	600	570	570

由表 5.38~表 5.45 可知,无论是科研机构所获政府研发资助还是企业所获政府研发资助,对区域创新效率的相关影响的估计结果均与前文保持了相对较高的一致性。从两种不同的稳健性检验方式来看,无论是考虑模型估计方法的替换,还是同时增加样本量和科技创新产出变量,本部分实证估计结果均具有较好的稳健性和可靠性。

5.5　本章小结

本章主要就异质性科技创新主体视角下的政府研发资助对区域创新效率影响进行了实证分析。实证方法、研究样本与上一章保持一致，由于不同科技创新主体所获政府研发资助对区域创新效率影响在全国层面和分地区层面的结论与上一章政府研发资助对区域创新效率影响结论差异较大。因此，本章小结主要从政府研发资助科技创新主体异质性视角和地区异质性视角进行深入实证分析（从稳健性检验结果可知，本书结论也具有相对较好的可靠性）。研究结论主要有以下几个方面：

（1）在全国层面，政府对科研机构的研发资助对区域创新效率影响为抑制效应，而政府对企业的研发资助则对区域创新效率形成促进效应。可见，政府研发资助对区域创新效率的促进作用主要来自政府对企业的研发资助。通过政府对科研机构的研发资助、政府对企业的研发资助的一次项和二次项分别引入模型分析发现，政府对科研机构研发资助对区域创新效率仍表现为明显的单调的线性影响，但政府对企业研发资助对区域创新效率则在短期、中期和长期分别呈现为单调线性、"U"形和倒"U"形影响，但都不显著。将政府对科研机构的研发资助、政府对企业的研发资助分别与企业研发投入交互项引入模型分析发现，政府对科研机构的研发资助与企业研发投入交互项对区域创新效率形成抑制效应（换句话说，科研机构所获政府研发资助与企业研发投入之间存在挤出效应，以下相关说法与此类似），且在短期和长期来看尤其明显，而政府对企业的研发资助与企业研发投入交互项则恰好相反，即对区域创新效率形成激励效应（换句话说，企业所获政府研发资助与企业研发投入之间存在挤入效应，以下相关说法与此类似），且也在短期和长期来看尤为明显。

（2）对于高工业化水平地区来说，政府对科研机构的研发资助对区域创新效率影响整体上表现为助推作用，但均不显著，而政府对企业的研发资助则对区域创新效率同样形成助推作用，也仅有短期显著。这说明上一章中政府研发资助对区域创新效率的助推作用来自政府对科研机构和企业两者的资助，但更明显地来源于企业所获政府研发资助。通过将一次项和二次项的引入发现，政府对科研机构的研发资助、政府对企业的研发资助对区域创新效率的影响在长期和中期分别呈现显著的单调递减和单调递增的线性关系。而政府对科研机构的研发资助与企业研发投入交互项对区域创新效率影响在短期内呈现显著的助推作用，但在长期来看，呈现显著的阻碍作用。政府对企业的研发资助与企业研发投入交互项对区域创新效率影响则不论在短期、中期还是长期均呈现显著的阻碍作用。

（3）对于中工业化水平地区来说，政府对科研机构的研发资助对区域创新效率影响整体上表现为抑制效应，在中期较为显著，而政府对企业的研发资助则对区域创新效率同样形成促进效应，在短期和中期均显著。通过将一次项和二次项的引入发现，政府对科研机构的研发资助、政府对企业的研发资助对区域创新效率的影响在不同时期内存在一定的线性和非线性关系，但均不显著。而政府对科研机构的研发资助与企业研发投入交互项对区域创新效率影响在短期和中期内呈现显著的抑制效应，但长期来看并不显著。政府对企业的研发资助与企业研发投入交互项对区域创新效率影响在短期和中期内呈现抑制效应，长期呈现促进效应，但均不显著。观察交互项系数可以发现，政府对科研机构的研发资助与企业研发投入交互项对区域创新效率影响系数随着时间的滞后在不断减小，政府对企业的研发资助与企业研发投入交互项对区域创新效率影响系数随着时间的滞后不但在不断减小，而且符号发生了转变。说明企业研发投入的增强，无论是对于政府对科研机构研发资助还是政府对企业的研发资助效果都有一定利好的可能。

（4）对于低工业化水平地区来说，政府对科研机构的研发资助对区域创新效率影响均为有利表现，但仅在短期略显著，而政府对企业的研发资助则对区域创新效率同样均为有利表现，且在中期尤其显著。模型中引入一次项和二次项分析发现，政府对科研机构的研发资助对区域创新效率的影响在短期呈现显著的单调递减的线性关系，在中期呈现显著的单调递增的线性关系，在长期来看则呈现不显著的"U"形非线性关系。政府对企业的研发资助对区域创新效率的影响在短期和长期均呈现显著的单调递减的线性关系，即随着政府对企业的研发资助的不断增加，则在短期和长期对区域创新效率呈现显著的不利影响。政府对科研机构的研发资助与企业研发投入交互项对区域创新效率影响整体上呈现不利影响，且在短期内较为显著，而政府对企业的研发资助与企业研发投入交互项对区域创新效率影响整体上呈现有利影响，且在长期来看较为明显。

6 政府研发资助对区域创新效率影响的相关门槛效应检验

政府研发资助能够为创新主体开展研发活动提供一定补偿，以弥补其创新收益与社会收益之间的偏差，矫正创新市场失灵状况，激励其研发积极性，加大研发投入和提高创新产出的速度，进而推动区域创新效率的不断提高。但不同地区的工业化水平步调并非一致甚至差距明显，其经济发展水平、研发人员、研发资本和基础设施建设状况等也存在着较大差异，以及不同的创新主体获得的政府研发资助额度以及自身的创新能力也高低不一，从而导致总体及异质性科技创新主体所获政府研发资助对全国和不同工业化水平的地区区域创新效率影响的门槛效应也并不相同。第5章就异质性科技创新主体所获政府研发资助自身以及通过企业研发投入对区域创新效率的影响进行了相关分析，但政府研发资助自身以及企业研发投入在政府研发资助效果中的门槛效应是否存在，以及相应门槛变量在越过门槛值前后，政府研发资助对区域创新效率的影响方向是否会存在变化仍有待分析。

以往实证文献中关于政府研发资助对区域创新效率影响的门槛效应分析相对较少，也鲜有关于企业研发投入对政府研发资助效果的门槛效应分析。为深入考察政府研发资助对区域创新效率是否存在最优区间以及随着企业研发投入的不断增加，政府研发资助对区域创新效率的影响趋势的可能性变化，本章从异质性科技创新主体所获政府研发资助视角考察其对全国层面及不同工业化水平地区的分地区层面区域创新效率的门槛效应。同时也考虑了将企业研发投入作为门槛变量，异质性科技创新主体所获政府研发资助作为核心解释变量对区域创新效率影响的相关门槛效应。

6.1 模型构建

基于上述面板门槛相关原理及研究内容，本书构建的面板门槛模型如下
所示：

$$\mu_{it} = \eta_0 + \eta_1 \mathrm{lnsub}_{it} \cdot (\mathrm{lnsub}_{it} \leqslant \theta) + \eta_2 \mathrm{lnsub}_{it} \cdot (\mathrm{lnsub}_{it} > \theta) + \eta_3 \mathrm{lnsuq}_{it} + \\ \eta_4 \mathrm{lngq}_{it} + \eta_5 \mathrm{lnyq}_{it} + \eta_6 \mathrm{lnyd}_{it} + \eta_7 \mathrm{lnedu}_{it} + \eta_8 \mathrm{lngdp}_{it} + \eta_9 \mathrm{lnopen}_{it} + \\ \eta_{10} \mathrm{lnfdi}_{it}$$

$$\mu'_{it} = \eta_0 + \eta_1 \mathrm{lnsub}_{it} \cdot (\mathrm{lnsub}_{it} \leqslant \theta) + \eta_2 \mathrm{lnsub}_{it} \cdot (\mathrm{lnsub}_{it} > \theta) + \eta_3 \mathrm{lnsuq}_{it} + \\ \eta_4 \mathrm{lngq}_{it} + \eta_5 \mathrm{lnyq}_{it} + \eta_6 \mathrm{lnyd}_{it} + \eta_7 \mathrm{lnedu}_{it} + \eta_8 \mathrm{lngdp}_{it} + \eta_9 \mathrm{lnopen}_{it} + \\ \eta_{10} \mathrm{lnfdi}_{it} \tag{6-1}$$

$$\mu''_{it} = \eta_0 + \eta_1 \mathrm{lnsub}_{it} \cdot (\mathrm{lnsuq}_{it} \leqslant \psi) + \eta_2 \mathrm{lnsub}_{it} \cdot (\mathrm{lnsuq}_{it} > \psi) + \eta_3 \mathrm{lngq}_{it} + \\ \eta_4 \mathrm{lnyq}_{it}$$

$$\mu_{it} = \eta_0 + \eta_1 \mathrm{lnsub}_{it} \cdot I(\mathrm{lnsuq}_{it} \leqslant \tau) + \eta_2 \mathrm{lnsub}_{it} \cdot I(\mathrm{lnsuq}_{it} > \tau) + \eta_3 \mathrm{lngq}_{it} + \\ \eta_4 \mathrm{lnyq}_{it} + \eta_5 \mathrm{lnyd}_{it} + \eta_6 \mathrm{lnedu}_{it} + \eta_7 \mathrm{lngdp}_{it} + \eta_8 \mathrm{lnopen}_{it} + \eta_9 \mathrm{lnfdi}_{it}$$

$$\tag{6-2}$$

式（6-1）为考察政府研发资助同时作为门槛变量和核心解释变量时的单
重面板门槛模型；式（6-2）为考察企业研发投入作为门槛变量，政府研发资
助作为核心解释变量时的单重面板门槛模型。面板门槛模型可能为单重面板门
槛、双重面板门槛和三重面板门槛三种模型，其原理具有一致性，为节省篇
幅，本书仅展示单重面板门槛模型。相关变量符号表达含义与上文一致。

此外，在研究异质性科技创新主体所获政府研发资助时，式（6-1）中政
府研发资助指标 lnsub_{it} 相应地分别变换为科研机构所获政府研发资助 $\mathrm{lnkgdsub}_{it}$
和企业所获政府研发资助 $\mathrm{lnqysub}_{it}$，当科研机构所获政府研发资助同时为门槛
变量和核心解释变量时，企业所获政府研发资助则作为控制变量纳入模型回
归；当企业所获政府研发资助同时为门槛变量和核心解释变量时，则科研机构
所获政府研发资助则作为控制变量纳入模型回归。当以企业研发投入为门槛变
量，异质性科技创新主体所获政府研发资助作为核心解释变量时，将式（6-2）
中的 lnsub_{it} 依次替换为 $\mathrm{lnkgdsub}_{it}$ 和 $\mathrm{lnqysub}_{it}$，并同时相应地分别将 $\mathrm{lnqysub}_{it}$ 和
$\mathrm{lnkgdsub}_{it}$ 作为控制变量即可，其他则与式（6-2）一致，不再列出。

6.2 全国层面

对于异质性科技创新主体下的政府研发资助对区域创新效率影响的相关门槛效应分析,本节同样从全国整体样本层面和按工业化水平划分的高、中、低工业化水平三大地区分样本视角进行考察。但不同的是,本节对于科研机构所获政府研发资助和企业所获政府研发资助分别既作为门槛变量又作为核心解释变量考察两大创新主体对区域创新效率的门槛效应,同时会将另一创新主体政府研发资助作为控制变量进行分析。至于以企业研发投入为门槛变量时,考察两大创新主体所获政府研发资助对区域创新效率的影响,也与此同理。

6.2.1 门槛效应检验结果分析

基于全国整体样本下的异质性科技创新主体所获政府研发资助自身(科研机构所获政府研发资助、企业所获政府研发资助既作为门槛变量,又作为核心解释变量)以及在企业研发投入可能存在门槛值下异质性科技创新主体政府研发资助(以企业研发投入门槛变量,以科研机构所获政府研发资助、企业所获政府研发资助作为核心解释变量)对区域创新效率影响的门槛效应检验结果如表 6.1 所示。

表 6.1　全国层面不同门槛变量下异质性科技创新主体所获政府研发资助
对区域创新效率的门槛效应检验

核心解释变量	门槛变量	门槛个数	F 值	P 值	1%	5%	10%
科研机构所获政府研发资助	科研机构所获政府研发资助	单重门槛	4.980	0.867	21.637	27.716	44.480
	企业研发投入	单重门槛	79.240***	0.003	32.095	39.842	71.870
		双重门槛	20.490	0.207	35.571	53.931	88.516

表6.1(续)

核心解释变量	门槛变量	门槛个数	F 值	P 值	1%	5%	10%
企业所获政府研发资助	企业所获政府研发资助	单重门槛	31.350**	0.013	15.930	21.284	37.717
		双重门槛	11.200	0.237	17.394	34.787	73.186
	企业研发投入	单重门槛	55.890***	0.010	27.381	37.968	54.233
		双重门槛	27.030**	0.040	20.090	26.150	44.385
		三重门槛	19.430	0.640	48.835	63.853	109.150

由表6.1可以看出,当科研机构所获政府研发资助既作为门槛变量又作为核心解释变量时,科研机构所获政府研发资助对区域创新效率影响的单重门槛效应检验统计量 F 值为4.980,对应 P 值为0.867,未能拒绝单重门槛效应下的原假设,说明此时模型不存在门槛效应。而以企业研发投入作为门槛变量,科研机构所获政府研发资助为核心解释变量时,单重门槛效应检验统计量 F 值为79.240,对应 P 值为0.003,在1%的统计水平上拒绝单重门槛效应下的原假设,而双重门槛效应检验统计量 F 值为20.490,对应 P 值为0.207,不能拒绝双重门槛效应下的原假设,说明此时模型只存在单重门槛效应。

当企业所获政府研发资助既作为门槛变量又作为核心解释变量时,企业所获政府研发资助对区域创新效率影响的单重门槛效应检验统计量 F 值为31.350,对应 P 值为0.013,在5%的统计水平上显著拒绝单重门槛效应下的原假设,而双重门槛效应检验统计量 F 值为11.200,对应 P 值为0.237,不能拒绝双重门槛效应下的原假设,说明此时模型只存在单重门槛效应。而以企业研发投入作为门槛变量,企业所获政府研发资助作为核心解释变量时,单重门槛效应检验统计量 F 值为55.890,对应 P 值为0.010,在1%的统计水平上拒绝单重门槛效应下的原假设,双重门槛效应检验统计量 F 值为27.030,对应 P 值为0.040,在5%的统计水平上显著拒绝双重门槛效应下的原假设,而三重门槛效应检验统计量 F 值为19.430,对应 P 值为0.640,说明此时模型存在双重门槛效应。

因此,本节针对以企业研发投入作为门槛变量,科研机构所获政府研发资助、企业所获政府研发资助分别作为核心解释变量时,以及企业所获政府研发资助既作为门槛变量又作为核心解释变量对区域创新效率的影响进行分析。通过门槛估计发现，全国层面以企业研发投入为门槛变量，以科研机构所获政府研发资助为核心解释变量时，对区域创新效率的影响的单重门槛估计值为-0.151，相应的95%置信区间为［-0.157，-0.150］，相应的似然比函数图如图6.1所示。以企业所获政府研发资助既作为门槛变量又作为核心解释变量对区域创新效率影响的单重门槛估计值为-1.653，对应的95%置信区间为［-1.739，-1.633］，相应的似然比函数图如图6.2所示。以企业研发投入为门槛变量，以企业所获政府研发资助为核心解释变量时，对区域创新效率的影响的双重门槛估计值分别为-0.149和-1.241，相应的95%置信区间分别为［-0.158，-0.131］和［-1.363，-1.213］，相应的似然比函数图如图6.3所示。

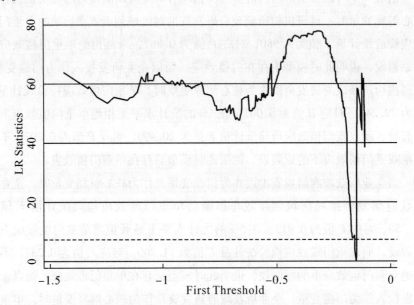

图6.1　全国层面企业研发投入为门槛变量，科研机构所获政府研发资助
为核心解释变量时对区域创新效率影响的单重门槛效应

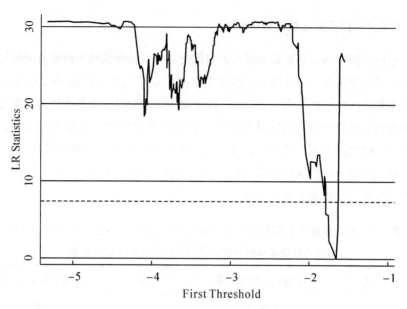

图 6.2　全国层面企业所获政府研发资助既作为门槛变量又作为
核心解释变量时对区域创新效率影响的单重门槛效应

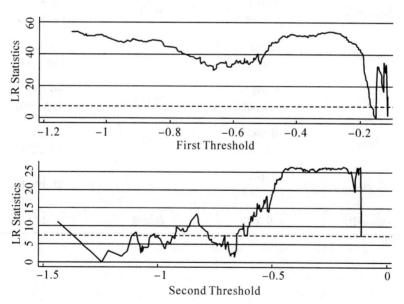

图 6.3　全国层面以企业研发投入为门槛变量，企业所获政府研发资助
为核心解释变量时对区域创新效率影响的双重门槛效应

6.2.2 门槛效应估计结果分析

根据全国层面以企业研发投入为门槛变量，以科研机构所获政府研发资助为核心解释变量时，对区域创新效率的影响的单重门槛估计值−0.151所进行的门槛效应估计结果如表6.2所示。以企业所获政府研发资助既作为门槛变量又作为核心解释变量，对区域创新效率影响的单重门槛估计值为−1.653，以及以企业研发投入为门槛变量，以企业所获政府研发资助为核心解释变量时，对区域创新效率的影响的双重门槛估计值分别为−0.149和−1.241，所进行的门槛效应估计结果如表6.3所示。

表6.2 全国层面以企业研发投入为门槛变量，以科研机构所获政府研发资助
为核心解释变量对区域创新效率的门槛效应估计结果

变量	系数估计值及 t 值	变量	系数估计值及 t 值
lnkgdsub1	0.082*** (4.070)	lnyd	0.180*** (30.510)
lnkgdsub2	−0.107*** (−3.790)	lnedu	−0.629*** (−75.680)
lnqysub	−0.188*** (−48.010)	lngdp	−0.727*** (−82.100)
lngq	0.105*** (25.360)	lnopen	−0.037*** (−5.280)
lnyq	0.0002 (0.120)	lnfdi	0.121*** (43.230)
常数项	12.164*** (287.580)	F	26 195.89
within−R^2	0.998	观测值	570

表 6.3 全国层面分别以企业所获政府研发资助、企业研发投入为门槛变量，
以企业所获政府研发资助为核心解释变量对区域创新效率的门槛效应估计结果

变量	(1) 企业所获政府研发资助为门槛变量	(2) 企业研发投入为门槛变量	(3)
lnqysub1	-0.205 *** (-51.530)	-0.188 *** (-47.140)	-0.207 *** (-38.670)
lnqysub2	-0.252 *** (-25.610)	-0.206 *** (-45.430)	-0.186 *** (-47.240)
lnqysub3			-0.203 *** (-45.430)
lnkgdsub	0.062 *** (3.250)	0.067 *** (3.300)	0.072 *** (3.590)
lnsuq	-0.140 *** (-9.320)		
lngq	0.099 *** (25.020)	0.104 *** (24.590)	0.108 *** (25.550)
lnyq	0.000 2 (0.11)	-0.000 4 (-0.210)	-0.000 1 (-0.060)
lnyd	0.183 *** (32.210)	0.182 *** (30.220)	0.181 *** (30.890)
lnedu	-0.611 *** (-73.970)	-0.630 *** (74.380)	-0.627 *** (-75.720)
lngdp	-0.699 *** (-83.200)	-0.722 *** (-80.620)	-0.723 *** (-82.580)
lnopen	-0.039 *** (-5.630)	-0.038 *** (-50.240)	-0.037 *** (-5.200)
lnfdi	0.119 *** (43.280)	0.120 *** (42.240)	0.119 *** (42.900)
常数项	11.692 *** (214.720)	12.129 *** (285.910)	12.129 *** (292.540)
F	25 909.710	25 223.310	24 012.250
within-R^2	0.998	0.998	0.998
观测值	570	570	570

观察表 6.2 可以发现,当企业研发投入(lnsuq)不断增强并跨过-0.151的门槛后,科研机构获得政府研发资助对区域创新效率的影响系数由 0.082 扭转为-0.107,说明对于全国整体而言,当企业研发投入不断增强并跨过相应门槛后,能够明显扭转科研机构的政府研发资助对区域创新效率的抑制效应,从而形成对区域创新效率提升的明显促进作用。

表 6.3 中,第(1)列为以企业所获政府研发资助既作为门槛变量又作为核心解释变量对区域创新效率影响的单重门槛估计结果;第(2)列为以企业研发投入为门槛变量,以企业所获政府研发资助为核心解释变量时,对区域创新效率的影响的单重门槛时估计结果;第(3)列为以企业研发投入为门槛变量,以企业所获政府研发资助为核心解释变量时,对区域创新效率的影响的双重门槛估计结果。由第(1)列结果可知,企业所获政府研发资助对区域创新效率的影响存在显著的单重门槛效应,且当企业所获政府研发资助力度不断增强并跨过门槛后,对区域创新效率的正向促进作用不断增强,弹性由 0.205 增长到 0.252。由第(3)列可以看出,当企业研发投入不断增强时,企业所获政府研发资助对区域创新效率的影响为持续的促进作用,但企业研发投入跨过不同的门槛后,企业所获政府研发资助对区域创新效率的促进作用大小存在一定差异。当企业研发投入未跨过第一个门槛时,企业所获政府研发资助对区域创新效率的正向影响达到最大为 0.207;但当企业研发投入跨过第一个门槛而未跨过第二个门槛时,即介于两个门槛之间时,企业所获政府研发资助对区域创新效率的正向影响反而降低为 0.186;当企业研发投入跨过第二个门槛后,企业所获政府研发资助对区域创新效率的正向影响再度增强为 0.203,略小于企业研发投入未跨过第一个门槛时的企业所获政府研发资助对区域创新效率的影响效果。说明随着企业研发投入的不断显现与增强,企业所获政府研发资助对区域创新效率提升的正向促进作用整体上呈现先高后低再高的变化过程。

6.3 分地区层面

6.3.1 高工业化水平地区

基于高工业化水平地区样本下的门槛效应检验结果如表 6.4 所示。

表 6.4　高工业化水平地区不同门槛变量下异质性科技创新主体所获政府研发资助
对区域创新效率的门槛效应检验

核心解释变量	门槛变量	门槛个数	F 值	P 值	1%	5%	10%
科研机构所获 政府研发资助	科研机构所获 政府研发资助	单重门槛	7.660	0.313	10.798	13.331	16.618
	企业研发投入	单重门槛	8.450	0.477	15.543	18.414	25.348
企业所获 政府研发资助	企业所获 政府研发资助	单重门槛	3.870	0.533	8.183	10.914	15.037
	企业研发投入	单重门槛	6.070	0.717	16.394	22.882	31.053

由表 6.4 可以看出，当科研机构所获政府研发资助既作为门槛变量又作为核心解释变量时，科研机构所获政府研发资助对区域创新效率影响的单重门槛效应检验统计量 F 值为 7.660，对应 P 值为 0.313，未能拒绝单重门槛效应下的原假设，说明此时模型不存在门槛效应。而以企业研发投入作为门槛变量，科研机构所获政府研发资助作为核心解释变量时，单重门槛效应检验统计量 F 值为 8.450，对应 P 值为 0.477，同样未能拒绝单重门槛效应下的原假设，说明此时模型也不存在门槛效应。

当企业所获政府研发资助既作为门槛变量又作为核心解释变量时，企业所获政府研发资助对区域创新效率影响的单重门槛效应检验统计量 F 值为 3.870，对应 P 值为 0.533，并未拒绝单重门槛效应下的原假设，说明此时模型不存在门槛效应。而以企业研发投入作为门槛变量，企业所获政府研发资助作为核心解释变量时，单重门槛效应检验统计量 F 值为 6.070，对应 P 值为 0.717，不能拒绝单重门槛效应下的原假设，说明此时模型不存在门槛效应。

从门槛模型检验结果来看，高工业化水平地区不论是以科研机构所获政府研发资助、企业所获政府研发资助既作为门槛变量，又作为核心解释变量，还是以企业研发投入门槛变量，以科研机构所获政府研发资助、企业所获政府研发资助作为核心解释变量，均对区域创新效率影响不存在门槛效应。

6.3.2　中工业化水平地区

6.3.2.1　门槛效应检验结果分析

基于中工业化水平地区分样本下的门槛效应检验结果如表 6.5 所示。

表 6.5　中工业化水平地区不同门槛变量下异质性科技创新主体所获政府研发资助对区域创新效率的门槛效应检验

核心解释变量	门槛变量	门槛个数	F 值	P 值	1%	5%	10%
科研机构所获政府研发资助	科研机构所获政府研发资助	单重门槛	13.420	0.157	14.902	17.045	25.216
	企业研发投入	单重门槛	22.330**	0.033	16.397	19.808	25.691
		双重门槛	12.750	0.110	13.268	15.264	18.920
企业所获政府研发资助	企业所获政府研发资助	单重门槛	21.590**	0.027	16.266	19.363	22.977
		双重门槛	4.230	0.883	12.056	14.521	18.564
	企业研发投入	单重门槛	6.890	0.340	12.801	15.908	24.760

由表 6.5 可以看出，当科研机构所获政府研发资助既作为门槛变量又作为核心解释变量时，科研机构所获政府研发资助对区域创新效率影响的单重门槛效应检验统计量 F 值为 13.420，对应 P 值为 0.157，未能拒绝单重门槛效应下的原假设，说明此时模型不存在门槛效应。而以企业研发投入作为门槛变量，科研机构所获政府研发资助作为核心解释变量时，单重门槛效应检验统计量 F 值为 22.330，对应 P 值为 0.033，在 5% 的统计水平上拒绝单重门槛效应下的原假设，而双重门槛效应检验统计量 F 值为 12.750，对应 P 值为 0.110，不能拒绝双重门槛效应下的原假设，说明此时模型只存在单重门槛效应。

当企业所获政府研发资助既作为门槛变量又作为核心解释变量时，企业所获政府研发资助对区域创新效率影响的单重门槛效应检验统计量 F 值为 21.590，对应 P 值为 0.027，在 5% 的统计水平上显著拒绝单重门槛效应下的原假设，而双重门槛效应检验统计量 F 值为 4.230，对应 P 值为 0.883，不能拒绝双重门槛效应下的原假设，说明此时模型只存在单重门槛效应。而以企业研发投入作为门槛变量，企业所获政府研发资助作为核心解释变量时，单重门槛效应检验统计量 F 值为 6.890，对应 P 值为 0.340，未能拒绝单重门槛效应下的原假设，说明此时模型不存在门槛效应。

因此，本节针对以企业研发投入作为门槛变量，科研机构所获政府研发资助、企业所获政府研发资助分别作为核心解释变量时，以及企业所获政府研发资助既作为门槛变量又作为核心解释变量对区域创新效率的影响进行分析。通过门槛估计发现，中工业化水平地区样本以企业研发投入为门槛变量，以科研机构所获政府研发资助为核心解释变量时，对区域创新效率的影响的单重门槛估计值为-0.727，相应的95%置信区间为［-0.758，-0.726］，相应的似然比函数图如图6.4所示。以企业所获政府研发资助既作为门槛变量又作为核心解释变量对区域创新效率影响的单重门槛估计值为-2.347，对应的95%置信区间为［-2.401，-2.328］，相应的似然比函数图如图6.5所示。

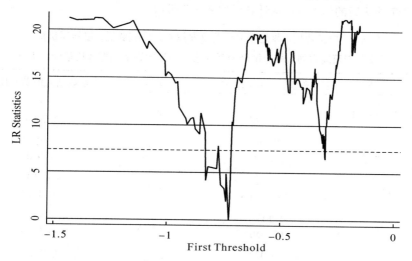

图6.4　中工业化水平地区企业研发投入为门槛变量，科研机构所获政府研发资助
为核心解释变量时对区域创新效率影响的单重门槛效应

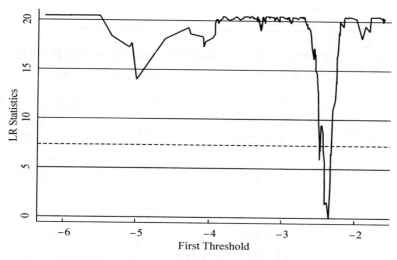

图6.5　中工业化水平地区企业所获政府研发资助既作为门槛变量又作为
核心解释变量时对区域创新效率影响的单重门槛效应

6.3.2.2 门槛效应估计结果分析

根据中工业化水平地区以企业研发投入为门槛变量，以科研机构所获政府研发资助为核心解释变量时，对区域创新效率的影响的单重门槛估计值 −0.727 所进行的门槛效应估计结果如表 6.6 所示。以企业所获政府研发资助既作为门槛变量又作为核心解释变量对区域创新效率影响的单重门槛估计值 −2.347 所进行的门槛效应估计结果如表 6.7 所示。

表 6.6　中工业化水平地区以企业研发投入为门槛变量，以科研机构
所获政府研发资助为核心解释变量对区域创新效率的门槛效应估计结果

变量	系数估计值及 t 值	变量	系数估计值及 t 值
lnkgdsub1	−0.587* (−1.760)	lnyd	0.431*** (4.230)
lnkgdsub2	0.468 (1.260)	lnedu	−0.437*** (−2.960)
lnqysub	−0.332*** (−6.310)	lngdp	−0.027 (−0.170)
lngq	0.200*** (2.650)	lnopen	−0.469*** (−4.310)
lnyq	0.008 (0.290)	lnfdi	0.051 (1.460)
常数项	8.892*** (14.250)	F	85.440
within−R^2	0.806	观测值	228

表 6.7　中工业化水平地区企业所获政府研发资助既作为门槛变量又作为
核心解释变量时对区域创新效率影响的单重门槛效应估计结果

变量	系数估计值及 t 值	变量	系数估计值及 t 值
lnqysub1	−0.192*** (−3.220)	lnyd	0.495*** (4.840)
lnqysub2	0.044 (0.470)	lnedu	−0.592*** (−6.310)
lnkgdsub	−0.357 (−1.080)	lngdp	0.147 (0.920)
lnsuq	−0.453** (−2.070)	lnopen	−0.415*** (−3.760)

表6.7(续)

变量	系数估计值及 t 值	变量	系数估计值及 t 值
lngq	0.120 (1.530)	lnfdi	0.035 (0.980)
lnyq	0.001 (0.050)	常数项	8.362*** (9.810)
F	77.790	within-R^2	0.807
观测值	228		

由表6.6可以看出,当企业研发投入不断增强并跨过门槛后,科研机构所获政府研发资助对区域创新效率的影响系数由10%的统计水平上显著的负值转变为不显著的正值,说明对处于中工业化水平地区来说,随着企业研发投入的不断提高,科研机构获得政府研发资助对区域创新效率会由明显的促进作用转变为不明显的抑制作用。

由表6.7可知,当企业所获政府研发资助不断增加并跨过门槛后,对区域创新效率的影响系数由1%的统计水平上显著的负值转变为不显著的正值,说明中工业化水平地区企业获得政府研发资助在未跨过门槛时,对区域创新效率提升有着明显的促进作用,跨过门槛后,会对区域创新效率形成抑制作用,但这种抑制作用并不明显。也就是说,对于中工业化水平地区来说,政府对企业提供研发资助应有最高限额。

6.3.3 低工业化水平地区

6.3.3.1 门槛效应检验结果分析

基于低工业化水平地区分样本下的门槛效应检验结果如表6.8所示。

表6.8 低工业化水平地区不同门槛变量下异质性科技创新主体所获政府研发资助对区域创新效率的门槛效应检验

核心解释 变量	门槛变量	门槛个数	F 值	P 值	1%	5%	10%
科研机构 所获政府 研发资助	科研机构所获 政府研发资助	单重门槛	7.950	0.447	14.402	16.025	25.316
	企业研发投入	单重门槛	19.690**	0.037	14.437	17.992	23.456
		双重门槛	15.060*	0.057	13.095	15.512	18.564
		三重门槛	10.220	0.267	20.732	27.115	39.744

核心解释变量	门槛变量	门槛个数	F 值	P 值	1%	5%	10%
企业所获政府研发资助	企业所获政府研发资助	单重门槛	4.670	0.587	9.904	11.934	15.014
	企业研发投入	单重门槛	24.680**	0.050	19.285	24.293	35.695
		双重门槛	20.580**	0.040	18.299	20.052	30.999
		三重门槛	16.860	0.680	42.318	45.827	53.379

由表6.8可以看出，当科研机构所获政府研发资助既作为门槛变量又作为核心解释变量时，科研机构所获政府研发资助对区域创新效率影响的单重门槛效应检验统计量 F 值为7.950，对应 P 值为0.447，未能拒绝单重门槛效应下的原假设，说明此时模型不存在门槛效应。而以企业研发投入作为门槛变量，科研机构所获政府研发资助作为核心解释变量时，单重门槛效应检验统计量 F 值为19.690，对应 P 值为0.037，在5%的统计水平上拒绝单重门槛效应下的原假设，而双重门槛统计量 F 值为15.060，对应 P 值为0.057，在10%的统计水平上显著拒绝双重门槛效应下的原假设，而三重门槛效应检验统计量 F 值为10.220，对应 P 值为0.267，未能拒绝三重门槛效应下的原假设，说明模型存在双重门槛效应。

当企业所获政府研发资助既作为门槛变量又作为核心解释变量时，企业所获政府研发资助对区域创新效率影响的单重门槛效应检验统计量 F 值为4.670，对应 P 值为0.587，未能拒绝单重门槛效应下的原假设，说明此时模型不存在门槛效应。而以企业研发投入作为门槛变量，企业所获政府研发资助作为核心解释变量时，单重门槛效应检验统计量 F 值为24.680，对应 P 值为0.050，在5%的统计水平上拒绝单重门槛效应下的原假设，而双重门槛效应检验统计量 F 值为20.580，对应 P 值为0.040，在5%的统计水平上显著拒绝双重门槛效应下的原假设，而三重门槛效应检验统计量 F 值为16.860，对应 P 值为0.680，未能拒绝三重门槛效应下的原假设，说明此时模型存在双重门槛效应。

因此，本节针对以企业研发投入作为门槛变量，科研机构所获政府研发资助、企业所获政府研发资助分别作为核心解释变量时对区域创新效率的影响进行分析。通过门槛估计发现，低工业化水平地区样本以企业研发投入为门槛变量，以科研机构所获政府研发资助为核心解释变量时，对区域创新效率的影响的双重门槛估计值为-0.706和-1.275，相应的95%置信区间为［-0.796，-0.703］和［-1.622，-1.143］，相应的似然比函数图如图6.6所示。以企业研发投入作为门槛变量，企业所获政府研发资助分别作为核心解释变量时对区域创新效率的影响的双重门槛估计值分别为-0.706和-1.275，对应的95%置信区间为［-0.796，-0.703］和［-1.622，-1.074］，相应的似然比函数图如图6.7所示。

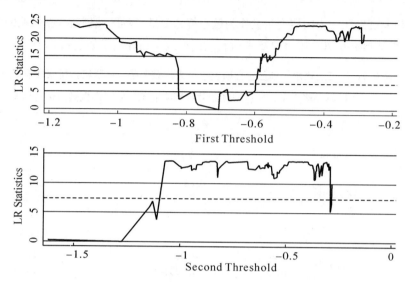

图6.6 低工业化水平地区企业研发投入为门槛变量，科研机构所获政府研发资助为核心解释变量时对区域创新效率影响的双重门槛效应

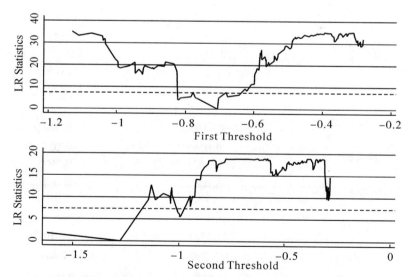

图6.7 低工业化水平地区企业研发投入为门槛变量，企业所获政府研发资助为核心解释变量时对区域创新效率影响的双重门槛效应

6.3.3.2　门槛效应估计结果分析

根据低工业化水平地区以企业研发投入为门槛变量，以科研机构所获政府研发资助为核心解释变量时，对区域创新效率的影响的双重门槛估计值 −0.706 和 −1.275 所进行的门槛效应估计结果如表 6.9 所示。以企业所获政府研发资助既作为门槛变量又作为核心解释变量，对区域创新效率影响的双重门槛估计值 −0.706 和 −1.275 所进行的门槛效应估计结果如表 6.10 所示。

表 6.9　低工业化水平地区企业研发投入为门槛变量，科研机构所获政府研发资助为核心解释变量时对区域创新效率影响的单、双重门槛效应估计结果

变量	单重门槛	双重门槛
lnkgdsub1	−1.197 *** (−9.740)	−2.340 *** (−7.380)
lnkgdsub2	−0.848 *** (−7.170)	−1.281 *** (−10.780)
lnkgdsub3		−0.897 *** (−8.520)
lnqysub	−0.011 (−0.520)	−0.027 (−1.270)
lngq	0.042 *** (3.360)	0.038 *** (3.170)
lnyq	−0.043 *** (−5.280)	−0.038 *** (−4.800)
lnyd	0.021 (0.810)	0.034 (1.380)
lnedu	0.133 *** (2.950)	0.124 *** (2.890)
lngdp	−0.447 *** (−10.160)	−0.421 *** (−9.950)
lnopen	−0.026 (−0.940)	−0.024 (−0.900)
lnfdi	−0.005 (−0.370)	−0.004 (−0.310)
常数项	2.928 *** (15.510)	2.767 *** (15.010)
F	182.280	184.460
within-R^2	0.932	0.939
观测值	152	152

表 6.10 低工业化水平地区企业研发投入为门槛变量，企业所获政府研发资助为核心解释变量时对区域创新效率影响的单、双重门槛效应估计结果

变量	单重门槛	双重门槛
lnqysub1	−0.057 ** (−2.360)	−0.364 *** (−5.100)
lnqysub2	−0.004 (−0.190)	−0.085 *** (−3.610)
lnqysub3		−0.022 (−1.060)
lnkgdsub	−0.936 *** (−8.800)	−0.998 *** (−9.950)
lngq	0.049 *** (3.950)	0.045 *** (3.910)
lnyq	−0.040 *** (−4.950)	−0.032 *** (−4.220)
lnyd	0.022 (0.880)	0.037 (1.570)
lnedu	0.121 *** (2.790)	0.111 *** (2.740)
lngdp	−0.444 *** (−10.280)	−0.415 *** (−10.160)
lnopen	−0.018 (−0.680)	−0.014 (−0.560)
lnfdi	−0.002 (−0.200)	−0.002 (−0.150)
常数项	2.965 *** (16.230)	2.778 *** (15.820)
F	188.670	198.450
within-R^2	0.934	0.943
观测值	152	152

由表 6.9 双重门槛效应估计结果可知，当企业研发投入相对较弱即未跨过第一个门槛时，科研机构所获政府研发资助对区域创新效率的正向促进影响最大，弹性为 2.340。当企业研发投入相对较强即介于第一个和第二个门槛之间时，科研机构所获政府研发资助对区域创新效率的正向促进影响大幅度减小，

弹性为 1.281。当企业研发投入大大增强即跨过第二个门槛时，科研机构所获政府研发资助对区域创新效率的正向促进影响最小，弹性为 0.897。也就是说，对于处于低工业化水平地区来说，当企业研发投入不断增强时，科研机构所获政府研发资助对区域创新效率的影响始终在 1%的统计水平上显著为正向促进效应，但是这种促进效应力度在不断减弱。

由表 6.10 双重门槛效应估计结果可知，当企业研发投入相对较弱即未跨过第一个门槛时，企业所获政府研发资助对区域创新效率的正向促进影响最大，弹性为 0.364，当企业研发投入相对较强即介于第一个和第二个门槛之间时，企业所获政府研发资助对区域创新效率的正向促进影响大幅度减小，弹性为 0.085，当企业研发投入大大增强即跨过第二个门槛时，企业所获政府研发资助对区域创新效率的正向促进影响最小，弹性为 0.022。也就是说，对于处于低工业化水平地区来说，当企业研发投入不断增强时，企业所获政府研发资助对区域创新效率的影响始终为正向促进效应，但是这种促进效应力度在不断减弱，且当企业研发投入跨过第二个门槛后，企业所获政府研发资助对区域创新效率虽然仍存在正向促进效应，但变得不明显。

综合来看，我们发现低工业化水平地区存在两个非常有趣的现象：一个是不论是科研机构还是企业，所获政府研发资助其自身对区域创新效率影响均不存在门槛效应，但是以企业研发投入为门槛变量时，科研机构和企业两大创新主体所获政府研发资助对区域创新效率又均存在双重门槛效应，且双重门槛值也均一致；另一个是随着企业研发投入的不断增强即跨过相应的门槛后，科研机构和企业两大创新主体所获政府研发资助对区域创新效率仍均持续存在正向促进效应，但是这种促进效应都在不断弱化（当企业研发投入跨过第二个门槛后，科研机构所获政府研发资助对区域创新效率的正向促进效应仍在 1%水平上显著，但企业所获政府研发资助正向促进效应并不显著）。但是，科研机构所获政府研发资助对区域创新效率的正向促进影响要始终远大于企业所获政府研发资助对区域创新效率的正向促进影响。

6.4　稳健性检验

为保证本章结论的可靠性，本小节针对全国层面总体及分科技创新主体所获政府研发资助对区域创新效率的门槛效应以及企业研发投入对政府研发资助效果的门槛效应进行稳健性检验。

6.4.1 稳健性检验一

本部分分别以异质性科技创新主体所获政府研发资助和企业研发投入为门槛变量，以异质性科技创新主体所获政府研发资助为核心解释变量，进行门槛效应检验和门槛模型回归，估计结果分别如表6.11和表6.12所示。

表6.11 异质性科技创新主体所获政府研发资助、企业研发投入分别作为门槛变量，异质性科技创新主体所获政府研发资助作为核心解释变量对区域创新效率影响的门槛效应检验结果

核心解释变量	门槛变量	门槛个数	F值	P值	1%	5%	10%
科研机构所获政府研发资助	科研机构所获政府研发资助	单重门槛	15.26	0.227	21.371	26.378	35.791
	企业研发投入	单重门槛	34.04*	0.070	30.724	36.651	61.385
		双重门槛	17.52	0.153	20.053	23.794	32.249
企业所获政府研发资助	企业所获政府研发资助	单重门槛	10.77	0.390	16.557	18.183	26.251
	企业研发投入	单重门槛	32.87**	0.040	32.085	37.578	69.753
		双重门槛	23.66	0.160	28.533	35.618	51.125

观察表6.11可知，科研机构和企业所获政府研发资助自身对区域创新效率影响均不存在门槛效应，而企业研发投入在科研机构和企业所获政府研发资助对区域创新效率影响中均存在显著的单重门槛效应。

表6.12 企业研发投入分别为门槛变量，异质性科技创新主体所获政府研发资助作为核心解释变量对区域创新效率影响的门槛效应估计结果

变量	科研机构所获政府研发资助为核心解释变量	企业所获政府研发资助为核心解释变量
lnkgdsub1	0.070*** (4.17)	
lnkgdsub2	−0.033 (−1.41)	
lnqysub1		0.005 (1.56)

表6.12(续)

变量	科研机构所获政府研发资助为核心解释变量	企业所获政府研发资助为核心解释变量
lnqysub2		0.014*** (4.29)
lnkgdsub		0.059*** (3.55)
lnqysub	0.012*** (3.80)	
lngq	−0.017*** (−4.81)	−0.018*** (−5.18)
lnyq	0.003** (2.13)	0.004** (2.25)
lnyd	−0.024*** (−4.97)	−0.023*** (−4.70)
lnedu	−0.024*** (−3.55)	−0.021*** (−2.99)
lngdp	0.014* (1.92)	0.023*** (3.24)
lnopen	0.021*** (3.58)	0.024*** (4.07)
lnfdi	−0.006** (−2.48)	−0.007*** (−2.94)
常数项	0.784*** (22.30)	0.661*** (18.83)
F	33.78	34.40
within-R^2	0.389	0.394
观测值	570	570

由表6.12可知,异质性科技创新主体所获政府研发资助对区域创新效率影响的相关门槛效应检验和估计结果与上文保持了较高一致性,说明本章结论仍具有较好的稳健性和可靠性。

6.4.2 稳健性检验二

本部分同样基于面板门槛模型对科技创新双投入、双产出情况下的政府研发资助对区域创新效率的相关影响进行门槛效应分析。与第一种门槛模型回归步骤保持一致，先对全国层面政府研发资助对区域创新效率影响以及企业研发投入对政府研发资助效果影响的门槛效应进行检验，之后根据检验结果列示相关门槛效应估计结果。

本部分同样分别以异质性科技创新主体所获政府研发资助和企业研发投入为门槛变量，以异质性科技创新主体所获政府研发资助为核心解释变量，进行门槛效应检验和门槛模型回归。具体结果如表 6.13 和表 6.14 所示。

表 6.13 异质性科技创新主体所获政府研发资助、企业研发投入分别作为门槛变量，
异质性科技创新主体所获政府研发资助作为核心解释变量对区域创新效率
影响的门槛效应检验结果

核心解释变量	门槛变量	门槛个数	F 值	P 值	1%	5%	10%
科研机构所获政府研发资助	科研机构所获政府研发资助	单重门槛	24.85*	0.073	22.804	26.639	37.975
	企业研发投入	双重门槛	15.27	0.167	17.069	24.880	43.769
		单重门槛	28.35	0.193	34.877	43.486	83.739
企业所获政府研发资助	企业所获政府研发资助	单重门槛	17.80*	0.083	16.740	20.828	29.258
	企业研发投入	双重门槛	12.26	0.263	16.449	18.228	22.044
		单重门槛	8.95	0.750	32.849	40.840	64.022

观察表 6.13 可知，科研机构和企业所获政府研发资助自身对区域创新效率影响均存在显著的单重门槛效应，而企业研发投入在科研机构和企业所获政府研发资助对区域创新效率影响中均不存在门槛效应。相应门槛效应估计结果如表 6.14 所示。

表 6.14 异质性科技创新主体所获政府研发资助对区域创新效率
影响的门槛效应估计结果

变量	(1)	(2)
lnkgdsub1	0.019 (1.54)	
lnkgdsub2	0.579*** (4.99)	

表6.14(续)

变量	(1)	(2)
lnqysub1		−0.001
		(−0.30)
lnqysub2		0.006**
		(2.05)
lnkgdsub		0.011
		(0.92)
lnqysub	0.001	
	(0.35)	
lnsuq	0.007	0.010
	(0.76)	(0.99)
lngq	−0.012***	−0.012***
	(−4.86)	(−4.69)
lnyq	0.001	0.001
	(1.15)	(0.84)
lnyd	−0.003	−0.002
	(−1.01)	(−0.81)
lnedu	−0.015***	−0.015***
	(−3.52)	(−3.42)
lngdp	0.016***	0.016***
	(3.98)	(4.00)
lnopen	0.015***	0.016***
	(3.64)	(3.82)
lnfdi	0.001	0.001
	(0.67)	(0.46)
常数项	0.789***	0.794***
	(23.38)	(23.29)
F	27.16	26.26
within−R^2	0.337	0.329
观测值	630	630

注：第（1）列为科研机构所获政府研发资助自身对区域创新效率的单重门槛效应估计结果；第（2）列为企业所获政府研发资助自身对区域创新效率的单重门槛效应估计结果。

观察表 6.14 可以发现，异质性科技创新主体所获政府研发资助对区域创新效率影响的相关门槛效应检验和估计结果与上文虽然存在一定差异，但从整体上来看，结论方面仍保持了较高的一致性，说明本章结论具有相对较好的稳健性和可靠性。

6.5　本章小结

本章主要实证考察了政府研发资助和异质性科技创新主体政府研发资助对区域创新效率的门槛效应，以及以企业研发投入为门槛变量下的政府研发资助和异质性科技创新主体政府研发资助对区域创新效率的影响趋势变化问题（通过门槛效应两种方法的稳健性检验发现，门槛效应检验和模型回归结果虽有一定差异，但整体结论仍保持较高的一致性，说明本章结论仍具有相对较好的稳健性和可靠性）。主要结论有以下几个方面：

6.5.1　异质性科技创新主体政府研发资助对区域创新效率的门槛效应

（1）在全国层面，政府对科研机构的研发资助对区域创新效率的影响并不存在门槛效应，但政府对企业的研发资助对区域创新效率的影响存在显著的单重门槛效应。经过门槛回归发现，企业所获政府研发资助不断增加并跨过相应门槛后，对区域创新效率的促进效应不断增强。

（2）在高工业化水平地区，政府对科研机构和企业的研发资助对区域创新效率的影响均不存在门槛效应。

（3）在中工业化水平地区，政府对科研机构的研发资助对区域创新效率的影响并不存在门槛效应，但政府对企业的研发资助对区域创新效率的影响存在显著的单重门槛效应，企业所获政府研发资助不断增加并跨过相应门槛后，对区域创新效率的影响由显著的促进效应转变为不显著的抑制效应。

（4）在低工业化水平地区，政府对科研机构和企业的研发资助对区域创新效率的影响均不存在门槛效应。

6.5.2　企业研发投入为门槛变量下的异质性科技创新主体政府研发资助对区域创新效率的影响

（1）在全国层面，以企业研发投入为门槛变量的政府对科研机构的研发资助对区域创新效率的影响存在显著的单重门槛效应，且当企业研发投入不断提升并跨过相应门槛后，能明显扭转政府对科研机构的研发资助效果，即政府对科研机构的研发资助对区域创新效率的影响从显著的抑制效应转变为显著的促进效应。以企业研发投入为门槛变量的政府对企业的研发资助对区域创新效率的影响存在显著的双重门槛效应，且当企业研发投入不断提升并跨过相应门槛后，政府对企业的研发资助效果始终为促进效应，但当企业研发投入介于第一个门槛和第二个门槛之间时，政府对企业研发资助效果存在轻微震荡效应，整体上表现为促进效果先变小后变大的趋势。

(2) 在高工业化水平地区，以企业研发投入为门槛变量下的政府对科研机构和企业的研发资助对区域创新效率的影响均不存在门槛效应。

(3) 在中工业化水平地区，以企业研发投入为门槛变量下的政府对科研机构和企业的研发资助对区域创新效率的影响分别表现为存在显著的单重门槛效应和不存在门槛效应。当企业研发投入不断提升并跨过相应门槛后，会弱化政府对科研机构的研发资助效果，即政府对科研机构的研发资助对区域创新效率的影响从明显的促进作用转变为不明显的抑制作用。

(4) 在低工业化水平地区，以企业研发投入为门槛变量下的政府对科研机构和企业的研发资助对区域创新效率的影响均存在显著的双重门槛效应。且当企业研发投入不断抬升并跨过相应门槛后，政府对科研机构和企业的研发资助对区域创新效率的影响始终为促进效应，但促进效应在不断减弱。但同时也可以发现，尽管两种政府研发资助的促进效应均在不断减弱，政府对科研机构的研发资助效果要强于政府对企业的研发资助。

相对较大，且前者增、后者减的趋势明显；科技创新投入和产出规模呈现较大幅度的增长态势。在分地区层面，科研机构、企业所获政府研发资助存在一定差距，由多到少依次为低、中、高工业化水平地区。

（2）从异质性科技创新主体所获政府研发资助效果来看，企业所获政府研发资助对区域创新效率存在显著的激励效应，而科研机构所获政府研发资助对区域创新效率则存在显著的抑制效应或影响不显著。在全国层面，科研机构所获政府研发资助对区域创新效率存在显著的抑制效应，而企业所获政府研发资助则对区域创新效率形成显著的激励效应。在分地区层面，科研机构所获政府研发资助对区域创新效率的影响在低、高工业化水平地区呈现促进作用，在中短期尤为明显，对中工业化水平地区呈现抑制效应；企业所获政府研发资助则对三大地区区域创新效率整体均呈现促进作用，在中短期尤为明显。

（3）在全国层面，企业所获政府研发资助与区域创新效率之间呈现单调递增的线性关系，而科研机构所获政府研发资助则反之，该关系在分地区层面差异相对较大。在全国层面，企业研发投入与企业所获政府研发资助对区域创新效率的影响中具有较明显的互补效应，而与政府研发资助、科研机构所获研发资助之间则整体上呈现替代效应；在分地区层面，企业研发投入与企业所获政府研发资助对区域创新效率的影响在中、低工业化水平地区存在明显的挤入效应，高工业化水平地区则反之，而与科研机构所获研发资助之间则均呈现较为明显的挤出效应。

（4）科研机构所获政府研发资助对区域创新效率的影响在全国和分地区层面均不存在门槛效应。企业所获政府研发资助对全国整体和部分地区区域创新效率存在门槛效应，企业研发投入对两种科技创新主体所获政府研发资助效果亦如此，且均对全国层面较为有利而分地区层面存在一定差异。

企业研发投入对科研机构所获研发资助效果在全国整体、中、低工业化水平地区存在门槛效应，当企业研发投入跨过门槛后，全国层面科研机构所获政府研发资助对区域创新效率的影响由显著的抑制作用扭转为显著的促进作用；而中工业化水平地区科研机构所获研发资助对区域创新效率的影响由显著的促进作用转为不显著的抑制作用；低工业化水平地区科研机构所获政府研发资助对区域创新效率的促进作用不断弱化。

企业所获政府研发资助对区域创新效率影响在全国整体和中工业化水平地区存在门槛效应，资助越过门槛值时，其对全国层面区域创新效率的促进作用转变为不显著；对中工业化水平地区区域创新效率由显著的促进作用……

企业研发投入对企业所获政府研发资助效果

在全国整体、低工业化水平地区存在门槛效应，当企业研发投入不断增加并跨过相应门槛后，在全国层面，企业所获政府研发资助对区域创新效率的促进作用呈现先减弱后增强的趋势；在低工业化水平地区，企业所获政府研发资助对区域创新效率的促进作用不断减弱。

7.2　对策建议

7.2.1　因地制宜地加大政府研发资助力度，全面深化科技创新体制机制改革

政府应就研发资助对于提升我国区域创新效率的重要意义给予肯定，并积极引导和带动各地区尤其是高工业化水平和中工业化水平地区的研发资助政策的出台和落实，充分发挥政府研发资助对区域创新效率的激励效应。而对于低工业化水平地区，应持谨慎态度，或者说应在有效改善低工业化水平地区政府研发资助利用效率的前提下增加政府研发资助规模。因此，对政府研发资助的申请与考核问题的考虑不可或缺，而全面深化创新体制机制改革作为其制度保障，就显得尤为重要。

深化创新体制机制改革，应对政府研发资助实施的事前、事中和事后进行全方位优化。具体来说，主要应从以下几方面着手：

（1）不断优化科技创新项目的评估制度，政府研发资助发放要有的放矢。明确市场在创新资源配置中的决定性作用，对科技创新项目的评估要充分考虑市场需求，建立和丰富以市场需求为导向、真正开展创新活动的项目评估制度，从源头上避免产生因政府可能存在的创新偏好问题，以及异质性科技创新主体为多次获取政府研发资助进行原有科技创新项目重复包装所造成的资源（包括政府研发资助）错配现象。

（2）加强对政府研发资助使用的监管力度，加快完善科技创新成果审核机制。针对政府研发资助的项目，应及时跟进政府研发资助的使用状况，承接项目的创新主体应提供相对详尽的资助资金使用方向和方式，保证资金的不乱用、不滥用。针对事后创新成果的相关审核，应建立审核专家和创新主体的信用制度，必要时应建立相应的黑名单和惩戒机制，审核过程应在相应范围内遵循公开、公平和公正原则，以保障被审核主体的知情权和审核结论的有理有据等。

（3）加快法制化建设，不断丰富相应的法律法规。针对政府研发资助和

创新主体的研发以及创新活动中可能存在的逆向选择、寻租乃至暗箱操作等问题，通过法律法规的出台，强化其震慑作用，同时也使得政府、受资助的创新主体行为均有法可依。

7.2.2 因主体制宜地优化政府研发资助结构，兼顾不同科技创新主体利益

政府研发资助对区域创新效率的提升在我国大多数地区来说具有相当重要的作用，但从异质性科技创新主体所获政府研发资助来看，对于不同地区的不同科技创新主体应在资助效果和方式方面加以甄别和区分，才能够使得政府研发资助的实施效果更具有针对性和精准性，进而推动我国区域创新效率的不断提升。不论是全国层面还是分地区层面，企业所获政府研发资助对区域创新效率的改善都存在较为明显的激励效应。因此，政府应适当加大对企业的研发资助力度，以充分发挥企业在国家及区域创新体系中的带动作用，助推产学研协同创新效应的有效形成和不断增强，进而助推我国区域创新效率的有效提高。正如李政和杨思莹（2018）所说，忽略政府对企业的研发资助，以及由此而带来的企业在科技创新网络中的外部性和带动作用不能有效发挥，会造成政府研发资助效果的误判，也不符合政府研发资助的真正目的。

与此同时，知识创新往往是技术创新的源头所在，甚至对核心技术的突破具有决定性作用，但知识创新需要长期的科学研究的积累与沉淀才能真正发挥作用（Zeira，2011）。而政府对科研机构和高等学校的长期和充足的研发资助，也是欧美国家领跑全球科技创新的重要原因（Stiglitz，2015）。这也应成为我国推动区域创新效率提高过程中政府研发资助的重要路径参考。且从本书实证结论来看，除中工业化水平地区科研机构所获政府研发资助对区域创新效率呈现较为显著的抑制性作用外，在高工业化水平和低工业化水平地区，科研机构所获政府研发资助对区域创新效率的影响均呈现促进作用，尽管这种促进作用可能并不明显。但同时也正说明，政府对科研机构即高等学校、研究与开发机构的研发资助仍需保持长期持续性和大力度提供，才能保障知识创新的有效推进和积淀效应显现。而对于中工业化水平地区来说，科研机构应大力改善政府研发资助的利用效率，优化知识创新、技术创新与市场转化之间的衔接关系，从而推动本地区区域创新效率的不断提升。

因此，在对高等学校、研究与开发机构提供稳定、充足的政府研发资助的同时，兼顾到企业在科技创新活动中的重要地位和作用，合理优化政府研发资助资金结构，有效提升对企业的政府研发资助力度，真正全面、有力地改善产学研的协同和合作关系，进而推动我国整体区域创新效率的不断提升。

7.2.3 积极提高企业研发投入强度，因时制宜调整政府研发资助政策

科技创新活动的目的是在不断推动科技创新能力和水平提高的同时，获取科技创新收益，最终促进科技创新市场的不断完善和经济发展水平的不断提升。但我国目前科技创新成果转化体制机制仍存在一定不足，如缺乏相应的科技创新产品标准、进入市场审核程序过多等，从而造成企业研发投入力度在不断增强的过程中，并未达到政府研发资助推动科技创新主体有效协作进而促进区域创新效率提升的目的。

一方面，政府应在实行科技创新供给侧激励政策的同时，加强科技创新需求侧政策激励，如通过有效出台科技创新产品标准、精简审批程序、实施科技创新产品上市后的事后资助等方法，来优化科技创新主体进行科研、创新活动中的相关环节和过程，助推企业研发投入力度的逐步增强。

另一方面，政府可以为高等学校、研究与开发机构和企业搭建协同创新平台，有效集聚科技创新资源，加强共同协作研发的力度和联系，降低各科技创新主体的研发成本，从而有助于更积极地推动企业加大研发投入力度，形成知识、技术与市场的有效结合。此外，破除科技创新成果市场和商业价值转化体制机制壁垒，严防科技与经济"两张皮"现象，为企业技术创新产品疏通堵塞，推动企业提升创新产品市场规模、占有率和竞争力，也应成为鼓励企业不断增加研发投入的重要途径。

另外，企业研发投入是实现政府研发资助推动区域创新效率提升的重要部分，在企业研发投入不断增加的过程中，政府研发资助政策及其力度应进行有效的动态调整，以实现政府研发资助效果的最大化。例如，当企业所在地区达到较高的工业化水平且企业研发投入达到较大力度时，可能只需要较少甚至是不需要政府研发资助，因为企业科技创新能力和效率会随着企业研发投入的增加在不断增强和提高，增加政府研发资助形成的过多资金反而可能会阻碍企业对自有资金乃至其他科技创新要素的配置和利用效率，进而遏制整体区域创新效率的提升。

因此，政府应及时跟进和掌握企业在科技创新活动中地位和作用的变化等相关信息，不断优化政府研发资助政策和调整政府研发资助力度。政府研发资助在实施的过程中也应注意，充分发挥市场在科技创新资源配置中的决定性地位和企业在科技创新体系中的引导、带动作用以及强化科技创新的知识与技术的外部溢出效应。

7.2.4 大力推进科技创新主体间的交流与合作，充分发挥政产学研协同创新效应

我国目前不同地区间、不同科技创新主体间区域创新效率差异较为明显，政府应大力提倡并出台相应政策，有效推进各地区乃至与区域创新效率较高的国家之间的高等学校、研究机构和企业的科技创新领域的交流、学习与合作，强化科技创新过程中的"干中学"效应，以推进实质性科技创新活动的开展。加快我国各地区、各科技创新主体科技创新的知识溢出与扩散速度，不断丰富和完善国家与区域科技创新体系，增强我国国内高等学校、研究机构和企业之间的合作创新能力，最终实现各地区以及国家整体区域创新效率的稳步提高，这也是政府进行研发资助的初衷所在。此外，在我国区域创新效率较高的地区，应积极建立规模化的产学研协同创新中心，增强对周边地区的辐射效应和对科技资源较为匮乏、区域创新效率较低地区的精准帮扶效应。

针对科技创新大环境，应着重从人力资本、基础设施、经济发展和对外开放四个方面予以巩固和加强，这也是我国目前区域创新效率提高的重要条件和保障。具体来说，在人力资本方面，应积极提高当地受教育水平和专业技能水平，如通过申办高等学校、专业技能学校数量的增加和办学质量的增强，以及对创新人才待遇的提高等，从人力资本的供给和需求双向激励人力资本水平的不断改善，从而补足我国目前人才尤其是高科技人才短板。

在基础设施方面，提高科技创新资讯和交通的便利性和通达性，如道路、邮电通信、仓储方面的不断完善，能够有利于降低创新主体的研发成本。在经济发展方面，应积极提高居民收入水平和消费水平，尤其是产业和消费的结构转型升级，不仅为区域创新效率的提升创造经济动力，也有助于其提供创新产品需求市场规模的不断扩大。

在对外开放方面，鼓励创新主体尤其是高技术水平、高效率企业在知识与技术方面"引进来"与"走出去"相结合，引进国外先进技术和高水平研发人员的同时，主动参与到国际竞争中，进一步改善创新的质量和效率，进而推动国家和区域创新体系整体效率的不断提高。

在有效加大政府研发资助力度的同时，积极推进企业、高等学校、研究与开发机构之间的交流与合作，充分发挥政产学研在科技创新过程中的协同与互动效应，并推动人力资本、基础设施和对外开放水平等与科技创新、工业化水平的匹配度与适应性的提升，从而全方位促进我国整体以及各地区区域创新效率的有效提升。这不仅是我国实施创新驱动发展战略的应有之意，而且是构建

和完善我国国家和区域创新体系的重中之重，更是我国建设创新型国家和早日跻身世界科技创新强国的核心保障与重要路径。

7.3 研究展望

（1）本书主要考虑了省级层面的数据，若能够从行业或产业、企业等中观、微观层面政府研发资助对区域创新效率的影响进行分析，可以从更为微观、全面的视角进行考察，也可能会有更多、更有意义的新发现。

（2）从科技创新主体视角来看，不同的科技创新主体承担职能等存在差异，例如高等学校和研究机构等主要从事知识创新，企业主要从事技术创新。囿于异质性科技创新主体在科技创新活动中的投入和产出在相应统计年鉴中数据的有限性，无法针对性地考察不同科技创新主体的区域创新效率，以及相应政府研发资助对各自区域创新效率的相关影响。待未来数据较为全面时，可以做更细致、深入的考察。

（3）可以通过更多的方法去展开进一步的异质性政府研发资助对创新效率的影响研究。比如说，在理论研究方面，对不同国家、不同地区的制度或体制的差异化视角，以及政府研发资助自身的特征与科技创新的相关特征结合分析，甚至可能会产生新的理论；而在实证研究方面，通过面板分位数法或者空间面板模型等实证方法来予以考察，可能会发现更多具有精准性的实际意义的结论。

参考文献

（一）中文参考文献

[1] 马歇尔. 经济学原理 [M]. 彭逸林，等译. 北京：人民日报出版社，2009.

[2] 奥斯特罗姆. 公共事物的治理之道：集体行动制度的演进 [M]. 余逊达，陈旭东，译. 上海：上海三联书店，2000.

[3] 安同良，周绍东，皮建才. R&D 补贴对中国企业自主创新的激励效应 [J]. 经济研究，2009（10）：87-98.

[4] 安维复. 从国家创新体系看现代科学技术革命 [J]. 中国社会科学，2000（5）：100-112.

[5] 白俊红. 中国的政府 R&D 资助有效吗？来自大中型工业企业的经验证据 [J]. 经济学（季刊），2011，10（4）：1375-1400.

[6] 白俊红，卞元超. 要素市场扭曲与中国创新生产的效率损失 [J]. 中国工业经济，2016（11）：39-55.

[7] 白俊红，戴玮. 财政分权对地方政府科技投入的影响 [J]. 统计研究 2017（3）：99-108.

[8] 白俊红，蒋伏心. 考虑环境因素的区域创新效率研究：基于三阶段 DEA 方法 [J]. 财贸经济，2011（10）：104-112.

[9] 白俊红，蒋伏心. 协同创新、空间关联与区域创新绩效 [J]. 经济研究，2015（7）：174-187.

[10] 白俊红，江可申，李婧. 应用随机前沿模型评测中国区域研发区域创新效率 [J]. 管理世界，2009（10）：51-61.

[11] 白俊红，李婧. 政府 R&D 资助与企业技术创新：基于效率视角的实证分析 [J]. 金融研究，2011（6）：181-193.

[12] 白宛松. 习近平出席中国科学院第十九次院士大会、中国工程院第

十四次院士大会开幕会并发表重要讲话［EB/OL］.中央人民政府官网，（2018-05-28）［2021-02-04］.http://www.gov.cn/xinwen/2018-05/28/content_5294268.htm.

［13］斯威齐.资本主义发展的理论（英文版）［M］.纽约：牛津大学出版社，1942.

［14］边文龙，王向楠.面板数据随机前沿分析的研究综述［J］.统计研究，2016，33（6）：13-20.

［15］曹霞，于娟.创新驱动视角下中国省域研发区域创新效率研究：基于投影寻踪和随机前沿的实证分析［J］.科学学与科学技术管理，2015，36（4）：124-132.

［16］常雪梅，王新玲.胡锦涛在中国共产党第十八次全国代表大会上的报告［EB/OL］.人民网，（2012-11-18）［2021-10-10］.http://cpc.people.com.cn/n/2012/1118/cb4094-19612151.html.

［17］陈佳贵，黄群慧.工业现代化的标志、衡量指标及对中国工业的初步评价［J］.中国社会科学，2003（3）：18-28.

［18］陈佳贵，黄群慧，钟宏武.中国地区工业化水平的综合评价和特征分析［J］.经济研究，2006（6）：4-15.

［19］陈凯华，官建成，寇明婷.中国高技术产业"高产出、低效益"的症结与对策研究：基于区域创新效率角度的探索［J］.管理评论，2012，24（4）：55-68.

［20］陈庆江，李启航.社会研发资本积累提高了企业区域创新效率吗？［J］.产业经济研究，2017（1）：66-79.

［21］陈庆江.政府科技投入能否提高企业区域创新效率？［J］.经济管理，2017（2）：8-21.

［22］陈强.高级计量经济学及Stata应用［M］.北京：高等教育出版社，2014.

［23］陈修德，梁彤缨.中国高新技术产业研发效率及其影响因素：基于面板数据SFPF模型的实证研究［J］.科学学研究，2010，28（8）：1198-1205.

［24］程华.科技资助促进企业R&D研究［J］.科研管理，2005，26（4）：70-73.

［25］成力为，孙玮.市场化程度对自主创新配置效率的影响：基于Cost-Malmquist指数的高技术产业行业面板数据分析［J］.中国软科学，2012（5）：128-137.

[26] 成力为, 孙玮, 王九云. 引资动机、外资特征与我国高技术产业自主区域创新效率 [J]. 中国软科学, 2010 (7): 45-57.

[27] 成力为, 孙玮, 王九云. 要素市场不完全视角下的高技术产业区域创新效率: 基于三阶段 DEA-Windows 的内外资配置效率和规模效率比较 [J]. 科学学研究, 2011, 29 (6): 930-938.

[28] 池仁勇. 企业区域创新效率及其影响因素研究 [J]. 数量经济技术经济研究, 2003, 20 (6): 105-108.

[29] 池仁勇, 唐根年. 基于投入与绩效评价的区域创新效率研究 [J]. 科研管理, 2004, 25 (4): 23-27.

[30] 休谟. 人性论 [M]. 关文运, 译. 北京: 商务印书馆, 1996.

[31] 董晓庆, 赵坚, 袁朋伟. 国有企业区域创新效率损失研究 [J]. 中国工业经济, 2014 (2): 97-108.

[32] 范承泽, 胡一帆, 郑红亮. FDI 对国内企业创新影响的理论与实证研究 [J]. 经济研究, 2008 (1): 89-102.

[33] 范德成, 杜明月. 高端装备制造业创新资源配置效率及影响因素研究: 基于两阶段 StoNED 和 Tobit 模型的实证分析 [J]. 中国管理科学, 2018, 26 (1): 13-24.

[34] 范德成, 李盛楠. 考虑空间效应的高技术产业区域创新效率研究 [J]. 科学学研究, 2018, 36 (5): 901-912.

[35] 范硕, 何彬. 创新激励政策是否能提升高新区的区域创新效率 [J]. 中国科技论坛, 2018 (7): 51-61.

[36] 范允奇, 徐玉生. 腐败、政府 R&D 投入与高技术产业区域创新效率 [J]. 财贸研究, 2014 (6): 95-102.

[37] 方福前, 张平. 我国高技术产业的投入产出效率分析 [J]. 中国软科学, 2009 (7): 48-55.

[38] 阿吉翁, 霍伊特. 内生增长理论 [M]. 陶然, 等译. 北京: 北京大学出版社, 2004.

[39] 冯宗宪, 王青, 侯晓辉. 政府投入、市场化程度与中国工业企业的区域创新效率 [J]. 数量经济技术经济研究, 2011 (4): 3-17.

[40] 傅晓霞, 吴利学. 前沿分析方法在中国经济增长核算中的适用性 [J]. 世界经济, 2007 (7): 56-66.

[41] 关士续. 马克思关于技术创新的一些论述 [J]. 自然辩证法研究, 2002 (1): 16-18.

[42] 桂黄宝. 我国高技术产业区域创新效率及其影响因素空间计量分析 [J]. 经济地理, 2014, 34 (6): 100-107.

[43] 郭克莎. 中国工业化的进程、问题与出路 [J]. 中国社会科学, 2000 (3): 60-71.

[44] 郭南芸, 隋广军. 创新不确定性与优化: 地方产业网络可持续发展的动力机制研究 [J]. 科学学与科学技术管理, 2008, 29 (8): 58-62.

[45] 郭庆旺, 吕冰洋. 论税收对要素收入分配的影响 [J]. 经济研究, 2011 (6): 17-31.

[46] 韩先锋, 惠宁, 宋文飞. 政府 R&D 资助的非线性创新溢出效应: 基于环境规制新视角的再考察 [J]. 产业经济研究, 2018, 94 (3): 44-56.

[47] 洪银兴. 自主创新投入的动力和协调机制研究 [J]. 中国工业经济, 2010 (8): 15-22.

[48] 洪银兴. 科技创新与创新型经济 [J]. 管理世界, 2011 (7): 1-8.

[49] 洪银兴. 科技创新中的企业家及其创新行为: 兼论企业为主体的创新体系 [J]. 中国工业经济, 2012 (6): 83-93.

[50] 洪银兴. 论创新驱动经济发展战略 [J]. 经济学家, 2013, 1 (1): 5-11.

[51] 洪银兴. 关于创新驱动和协同创新的若干重要概念 [J]. 经济理论与经济管理, 2013, 33 (5): 5-12.

[52] 黄贤凤, 武博, 王建华. 中国八大经济区工业企业区域创新效率及其影响因素研究 [J]. 中国科技论坛, 2013, 1 (8): 90-97.

[53] 黄群慧. "新常态"、高工业化水平与工业增长新动力 [J]. 中国工业经济, 2014 (10): 5-19.

[54] 黄群慧. 改革开放 40 年中国的产业发展与工业化水平 [J]. 中国工业经济, 2018 (9): 7-25.

[55] 黄群慧, 百年目标视域下的新中国工业化水平 [J]. 经济研究, 2019 (9): 18-22.

[56] 黄群慧, 李晓华. 创新发展理念: 发展观的重大突破 [J]. 经济管理, 2016 (11): 1-10.

[57] 蒋建科. 发明专利授权总量攀新高 2011 年是 2001 年近 11 倍 [EB/OL]. 中央人民政府官网, (2012-07-17) [2021-03-07]. http://www.gov.cn/jrzg/2021-7/content_2184635.html.

[58] 金碚. 工业的使命和价值: 中国产业转型升级的理论逻辑 [J]. 中

国工业经济, 2014 (9): 51-64.

[59] 李晨光, 张永安. 区域创新政策对企业区域创新效率影响的实证研究 [J]. 科研管理, 2014, 35 (9): 25-35.

[60] 李洪伟, 任娜, 陶敏, 等. 基于三阶段 DEA 的我国高新技术产业投入产出效率分析 [J]. 中国管理科学, 2012, 20: 126-131.

[61] 李婧, 谭清美, 白俊红. 中国区域创新效率及其影响因素 [J]. 中国人口资源与环境, 2009 (6): 142-147.

[62] 李婧. 环境规制与企业区域创新效率研究 [J]. 中国经济问题, 2013 (4): 38-44.

[63] 李平, 崔喜君, 刘建. 中国自主创新中研发资本投入产出绩效分析: 兼论人力资本和知识产权保护的影响 [J]. 中国社会科学, 2007 (2): 32-42.

[64] 李平, 刘利利. 政府研发资助、企业研发投入与中国区域创新效率 [J]. 科研管理, 2017, 38 (1): 21-29.

[65] 李习保. 区域创新环境对创新活动效率影响的实证研究 [J]. 数量经济技术经济研究, 2007, 24 (8): 13-24.

[66] 李习保. 中国区域创新能力变迁的实证分析: 基于创新系统的观点 [J]. 管理世界, 2007 (12): 18-30.

[67] 李向东, 李南, 白俊红, 等. 高技术产业研发区域创新效率分析 [J]. 中国软科学, 2011 (2): 52-61.

[68] 李彦龙. 税收优惠政策与高技术产业区域创新效率 [J]. 数量经济技术经济研究, 2018 (1): 60-76.

[69] 李永, 王砚萍, 马宇. 制度约束下政府 R&D 资助挤出效应与区域创新效率 [J]. 科研管理, 2015, 36 (10): 58-65.

[70] 李政, 杨思莹. 政府参与能否提升区域创新效率? [J]. 经济评论, 2018 (6): 3-14.

[71] 李政, 杨思莹. 创新活动中的政府支持悖论: 理论分析与实证检验 [J]. 经济科学, 2018 (2): 88-100.

[72] 李政, 杨思莹. 财政分权、政府创新偏好与区域创新效率 [J]. 管理世界, 2018 (12): 29-42.

[73] 李左峰, 张铭慎. 政府科技项目投入对企业创新绩效的影响研究: 来自我国 95 家创新型企业的证据 [J]. 中国软科学, 2012 (12): 123-132.

[74] 廖信林, 顾炜宇, 王立勇. 政府 R&D 资助效果、影响因素与资助对象选择: 基于促进企业 R&D 投入的视角 [J]. 中国工业经济, 2013 (11):

148-160.

[75] 林毅夫. 新结构经济学的理论基础和发展方向 [J]. 经济评论, 2017 (3)：6-18.

[76] 刘和东. 中国区域研发效率及其影响因素研究：基于随机前沿函数的实证分析 [J]. 科学学研究, 2011, 29 (4)：548-556.

[77] 刘凤朝, 沈能. 基于专利结构视角的中国区域创新能力差异研究 [J]. 管理评论, 2006, 18 (11)：43-47.

[78] 刘满凤, 李圣宏. 基于三阶段 DEA 模型的我国高新技术开发区区域创新效率研究 [J]. 管理评论, 2016, 28 (1)：42-52.

[79] 刘伟, 张辉, 黄泽华. 中国产业结构高度与工业化水平和地区差异的考察 [J]. 经济学动态, 2008 (11)：4-8.

[80] 刘伟, 李星星. 中国高新技术产业区域创新效率的区域差异分析：基于三阶段 DEA 模型与 Bootstrap 方法 [J]. 财经问题研究, 2013 (8)：20-28.

[81] 柳卸林. 企业创新管理 [M]. 北京：科学技术文献出版社, 1997.

[82] 柳卸林. 区域创新体系成立的条件和建设的关键因素 [J]. 中国科技论坛, 2003 (1)：18-22.

[83] 柳卸林, 高雨辰, 丁雪辰. 寻找创新驱动发展的新理论思维：基于新熊彼特增长理论的思考 [J]. 管理世界, 2017, 291 (12)：8-19.

[84] 刘云, 杨湘浩. 中国高技术产业的区域研发效率：基于省级面板数据的实证分析 [J]. 中国管理科学, 2012 (2)：653-658.

[85] 刘志迎, 张吉坤. 高技术产业不同资本类型企业区域创新效率分析：基于三阶段 DEA 模型 [J]. 研究与发展管理, 2013, 25 (3)：45-52.

[86] 卢方元, 李彦龙. 政府支持有助于提升高技术产业 R&D 效率吗？ [J]. 科学学研究, 2016, 34 (12)：43-49.

[87] 霍尔, 帕佩尔. 宏观经济学：经济增长、波动和政策 [M]. 沈志彦, 译. 北京：中国人民大学出版社, 2008.

[88] 吕薇, 马名杰, 戴建军. 转型期我国创新发展的现状、问题及政策建议 [J]. 中国软科学, 2018 (3)：10-17.

[89] 马克思. 机器、自然力和科学的应用 [M]. 北京：人民出版社, 1978.

[90] 马克思, 恩格斯. 马克思恩格斯全集：第 12 卷 [M]. 北京：人民出版社, 1962.

[91] 马克思, 恩格斯. 马克思恩格斯全集: 第23卷 [M]. 北京: 人民出版社, 1972.

[92] 马克思, 恩格斯. 马克思恩格斯全集: 第25卷 [M]. 北京: 人民出版社, 1974.

[93] 马克思, 恩格斯. 马克思恩格斯全集: 第44卷 [M]. 北京: 人民出版社, 2001.

[94] 马克思, 恩格斯. 马克思恩格斯全集: 第46卷 (上、下) [M]. 北京: 人民出版社, 1980.

[95] 马克思, 恩格斯. 马克思恩格斯全集: 第47卷 [M]. 北京: 人民出版社, 1979.

[96] 马克思, 恩格斯. 马克思恩格斯全集: 第49卷 [M]. 北京: 人民出版社, 1995.

[97] 马克思, 恩格斯. 马克思恩格斯文集: 第8卷 [M]. 北京: 人民出版社, 2009.

[98] 马克思, 恩格斯. 马克思恩格斯选集: 第1卷 [M]. 北京: 人民出版社, 1995.

[99] 马克思, 恩格斯. 马克思恩格斯选集: 第2卷 [M]. 北京: 人民出版社, 1995.

[100] 马珺. 公共品概念的价值 [J]. 财贸经济, 2005 (11): 23-29.

[101] 波特. 国家竞争优势 [M]. 李明轩, 邱如美, 译. 北京: 华夏出版社, 2002.

[102] 牛泽东, 张倩肖. 中国装备制造业的区域创新效率 [J]. 数量经济技术经济研究, 2012 (11): 51-67.

[103] 潘雄锋, 刘凤朝. 中国区域工业企业区域创新效率变动及其收敛性研究 [J]. 管理评论, 2010, 22 (2): 59-64.

[104] 庞瑞芝, 薛宁, 丁明磊. 中国创新型试点企业区域创新效率及其影响因素研究: 基于2006—2010年创新型试点企业非平衡面板数据的实证考察 [J]. 产业经济研究, 2012 (5): 1-10.

[105] 任力. 马克思对创新理论的贡献 [J]. 当代经济研究, 2007, 143 (7): 16-20.

[106] 任跃文. 政府补贴有利于企业创新效率提升吗?: 基于门槛模型的实证检验 [J]. 科技进步与对策, 2019, 36 (24): 18-26.

[107] 宋来胜, 苏楠. 政府研发资助、企业研发投入与区域创新效率

[J]. 经济与管理, 2017, 31 (6): 45-51.

[108] 宋煦冬, 潘旭海. 习近平在上海考察 [EB/OL]. 人民网, 2014-05-24. http://politics.people.com.cn/n/2014/0524/c1001-25060582.html.

[109] 孙玉涛, 刘凤朝. 中国企业技术创新主体地位确立: 情境、内涵和政策 [J]. 科学学研究, 2016, 34 (11): 1716-1724.

[110] 唐清泉, 卢博科, 袁莹翔. 工业行业的资源投入与区域创新效率: 基于中国大中型工业部门的研究 [J]. 数量经济技术经济研究, 2009 (2): 3-17.

[111] 唐未兵, 傅元海, 王展祥. 技术创新、技术引进与经济增长方式转变 [J]. 经济研究, 2014 (7): 31-43.

[112] 王海燕, 张钢. 国家创新系统理论研究的回顾与展望 [J]. 经济学动态, 2000 (11): 66-71.

[113] 王松, 胡树华, 牟仁艳. 区域创新体系理论溯源与框架 [J]. 科学学研究, 2013, 31 (3): 344-349.

[114] 王永进, 盛丹, 李坤望. 中国企业成长中的规模分布: 基于大企业的研究 [J]. 中国社会科学, 2017 (3): 27-48, 205-206.

[115] 王争, 史晋川. 转型时期中国工业生产绩效的地区差异及波动性的解释: 基于随机前沿生产函数的分析 [J]. 世界经济文汇, 2007 (4): 29-45.

[116] 吴延兵. R&D 存量、知识函数与生产效率 [J]. 经济学 (季刊), 2006, 5 (4): 1129-1156.

[117] 吴延兵. 自主研发、技术引进与生产率: 基于中国地区工业的实证研究 [J]. 经济研究, 2008 (8): 51-64.

[118] 习近平. 习近平: 决胜全面建成小康社会 夺取新时代中国特色社会主义伟大胜利: 在中国共产党第十九次全国代表大会上的报告 [EB/OL]. 新华网, (2017-10-27) [2021-04-07]. http://www.xinhuanet.com/politics/leaders/2017-10/27/c_1121867529.html? ivk_sa=1024320u.

[119] 肖丁丁, 朱桂龙. 产学研合作区域创新效率及其影响因素的实证研究 [J]. 科研管理, 2013, 34 (1): 11-18.

[120] 肖仁桥, 钱丽, 陈忠卫. 中国高技术产业区域创新效率及其影响因素研究 [J]. 管理科学, 2012, 25 (5): 85-98.

[121] 肖文, 林高榜. 政府支持、研发管理与区域创新效率: 基于中国工业行业的实证分析 [J]. 管理世界, 2014, 247 (4): 71-80.

[122] 谢伟, 胡玮, 夏绍模. 中国高新技术产业研发效率及其影响因素分析 [J]. 科学学与科学技术管理, 2008, 29 (3): 144-149.

[123] 许多奇. 新税制改革与创新驱动发展战略 [J]. 中国社会科学, 2018 (3): 123-145.

[124] 许福志, 徐蔼婷. 中国创新两阶段效率及影响因素: 基于社会资本理论视角 [J]. 经济学家, 2019 (4): 71-79.

[125] 闫冰, 冯根福. 基于随机前沿生产函数的中国工业R&D效率分析 [J]. 当代经济科学, 2005, 27 (6): 14-18.

[126] 斯密. 国民财富的性质和原因的研究 [M]. 郭大力, 王亚楠, 译. 北京: 商务印书馆, 1997.

[127] 闫俊周, 杨祎. 中国战略性新兴产业供给侧区域创新效率研究 [J]. 科研管理, 2019, 40 (4): 34-43.

[128] 杨静. 新自由主义"市场失灵"理论的双重悖论及其批判: 兼对更好发挥政府作用的思考 [J]. 马克思主义研究, 2015 (8): 70-80.

[129] 杨青峰. 高技术产业地区研发区域创新效率的决定因素: 基于随机前沿模型的实证分析 [J]. 管理评论, 2013, 25 (6): 47-58.

[130] 杨洋, 魏江, 罗来军. 谁在利用政府补贴进行创新?: 所有制和要素市场扭曲的联合调节效应 [J]. 管理世界, 2015 (1): 75-86.

[131] 杨振兵. 市场整合利于提升区域创新效率吗: 基于创新能力与创新动力的新视角 [J]. 当代财经, 2016 (3): 13-23.

[132] 叶祥松, 刘敬. 政府支持、技术市场发展与科技区域创新效率 [J]. 经济学动态, 2018 (7): 67 -81.

[133] 叶祥松, 刘敬. 异质性研发、政府支持与中国科技创新困境 [J]. 经济研究, 2018 (9): 116-132.

[134] 尹虹潘. 中国工业化水平的重新测度 [J]. 经济学家, 2019, 3 (3): 35-42.

[135] 余冬筠, 金祥荣. 创新主体的区域创新效率区域比较研究 [J]. 科研管理, 2014, 35 (3): 51-57.

[136] 于明超, 申俊喜. 区域异质性与区域创新效率: 基于随机前沿模型的分析 [J]. 中国软科学, 2010 (11): 182-192.

[137] 宇文晶, 马丽华, 李海霞. 基于两阶段串联DEA的区域高技术产业区域创新效率及影响因素研究 [J]. 研究与发展管理, 2015, 27 (3): 137-146.

[138] 虞晓芬, 李正卫, 池仁勇, 等. 我国区域创新效率: 现状与原因 [J]. 科学学研究, 2005, 23 (2): 258-264.

[139] 余泳泽. 我国高技术产业区域创新效率及其影响因素研究: 基于价值链视角下的两阶段分析 [J]. 经济科学, 2015, 31 (4): 62-74.

[140] 凯恩斯. 就业、利息和货币通论 [M]. 金碚, 张世贤, 译. 北京: 经济管理出版社, 2011.

[141] 穆勒. 政治经济学原理: 及其在社会哲学上的若干应用 [M]. 胡企林, 朱泱, 译. 北京: 商务印书馆, 1991.

[142] 伊特韦尔, 米尔盖特, 纽曼. 新帕尔格雷夫经济学大辞典 [M]. 北京: 经济科学出版社, 1996.

[143] 斯蒂格利茨. 公共部门经济学 [M]. 郭庆旺, 等译. 北京: 中国人民大学出版社, 2005.

[144] 熊彼特. 经济发展理论: 对利润、资本、信贷、利息和经济周期的考察 [M]. 何畏, 等译. 北京: 商务图书馆, 1991.

[145] 熊彼特. 资本主义、社会主义和民主主义 [M]. 绛枫, 译. 北京: 商务图书馆, 1979.

[146] 布坎南. 公共物品的需求与供给 [M]. 马珺, 译. 上海: 上海人民出版社, 2009.

[147] 张长征, 黄德春, 马昭洁. 产业集聚与产业区域创新效率: 金融市场的联结和推动: 以高新技术产业集聚和创新为例 [J]. 产业经济研究, 2012 (6): 17-25.

[148] 张帆, 孙薇. 政府创新补贴效率的微观机理: 激励效应和挤出效应的叠加效应: 理论解释与检验 [J]. 财政研究, 2018 (4): 48-60.

[149] 张建华, 刘仁军. 保罗·罗默对新增长理论的贡献 [J]. 经济学动态, 2004 (2): 77-81.

[150] 张杰, 陈志远, 杨连星, 等. 中国创新补贴政策的绩效评估: 理论与证据 [J]. 经济研究, 2015 (10): 4-17.

[151] 张金胜, 尚海涛, 师萍. 我国政府 R&D 投入及优化研究 [J]. 科学学与科学技术管理, 2011 (4): 26-31.

[152] 张信东, 董孝伍, 郝丽芳. 结构调整中的行业区域创新效率研究: 基于 DEA 和 SFA 方法的分析 [J]. 经济管理, 2012 (6): 149-159.

[153] 张永安, 耿喆, 李晨光, 等. 区域科技创新政策对企业创新绩效的影响效率研究 [J]. 科学学与科学技术管理, 2016, 37 (8): 82-92.

[154] 张玉, 陈凯华, 乔为国. 中国大中型企业研发效率测度与财政激励政策影响 [J]. 数量经济技术经济研究, 2017 (5): 39-55.

［155］张运生. 内生外部性理论研究新进展［J］. 经济学动态, 2012 (12): 115-124.

［156］赵庆. 国有企业真的低效吗?: 基于区域创新效率溢出效应的视角 ［J］. 科学学与科学技术管理, 2017 (03): 109-118.

［157］赵增耀, 章小波, 沈能. 区域协同区域创新效率的多维溢出效应 ［J］. 中国工业经济, 2015 (1): 32-44.

［158］郑琼洁. 政府科技激励与区域创新效率研究: 基于行业要素禀赋的 分析视角［J］. 南方经济, 2014, 32 (12): 66-81.

［159］中共中央 国务院. 国家中长期科学和技术发展规划纲要 (2006— 2020 年)［EB/OL］. 中国政府网, (2006-02-09)［2021-05-06］. http://www. gov.cn/gangbao/content/2006/content_240244.htm.

［160］中共中央 国务院. 中共中央 国务院印发《国家创新驱动发展战略 纲要》［EB/OL］. 中国政府网, (2016-05-19)［2021-05-06］. http://www. gov.cn/gongbao/content/2016/content_5076961.htm.

［161］朱平芳, 徐伟民. 政府的科技激励政策对大中型工业企业 R&D 投 入及其专利产出的影响: 上海市的实证研究［J］. 经济研究, 2003 (6): 45-53.

［162］朱勇, 吴易风. 技术进步与经济的内生增长: 新增长理论发展述评 ［J］. 中国社会科学, 1999 (1): 21-39.

［163］朱有为, 徐康宁. 中国高技术产业研发效率的实证研究［J］. 中国 工业经济, 2006 (11): 38-45.

(二) 英文参考文献

［164］ACEMOGLU D, AKCIGIT U, BLOOM N, et al. Innovation, Reallocation, and Growth［R］. NBER Working Paper, 2013.

［165］ADAMS J D, GRILICHES Z. Research Productivity in a System of Universities［R］. NBER Working Paper, 1996.

［166］ADAMS R D, MCCORMICK K. The Traditional Distinction Between Public and Private Goods Needs to Be Expanded Not Abandoned［J］. Journal of Theoretical Politics, 1993 (5): 109-116.

［167］AIGNER D, LOVELL C A K, SCHMIDT P. Formulation and Estimation of Stochastic Frontier Production Function Models［J］. Journal of Econometrics, 1977, 6 (1): 21-37.

［168］AKINWALE Y O, DADA D A, OLUWADARE A J, et al. Understanding the Nexus of R&D, Innovation and Economic Growth in Nigeria［J］. German Economic Review, 2012, 13 (2): 174-195.

[169] ANDERSEN E, LUNDVALL B A. National Innovation Systems and the Dynamics of the division of Labor, Systems of Innovation Technologies, Institutions [M]. Charles. London and Washington Pinter, 1997.

[170] ANDERSEN T, HSIAO C. Estimation of Dynamic Models with Error Components [J]. Journal of American Statistical Association, 1981, 76: 598-606.

[171] ARELLANO M, BOND S. Some Tests of Specification for Panel Data: Monte Carlo Evidence and an Application to Employment Equations [J]. Review of Economic Studies, 1991, 58 (2): 277-297.

[172] ARELLANO M, BOVER O. Another Look at the Instrumental Variable Estimation of Error-Components Models [J]. Journal Of Econometrics, 1995, 68 (1): 29-51.

[173] ARROW K J. The Economic Implications of Learning by Doing [J]. Review of Economic Studies, 1962, 29 (3): 155-173.

[174] ARROW K J. Economic Welfare and the Allocation of Resources for Invention [A]. NBER Chapters, in: The Rate and Direction of Inventive Activity: Economic and Social Factors. National Bureau of Economic Research, Inc., 1962, 12: 609-626.

[175] ASHEIM B T, ISAKSEN A. Regional Innovation Systems: The Integration of Local 'Sticky' and Global 'Ubiquitous' Knowledge [J]. Social Science Electronic Publishing, 2002, 27 (1): 77-86.

[176] BAI J H, LI J. Regional Innovation Efficiency in China: The Role of Local Government [J]. Innovation: Management, Policy & Practice, 2011, 13 (2): 142-153.

[177] BANKER R D, CHARNES A, COOPER W W. Some Models for Estimating Technical and Scale Inefficiencies in Data Envelopment Analysis [J]. Management Science, 1984, 30 (9): 1078-1092.

[178] BANKER R D, CHANG H H, MAJUMDAR S K. Analyzing the Underlying Dimensions of Firm Profitability [J]. Managerial & Decision Economics, 1993, 14 (1): 25-36.

[179] BARDHAN P. Corruption and Development: A Review of Issues [J]. Journal of Economic Literature, 1997, 35 (3): 1320-1346.

[180] BATTESE G E, COELLI T J. Estimation of a Production Frontier Model

with Application to the Pastoral Zone of Eastern Australia [J]. Australian Journal of Agricultural Economics, 1977, 21 (3): 169-179.

[181] BATTESE G E, COELLI T J. Frontier Production Functions Technical Efficiency and Panel Data with Application to Paddy Famer in India [J]. Journal of Productivity Analysis, 1992, 3: 153-169.

[182] BATTESE G E, COELLI T J. A Model for Technical Inefficiency Effects in a Stochastic Frontier Production Function for Panel Data [J]. Empirical Economics, 1995, 20 (2): 325-332.

[183] BENHABIB J, SPIEGEL M M. The Role of Human Capital in Economic Development: Evidence from Aggregate Cross-country Data [J]. Journal of Monetary Economics, 1994, 34 (2): 143-173.

[184] BESHAROV M L, SMITH W K. Multiple Institutional Logics in Organizations: Explaining Their Varied Nature and Implications [J]. Academy of Management Review, 2014, 39 (3): 364-381.

[185] BLAUG M. Economic Theory in Retrospect (Fifth edition) [M]. Cambridge: Cambridge University Press, 1998.

[186] BLUNDELL R, BOND S. Initial Conditions and Moment Restrictions in Dynamic Panel Data Models [J]. Journal of Econometrics, 1998, 87 (1): 115-143.

[187] BOEKHOLT P. Financing Innovation in the Post-subsidy era - Public Support Mechanisms to Mobilise Finance for Innovation [J]. International Journal of Technology Management, 1996, 12 (7-8): 760-768.

[188] BOND S R. Dynamic Panel Data Models: A Guide to Micro Data Methods and Practice [J]. Portuguese Economic Journal, 2002, 1 (2): 141-162.

[189] BOGETOFT P, OTTO L. Benchmarking With DEA, SFA and R [A]. International Series in Operations Research & Management Science, 2011, 157: 23-55.

[190] BORGE L E, BRUECKNER J K, RATTSO J. Partial Fiscal Decentralization and Demand Responsiveness of the Local Public Sector: Theory and Evidence from Norway [J]. Journal of Urban Economics, 2014, 80: 153-163.

[191] BRANSTETTER L G, SAKAKIBARA M. When Do Research Consortia Work Well and Why? Evidence from Japanese Panel Data [J]. American Economic Review, 2002, 92 (1): 143-159.

[192] BRENTON P. Anti-dumping Policies in the EU and Trade Diversion

[J]. European Journal of Political Economy, 2001, 17: 593-607.

[193] BROEKEL T. Do Cooperative Research and Development (R&D) Subsidies Stimulate Regional Innovation Efficiency? Evidence from Germany [J]. Regional Studies, 2013, 49 (7): 1087-1110.

[194] BUCHANAN J M. An Economic Theory of Clubs [J]. Economica, 1965, 32 (125): 1-14.

[195] CATOZZELLA A, VIVARELLI M. Beyond Additionality: Are Innovation Subsidies Counterproducti-ve? [R]. Social Science Electronic Publishing, 2011.

[196] CHARNES A, COOPER W W, RHODES E. Measuring the Efficiency of Decision Making Units [J]. European Journal of Operational Research, 1978, 2 (6): 429-444.

[197] CHENERY H B, H ELKINTON, C SIMS. A Uniform Analysis of Development Patterns [R]. Harvard University Center for International Affairs, Economic Development Report 148 (Cambridge Mass).

[198] CHENERY H B, M SYRQUIN. Patterns of Development: 1955-1975 [M]. Oxford University Press, 1977.

[199] CHENERY H B, S ROBINSON, M SYRQUIN. Industrialization and Growth: A Comparative Study [M]. Oxford: Oxford University Press, 1986.

[200] CLAESSENS S, LAEVEN L. Financial Development, Property Rights, and Growth [J]. Journal of Finance, 2003, 58 (6): 2401-2436.

[201] COE D, HELPMAN E, HOFFMAISTER A W. International R&D spillovers and institutions [J]. European Economic Review, 2009, 53: 723-741.

[202] COELLI T J. A Multi-stage Methodology for the Solution of Orientated DEA Models [J]. Operations Research Letters, 1998, 23 (2): 143-149.

[203] COHEN W M, LEVINTHAL D A New Perspective on Learning and Innovation [J]. Administrative Science Quarterly, 1990, 35: 128-152.

[204] CONNOLLY E, FOX K J. The Impact of High-Tech Capital on Productivity: Evidence from Australia [J]. Economic Inquiry, 2006, 44 (1): 50-68.

[205] COOKE P, URANGA M G. Etxebarria G. Regional Systems of Innovation: an Evolutionary Perspective [J]. Environmentand Planning, 1998, 30 (9): 1563-1584.

[206] CZARNITZKI D, LICHT G. Additionality of Public R&D Grants in a

Transition Economy: The Case of Eastern Germany [J]. Economics of Transition, 2006, 14 (1): 101-131.

[207] DAVID P, HALL B. Heart of Darkness: Public Private Interactions Inside the R&D Black Box [J]. Research Policy, 2000, 29 (9): 298-302.

[208] DAVIS O A, WHINSTON A. Externalities, Welfare, and the Theory of Games [J]. Journal of Political Economy, 1962, 70 (3): 241-262.

[209] EVANGELISTA R, IAMMARINO S, MASTROSTEFANO V, et al. Measuring the Regional Dimension of Innovation: Lessons from the Italian Innovation Survey [J]. Technovation, 2001, 21 (11): 733-745.

[210] EUROSTAT. Science, Technology and Innovation Database [DB/OL]. European Commission official website, 2019-12-20.

[211] FARRELL M J. The Measurement of Productive Efficiency [J]. Journal of the Royal Statistical Society. Series A (General), 1957, 120 (3): 253-290.

[212] FELDMAN, KELLEY. The Exante Assessment of Knowledge Spillovers: Government R&D Policy, Economic Incentives and Private Firm Behavior [J]. Research Policy, 2006, 35 (10): 1509-1521.

[213] FELTENSTEIN A, IWATA S. Decentralization and Macroeconomic Performance in China: Regional Autonomy has its Costs [J]. 2005, 76 (2): 481-501.

[214] FURMAN J L, PORTER M E, STERN S. The Determinants of National Innovative Capacity [J]. Research Policy, 2002, 31 (6): 899-933.

[215] GEHARD MENSCH. Stalemate in Technology [M]. Ballinger Publishing Company: Cambridge, Massachusetts, 1979.

[216] GRECO M, GRIMALDI M, CRICELLI L. Hitting the Nail on the Head: Exploring the Relationship Between Public Subsidies and Open Innovation Efficiency [J]. Technological Forecasting and Social Change, 2017, 118: 213-225.

[217] GOOLSBEE A. Does Government R&D Policy Mainly Benefit Scientists and Engineers? [J]. American Economic Review, 1998, 88 (2): 298-302.

[218] GRIFFITH R, HUERGO E, MAIRESSE J, et al. Innovation and Productivity Across Four European Countries [J]. Oxford Review of Economic Policy, 2006, 22 (4): 483-498.

[219] GRILICHES Z. R&D and the Productivity Slowdown [J]. American Economic Review, 1980, 70: 343-348.

[220] GRISORIO M J, PROTA F. The Impact of Fiscal Decentralization on the Composition of Public Expenditure: Panel Data Evidence from Italy [J]. Regional Studies, 2015, 49 (12): 1941-1956.

[221] GROSSKOPF S, HAYES K J, TAYLOR L L, et al. Budget-Constrained Frontier Measures of Fiscal Equality and Efficiency in Schooling [J]. Review of Economics & Statistics, 1997, 79 (1): 116-124.

[222] GUAN J, CHEN K. Modeling Macro-R&D Production Frontier Performance: an Application to Chinese Province-Level R&D [J]. Scientometrics, 2010, 82 (1): 165-173.

[223] GUELLEC D, VAN POTTELSBERGHE DE LA POTTERIE. From R&D to Productivity Growth: Do The Institutional Setting and The Source of Funds of R&D Matter? [J]. Oxford Bulletin of Economics and Statistics, 2003, 66 (3): 353-378.

[224] HANSEN B E. Threshold Effects in Non-Dynamic Panels: Estimation, Testing, and Inference [J]. Journal of Econometrics, 1999, 93 (2): 345-368.

[225] HANUSCH H, PYKA A. Principles of Neo-Schumpeterian Economics [J]. Cambridge Journal of Economics, 2007, 31 (2): 275-289.

[226] HONG J, FENG B, WU Y, et al. Do Government Grants Promote Innovation Efficiency in China's High-Tech Industries? [J]. Technovation, 2016: 4-13.

[227] HOTTENROTT H, LOPES-BENTO C. (International) R&D collaboration and SMEs: The Effectiveness of Targeted Public R&D Support Schemes [J]. ZEW Discussion Papers, 2012: 12-86.

[228] HOWELL A. Picking 'winners' in China: Do Subsidies Matter for Indigenous Innovation and Firm Productivity? [J]. China Economic Review, 2017, 44: 154-165.

[229] HSU F M, HSUEH C C. Measuring Relative Efficiency of Government-Sponsored R&D Projects: A Three-Stage Approach [J]. Evaluation & Program Planning, 2009, 32 (2): 178-186.

[230] HU A G. Ownership, Government R&D, Private R&D, and Productivity in Chinese Industry [J]. Journal of Comparative Economics, 2001, 29 (1): 136-157.

[231] KIM S R. The Korean System of Innovation and the Semiconductor Industry: A Governance Perspective1 [J]. Industrial and Corporate Change, 1998, 7

（2）：275-309.

[232] KODDE D A, PALM F C. Wald Criteria for Jointly Testing Equality and Inequality Restrictions [J]. Econometrica, 1986, 54（5）：1243-1248.

[233] KOOPMANS T C. Analysis of Production as an Efficient Combination of Activities [J]. Analysis of Production and Allocation, 1951, 13：33-37.

[234] KUMARESAN N, MIYAZAKI K. An Intergrated Network Approach to Systems of Innovation-The Case of Robotics of Japan [J]. Research Policy, 1999, 28（6）：563-585.

[235] KUNBHAKAR S, LOVELL C. Stochastic Frontier Analysis [M]. New York：Cambridge University Press, 2000.

[236] KUZNETS S. Modern Economic Growth：Findings and Reflections [J]. The American Economic Review, 1973, 63（3）：247-258.

[237] LANCE E DAVIS, DOUGLASS C NORTH. Institutional Change and American Economic Growth [M]. New York：Cambridge University Press, 1971：39-42.

[238] LEIBENSTEIN H. Allocative efficiency vs. X-Efficiency [J]. American Economic Review, 1966, 56（3）：392-415.

[239] LEVY D M, TERLECKYJ N E. Effects of Government R&D on Private R&D Investment and Productivity：A Macroeconomic Analysis [J]. The Bell Journal of Economics, 1983, 14（2）：551-561.

[240] LI T, LIANG L, HAN D. Research on the Efficiency of Green Technology Innovation in China's Provincial High-End Manufacturing Industry Based on the RAGA-PP-SFA Model [J]. Mathematical Problems in Engineering, 2018：1-13.

[241] LI X B. Regional Innovation Performance：Evidence From Domestic Patenting in China [J]. Innovation, 2006, 8：171-192.

[242] LI X B. China's Regional Innovation Capacity in Transition：An Empirical Approach [J]. Research Policy, 2009, 38（2）：338-357.

[243] LOVELL M C, SELOVER D D. Review：Econometric Software Accidents [J]. The Economic Journal, 1994, 104（3）：713-725.

[244] MARTIN P. Public Policies, Regional Inequalities, and Growth [J]. Journal of Public Economics, 1999, 73（1）：85-105.

[245] MASKELL P, MALMBERG A. The Competitiveness of Firms and Regions：'Ubiquitification' and the Importance of Localized Learning [J]. European

Urban and Regional Studies, 1999, 6: 9-25.

[246] MEEUSEN W, JULIEN V D B. Efficiency Estimation from Cobb-Douglas Production Functions with Composed Error [J]. International Economic Review, 1977, 18 (2): 435-444.

[247] MONTMARTIN B. Subsidy Policy for Innovation: A Way to Reach Objectives of Both Higher Growth and Equity? [R]. Working Papers, 2010.

[248] MONTMARTIN B. Centralized Innovation Policy in an Agglomeration and Growth Model: A Welfare Analysis [R]. Working Papers, 2011.

[249] MONTMARTIN B. Centralized R&D Subsidy Policy in an NEGG Model: A Welfare Analysis [J]. Recherches Économiques De Louvain, 2013, 79 (1): 5-34.

[250] MUSGRAVE R A. The Theory of Public Finance [J]. New York: McGraw-Hill, 1959, 36 (1): 9-11.

[251] NELSON R R. The Simple Economics of Basic Scientific Research [J]. Journal of Political Economy, 1959, 67 (3): 297-306.

[252] NICKELL S J. Biases in Dynamic Models with Fixed Effects [J]. Econometrica, 198149 (6): 1417-1426.

[253] PAPINNIEMI J. Creating a Model of Process Innovation for Reengineering of Business and Manufacturing [J]. International Journal of Production Economics, 1999, 60: 95-101.

[254] PARK S. Analyzing the Efficiency of Small and Medium-Sized Enterprises of a National Technology Innovation Research and Development Program [J]. Springerplus, 2014, 3 (1): 1-12.

[255] PARK S. Evaluating the Efficiency and Productivity Change within Government Subsidy Recipients of a National Technology Innovation Research and Development Program [J]. R&D Management, 2014, 45 (5): 549-568.

[256] PATANAKUL P, PINTO J K. Examining the Roles of Government Policy on Innovation [J]. The Journal of High Technology Management Research, 2014, 25 (2): 97-107.

[257] PAVITT K, WALD S. The Conditions for Success in Technological Innovation [R]. Pairs: OECD. 1971.

[258] PICKHARDT M. Club Goods and the Dichotomy of Public Versus Private Goods [R]. Paper presented at the 57th Congress of International Institute of Public Finance , Linz, August 27-30, 2001 and the Annual Meeting of the Europe-

an Public Choice Society, Paris, April 18-21, 2001.

[259] PICKHARDT M. Fifty Years After Samuelson's 'The Pure Theory of Public Expenditure': What Are We Left With? [R]. Paper presented at the 58th Congress of International Institute of Public Finance , Helsinki, August 26 - 29, 2002.

[260] PRUSA T J. On the Spread and Impact of Antidumping [R]. NBER Working Paper, 1999.

[261] ROMER P M. Increasing Returns and Long-Run Growth [J]. Journal of Political Economy, 1986, 94 (5): 1002-1037.

[262] ROMER P M. Endogenous Technological Change [R]. NBER Working Papers, 1990, 98 (5): 71-102.

[263] ROODMAN D. How to Do xtabond2: An Introduction to 'Difference' and 'System' GMM in Stata [J]. Stata Journal, 2006, 9 (1): 86-136.

[264] ROYCHOWDHURY K K. The Classical Theory of Economic Growth [M]. The Macmillam Company of India Limited, 1979.

[265] SAMUELSON P A. The Pure Theory of Public Expenditure [J]. Review of Economics & Statistics, 1954, 36 (4): 387-389.

[266] SAMUELSON P A. Diagrammatic Exposition of a Theory of Public Expenditure [J]. Review of Economics & Statistics, 1955, 37 (4): 350-356.

[267] SAMUELSON P A. Aspects of Public Expenditure Theories [J]. Review of Economics & Statistics, 1958, 40 (4): 332-338.

[268] SHARMA S, THOMAS V J. Inter -country R&D Efficiency Analysis: Application of Data Envelopment Analysis [J]. Scientometrics, 2008, 76 (3): 483-501.

[269] SIDGWICK H. The Principles of Political Economy [M]. London: Macmillan and Co, 1883.

[270] SOLOW R M. Technological Change and the Aggregate Production Function [J]. Review of Economics & Statistics, 1957, 39 (3): 554-562.

[271] SOVITTI P. Innovation Systems and Evolutionary , Systems of Innovation Technologies, Institutions [M]. Edited by Charles. London and Washington Pinter, 1997.

[272] SPICKA J, MACHEK O. Change in the Production Efficiency of European Specialized Milk Farming [J]. Agricultural Economics, 2015, 61: 1-13.

[273] STIGLITZ E. Leaders and Followers: Perspectives on the Nordic Model and the Economics of Innovation [J]. Journal of Public Economics, 2015, 127 (7): 3-16.

[274] SZCZYGIELSKI K, GRABOWSKI W, PAMUKCU M T, et al. Does Government Support for Private Innovation Matter? Firm-level Evidence from Two Catching-up Countries [J]. Research Policy, 2017, 46 (1): 219-237.

[275] THOMPSON E A. The Perfectly Competitive Production of Collective Goods [J]. The Review of Economics and Statistics, 1968, 50 (1): 1-12.

[276] TSAI K H, WANG J C. R&D Productivity and the Spillover Effects of High - Tech Industry on the Traditional Manufacturing Sector: The Case of Taiwan [J]. World Economy, 2004, 27 (10): 1555-1570.

[277] VER EECKE W. Adam Smith and Musgrave's Concept of Merit Good [J]. Journal of Socio-Economics, 2002, 31 (6): 701-720.

[278] WALLSTEN S J. The Effects of Government-Industry R&D Programs on Private R&D: The Case of the Small Business Innovation Research Program [J]. Rand Journal of Economics, 2000, 31 (1): 82-100.

[279] WANG E C. R&D Efficiency and Economic Performance: A Cross-Country Analysis Using the Stochastic Frontier Approach [J]. Journal of Policy Modeling, 2007, 29 (2): 345-360.

[280] WANG Y, LI J, FURMAN J L. Firm Performance and State Innovation Funding: Evidence from China's Innofund Program [J]. Research Policy, 2017, 46 (6): 1142-1161.

[281] WINDMEIJER F. A Finite Sample Correction for The Variance of Linear Two-Step GMM Estimators [J]. IFS Working Papers, 2008, 126 (1): 25-51.

[282] ZEIRA J. Innovations, Patent Races and Endogenous Growth [J]. Journal of Economic Growth, 2011, 16 (2): 135-156.

[283] ZHANG W. Decision Rights, Residual Claim and Performance: A Theory of How the Chinese State Enterprise Reform Works [J]. China Economic Review, 1997, 8 (1): 67-82.